写作本书时的陈寅恪与助手黄萱在广州中山大学寓所中工作

一九五七年三月八日

柳如是画像
清余秋室绘

独立之精神　自由之思想

柳如是别传

上

陈寅恪 著

人民文学出版社

图书在版编目（CIP）数据

柳如是别传：上中下／陈寅恪著. -- 北京：人民文学出版社，2024
ISBN 978-7-02-018246-6

Ⅰ．①柳… Ⅱ．①陈… Ⅲ．①柳如是（1618-1664）-传记 Ⅳ．①K828.5

中国国家版本馆 CIP 数据核字（2023）第 178988 号

责任编辑　刘　伟
装帧设计　黄云香
责任印制　任　祎

出版发行　人民文学出版社
社　　址　北京市朝内大街 166 号
邮政编码　100705

印　　刷　三河市博文印刷有限公司
经　　销　全国新华书店等

字　　数　787 千字
开　　本　890 毫米×1290 毫米　1/32
印　　张　34.125　插页 11
印　　数　1—5000
版　　次　2024 年 1 月北京第 1 版
印　　次　2024 年 1 月第 1 次印刷

书　　号　978-7-02-018246-6
定　　价　158.00 元（全三册）

如有印装质量问题，请与本社图书销售中心调换。电话：010-65233595

柳如是画迹「山水人物图册」之六

柳如是画迹
「山水人物图册」之八

目　录

附记　　一

第一章　缘起　　一

第二章　河东君最初姓氏名字之推测及其附带问题　　一四

第三章　河东君与"吴江故相"及"云间孝廉"之关系　　三三

　　第一期　　九九

　　附：河东君嘉定之游　　一二四

　　第二期　　二〇七

　　第三期　　二六三

第四章　河东君过访半野堂及其前后之关系　　三〇三

　　第一期　　三〇五

　　第二期　　四四六

　　第三期　　五七七

第五章　复明运动　　七三三

　　附：钱氏家难　　一〇五九

附 记

　　史家纪事自以公元西历为便,但本稿所引资料本皆阴历,若事实发生在年末,即不能任意改换阳历。且因近人所编明末阴阳历对照表多与当时人诗文集不合,不能完全依据也。又记述明末遗民之行事而用清代纪元,于理于心俱有未安。然若用永历、隆武等南明年号则非习见,难于换算。如改用甲子,复不易推记。职是之故,本稿记事行文往往多用清代纪元,实不得已也,尚希读者谅之。
　　钱柳逝世后三百年,岁次甲辰夏月,陈寅恪书于广州金明馆,时年七十五。

第一章

缘 起

咏红豆并序

昔岁旅居昆明,偶购得常熟白茆港钱氏故园中红豆一粒,因有笺释钱柳因缘诗之意,迄今二十年,始克属草。适发旧箧,此豆尚存,遂赋一诗咏之,并以略见笺释之旨趣及所论之范围云尔。

东山葱岭意悠悠,谁访甘陵第一流?送客筵前花中酒,迎春湖上柳同舟。纵回杨爱千金笑,终剩归庄万古愁。灰劫昆明红豆在,相思廿载待今酬。

题牧斋初学集并序

余少时见牧斋《初学集》,深赏其"埋没英雄芳草地,耗磨岁序夕阳天。洞房清夜秋灯里,共简庄周说剑篇"之句。(牧斋《初学集》三六《谢象三五十寿序》云"君初为举子,余在长安,东事方殷,海内士大夫自负才略,好谭兵事者,往往集余邸中,相与清夜置酒,明灯促坐,扼腕奋臂,谈犁庭扫穴之举"等语,可以参证。同书九〇《天启元年浙江乡试程录》中《序文》及《策文》第五问,皆论东事及兵法。按之年月节候,又与诗意合。牧斋所谓"庄周说剑篇"者,当是指此《录》而言也。)今重读此诗,感赋一律。

早岁偷窥禁锢编,白头重读倍凄然。夕阳芳草要离冢,东海南山下濆田。(牧斋《有学集》一三《东涧诗集》下"病榻消寒杂咏"四十六首之四十四"银榜南山烦远祝,长筵朋酒为君增"句下自注云:"归玄恭送春联云,居东海之滨,如南山之寿。"寅恪案:阮吾山葵生《茶余客话》一二"钱谦益寿联"条记兹事,谓玄恭此联"无耻丧心,必蒙叟自为",则殊未详考钱、归之交谊,疑其所不当疑者矣。又鄙意恒轩此联,固用《诗经》《孟子》成语,但实从庾子山《哀江南赋》"畏南山之雨,忽践秦庭。让东海之滨,遂餐周粟"脱胎而来。其所注意在"秦庭""周粟",暗寓惋惜之深旨,与牧斋降清,以著书修史自解之情事最为切合。吾山拘执《孟子》《诗经》之典故,殊不悟其与《史记》《列女传》及《哀江南赋》有关也。)谁使英雄休入彀,(明南都倾覆,牧斋随例北迁,河东君独留金陵。未几牧斋南归。然则河东君之志可以推知也。)转悲遗逸得加年。(牧斋《投笔集(下)后秋兴之十二》云:"苦恨孤臣一死迟。")枯兰衰柳终无负,莫咏柴桑拟古篇。

上录二诗,所以见此书撰著之缘起也。

寅恪少时家居江宁头条巷。是时海内尚称乂安,而识者知其将变。寅恪虽年在童幼,然亦有所感触,因欲纵观所未见之书,以释幽忧之思。伯舅山阴俞觚斋先生明震同寓头条巷,两家衡宇相望，往来便近。俞先生藏书不富，而颇有精本。如四十年前有正书局石印戚蓼生钞八十回《石头记》，其原本即先生官翰林日，以三十金得之于京师海王村书肆者也。一日寅恪偶在外家检读藏书，获睹钱遵王曾所注《牧斋诗集》，大好之，遂匆匆读诵一过，然实未能详绎也。是后钱氏遗著尽出，虽几悉读之，然游学四方，其研治范围与中国文学无甚关系，故虽曾读之，亦未深有所赏会也。丁丑岁芦沟桥变起，随校南迁昆明，大病几死。稍愈之后，披览报纸广告，见有鬻旧书者，驱车往观。鬻书主人出所藏书，实皆劣陋之本，无一可购者。当时主人接待殷勤，殊难酬其意，乃询之曰："此诸书外，尚有他物欲售否？"主人踌躇良久，应曰："曩岁旅居常熟白茆港钱氏旧园，拾得园中红豆树所结子一粒，常以自随，今尚在囊中，愿以此豆奉赠。"寅恪闻之大喜，遂付重值，借塞其望。自得此豆后，至今岁忽忽二十年，虽藏置箧笥，亦若存若亡，不复省视。然自此遂重读钱《集》，不仅借以温旧梦、寄遐思，亦欲自验所学之深浅也。盖牧斋博通文史，旁涉梵夹、道藏，寅恪平生才识学问固远不逮昔贤，而研治领域则有约略近似之处。岂意匪独牧翁之高文雅什多不得其解，即河东君之清词丽句，亦有瞠目结舌不知所云者。始知禀鲁钝之资，挟鄙陋之学，而欲尚论女侠名姝、文宗国士于三百年之前，（可参云间杜九高《登春尺五楼诗集》二下《武静先生席上赠钱牧斋宗伯》诗云："帐内如花真侠客。"及顾云美苓《河东君传》云："宗伯大喜，谓天下风流佳丽，独王修微、杨宛叔与君鼎足而三。何可使许霞城、茅止生专国士名姝之目。"）诚太不自量矣。虽然，披寻钱柳之篇什于残阙毁禁之余，往往窥见其孤怀遗恨，有可以令人感泣不能自已者焉。夫三户亡秦之志，《九章·哀郢》之辞，即发自当日之士大夫，犹应珍惜引申，以表彰我民族独立之精神，自由之思想。何况出于婉娈倚门之少女，绸缪鼓瑟之小妇,而又为当时迂腐者所深诋,后世轻薄者所厚诬之人哉!牧斋事迹具载明清两朝国史及私家著述,固有阙误,然尚多可考。至于河东君本末,则不仅散在明清间人著述,以列入乾隆朝违碍书目中之故,多已亡佚不可得见,即诸家诗文笔记之有关河东君,而不在禁毁书籍之内者,亦大抵简略错误,剿袭雷同。纵使出于同时作者,亦多有意讳饰诋诬,更加以后代人无知之虚妄揣测。故世所传河东君之事迹多非真实,殊有待发之覆。今撰此书,专考证河东君之本末,而取牧斋事迹之有关者附之,以免喧宾夺主之嫌。起自初访半野堂前之一段因缘,迄于殉家难后之附带事件,并详述河东君与陈卧子〔子龙〕、程孟阳〔嘉燧〕、谢象三〔三宾〕、宋辕文〔徵舆〕、李存我〔待问〕等之关系。寅恪以衰废余年,钩索沉隐,延历岁时,久未能就,观下列诸诗,可以见暮齿著书之难有如此者,斯乃效《再生缘》之例,非仿《花月痕》之体也。

乙未阳历元旦作

红碧装盘岁又新,可怜炊灶尽劳薪。太冲娇女诗书废,孺仲贤妻药裹亲。食蛤那知天下事,然脂犹想柳前春。(河东君《次牧翁冬日泛舟》诗云:"春前柳欲窥青眼。")炎方七见梅花笑,惆怅仙源最后身。

高楼冥想独徘徊,歌哭无端纸一堆。天壤久销奇女气,江关谁省暮年哀?残编点滴残山泪,绝命从容绝代才。留得秋潭仙侣曲,(陈卧子集中有《秋潭曲》,宋让木集中有《秋塘曲》。宋诗更是考证河东君前期事迹之重要资料。陈、宋两诗全文见后详引。)人间遗恨总难裁。

第一章 缘起

乙未旧历元旦读《初学集·〔崇祯〕甲申元日》诗有"衰残敢负苍生望,重理东山旧管弦"之句,戏成一律。

绛云楼上夜吹箫,哀乐东山养望高。黄蘗有书空买菜,玄都无地可栽桃。如花眷属惭双鬓,似水兴亡送六朝。尚托惠香成狡狯,至今疑滞未能消。

笺释钱柳因缘诗,完稿无期,黄毓祺案复有疑滞,感赋一诗。

然脂暝写费搜寻,楚些吴歈感恨深。红豆有情春欲晚,黄扉无命陆终沉。机云逝后英灵改,兰荪来时丽藻存。拈出南冠一公案,可容迟暮细参论。

丙申五月六十七岁生日,晓莹于市楼置酒,赋此奉谢。

红云碧海映重楼,初度盲翁六七秋。织素心情还置酒,然脂功状可封侯。(时方撰《钱柳因缘诗释证》。)平生所学供埋骨,晚岁为诗欠斫头。幸得梅花同一笑,岭南已是八年留。

丁酉阳历七月三日六十八初度,适在病中,时撰《钱柳因缘诗释证》尚未成书,更不知何日可以刊布也,感赋一律。

生辰病里转悠悠,证史笺诗又四秋。老牧渊通难作匹,阿云格调更无俦。渡江好影花争艳,填海雄心酒被愁。珍重承天井中水,人间唯此是安流。

用前题意再赋一首。年来除从事著述外,稍以小说词曲遣日,故诗语及之。

岁月犹余几许存,欲将心事寄闲言。推寻衰柳枯兰意,刻画残山剩水痕。故纸金楼销白日,新莺玉茗送黄昏。夷门醇酒知难贳,聊把清歌伴浊樽。

十年以来继续草《钱柳因缘诗释证》,至癸卯冬,粗告完毕。偶忆项莲生〔鸿祚〕云"不为无益之事,何以遣有涯之生",伤哉此语,实为寅恪言之也。感赋二律。

横海楼船破浪秋,南风一夕抵瓜洲。石城故垒英雄尽,铁锁长江日夜流。惜别渔舟迷去住,封侯闺梦负绸缪。八篇和杜哀吟在,此恨绵绵死未休。

世局终销病榻魂,谤台文在未须言。高家门馆恩谁报,陆氏庄园业不存。遗嘱只余传惨恨,著书今与洗烦冤。明清痛史新兼旧,好事何人共讨论。

此稿既以释证钱柳因缘之诗为题目,故略述释证之范围及义例。自来诂释诗章,可别为二。一为考证本事,一为解释辞句。质言之,前者乃考今典,即当时之事实。后者乃释古典,即旧籍之出处。牧斋之诗,有钱遵王曾所注《初学集》《有学集》。遵王与牧斋关系密切,虽抵触时禁,宜有所讳。又深恶河东君,自不著其与牧斋有关事迹。然综观两《集》之注,其有关本事者,亦颇不少。兹略举其最要者言之,如遵王《初学集诗注》一六《丙舍诗集(下)雪中杨伯祥馆丈廷麟过访山堂即事赠别》诗"贾庄"注,详述崇祯十年、十一年与建州讲款及卢象昇殉难于贾庄之实史。同书一七《移居诗集·茅止生挽词十首》,其第二首"武备新编"、第四首"西玄",分别注出止生以谈兵游长安,挟《武备志》进御事及止生妾陶楚生事(可参《列朝诗集》丁下《茅待诏元仪》及闰集陶楚生两《小传》)。同卷《姚叔祥过明发堂共论近代词人戏作绝句十六首》,其中"高杨""文沈""何李""锺谭"等人,皆注出其事迹。又,"锺谭"注中云"〔王〕微〔杨〕宛为词客,讵肯与〔锺谭〕作后尘。公直以巾帼愧竟陵矣"等语,可见牧斋论诗之旨也。同卷《永遇乐词·十六夜见月》,注中详引薛国观事;注末数语,其意或在为吴昌时解脱。同书二〇《东山诗集三·驾鹅行闻潜山战胜而作诗》"潜山战"注,述崇祯十五年壬午起马士英为凤督。九月己卯,(《明史》二四《庄烈帝本纪》"己卯"作"辛卯",是。)总兵刘良佐、黄得功败张献忠将一堵墙于潜山;十月丙午,刘良佐再破张献忠于安庆等事。盖遵王生当明季,外则建州,内则张、李,两事最所关心。涉及清室者,因有讳忌,不敢多所诠述。至张、李本末,则不妨稍详言之也。又,同卷《送涂德公秀才戍辰州兼简石斋馆丈》一题"戍辰州"注,言涂仲吉因论救黄道周,下诏狱,戍辰州事。注末云:"道周辨对,而斥之为佞口;仲吉上言,而目之为党私。稽首王明,叹息何所道哉? 此公之深意,又当遇之于文辞之外者也。"遵王所谓"文辞外"之深意,自当直接得诸牧斋之口。《有学集诗注》二《秋槐支集·闽中徐存永陈开仲乱后过访,各有诗见赠,次韵奉答四首》之四"沁雪"注,及《夏日宴新乐小侯》诗题下"新乐"注,遵王皆引本事及时人之文以释之。同书四《绛云余烬集·哭稼轩留守相公诗》"留守"注,述瞿式耜本末甚详。同卷《孟阳冢孙念修自松圆过访,口占送别二首》第一首"题诗"注,述牧斋访松圆故居题诗屋壁事。第二首"闻咏"下注云:"山庄旧有闻咏亭,取'老杜诗罢闻吴咏'之句。"检《有学集》一八《耦耕堂集序》云:"天启初,孟阳归自泽潞,偕余栖拂水涧,泉活活循屋下,春水怒生,悬流喷激。孟阳乐之,为亭以踞涧右,颜之曰闻咏。"遵王《注》可与此《序》相参证也。同书五《敬他老人集(上)简侯研德并示记原诗》附笺语,详述侯峒曾本末及嘉定屠城事。岂因李成栋后又叛清降明,故不必为之讳耶? 同卷《路易(长?)公安卿置酒包山官舍,即席有作二首》之一"怀羽翼"注,述路振飞事迹。同书六《秋槐别集·左宁南画像歌,为柳敬亭作》注中载左良玉本末甚详,并及柳敬亭事。同卷《丙申春就医秦淮寓,丁家水阁三十绝句》,其第十九首"四乳"注,述倪让、倪岳父子本末。第二十一首"紫淀"下载张文峙改名事。第二十八首"史痴""徐霖"注,言及两人之逸闻。同卷《读新修〈滕王阁诗文集〉,重题十首》第七首"石函"注云:"彭幼朔《九日登高,寄怀虞山太史诗》:'石函君已镌名久,有约龙沙共放歌。'幼朔注曰:'近有人发《许旌阳石函记》。虞山太史官地具载。其当在樵阳八百之列无疑。故落句及之。'"检同书一一《红豆二集·遵王赋胎仙阁看红豆花诗。吟叹之余,走笔属和》,诗后附钱曾原诗,有"八百樵阳有名记"句,当即用此事。同书八《长干塔光集·大观太清楼二王法帖歌》中,鲁公"孝经"注云:"公云,乱后于燕京见鲁公所书《孝经》真迹,字画俨如《麻姑仙坛记》。御府之珍,流落人间,可胜惋惜。"或可补《绛云楼题跋》之遗。同书一四《东涧诗集(下)病榻消寒杂咏四十六首》,其第十三首《壬午日鹅笼公有龙舟御席之宠》诗,注云:"鹅笼公谓阳羡也。"其第三十四首《追忆庚辰冬半野堂文宴旧事》诗"看场神鬼"注云:"公云,文宴诗,有老妪见红袍乌帽三神坐绛云楼下。"(寅恪案:范锴《华笑庼杂笔》一"黄梨洲先生批钱诗残本"条,载太冲批语云:"愚谓此殆火神邪?"可发一笑!又,崇祯十三年庚辰冬河东君初访半野堂时,绛云楼尚未建造。遵王所传牧斋之语,初视之,疑指后来改建绛云楼之处而言。细绎之,则知遵王有意或无意牵混牧斋殇子寿者之言,增入"绛云"二字,非牧斋原语所应有也。以增入此二字之故,梨洲遂有"火神"之说,可谓一误再误矣。详见第五章论《东山酬和集》河东君《春日我闻室作呈牧翁》诗节。)诸如此类,皆是其例。但在全部注本之中,究不以注释当日本事为通则也。至遵王《初学集诗注》一八《东山诗集一·有美一百韵，晦日鸳湖舟中作》诗"疏影词"注，引河东君《金明池·咏寒柳》词及何士龙《疏影·咏梅（上牧翁）》词，并载陆敕先之语。则疑是陆氏所主张，实非出自遵王本意。其他有关年月、地理、人物，即使不涉及时禁，或河东君者，仍多不加注释。质此之故，寅恪释证钱柳之诗，于时、地、人三者考之较详，盖所以补遵王原注之缺也。但今上距钱柳作诗时已三百年，典籍多已禁毁亡佚，虽欲详究，恐终多讹脱。若又不及今日为之，则后来之难或有更甚于今日者，此寅恪所以明知此类著作之不能完善，而不得不仍勉力为之也。至于解释古典故实，自以不能考知辞句之出处为难，何况其作者又博雅如钱柳者乎？今观遵王所注两《集》，牧斋所用僻奥故实，遵王或未著明，或虽加注释，复不免舛误，或不切当。据王应奎《海虞诗苑》四所载《钱文学曾小传》略云：

> 曾字遵王，牧翁宗伯之族曾孙也。宗伯器之，授以诗法。君为宗伯诗注，廋词隐语悉发其覆，梵书道笈必溯其源，非亲炙而得其传者不能。

及同书五所载《陆文学贻典小传》云：

> 贻典，字敕先，号觌庵。自少笃志坟典，师〔钱〕东涧〔谦益〕，而友〔冯〕钝吟〔班〕，学问最有原本。钱曾笺注东涧诗，僻事奥句，君搜访佽助为多。

夫遵王、敕先皆牧斋门人，而注中未能考知牧斋之僻事奥句，即有所解释，仍不免于错误或不切者，殆非"智过其师，乃堪传授"之人，此点可姑不置论。但两人与牧斋晚年往来密切，东涧诗中时、地、人之本事，自应略加注明，而遵王之注多未涉及者，则由于遵王之无识，敕先不任其咎也。又观《有学集》三九《复遵王书〔论己所作诗〕》云：

居恒妄想，愿得一明眼人为我代下注脚，发皇心曲，以俟百世。今不意近得之于足下。

然则牧斋所属望于遵王者甚厚。今观遵王之注，则殊有负牧斋矣。抑更有可论者，解释古典故实，自当引用最初出处，然最初出处，实不足以尽之，更须引其他非最初而有关者，以补足之，始能通解作者遣辞用意之妙。如李壁《王荆公诗注》二七《张侍郎示东府新居诗，因而和酬二首》之一"功谢萧规惭汉第，恩从隗始诧燕台"之句下引蔡絛《西清诗话》（参郭绍虞校辑《宋诗话辑佚（上）》）云：

熙宁初，张掞以二府初成，作诗贺荆公。公和之，以示陆农师〔佃〕。曰："萧规曹随，高帝论功，皆摭故实，而请从隗始，初无'恩'字。"荆公笑曰："子善问也。韩退之《斗鸡联句》：'感恩从隗始。'若无据，岂当对'功'字也。"

寅恪案：王介甫此言可以见注释诗中古典，得其正确出处之难。然《史记》《汉书》及《昌黎集》皆属古籍，虽出处有先后，犹不难寻检得之。若钱柳因缘诗，则不仅有远近出处之古典故实，更有两人前后诗章之出处。若不能探河穷源，剥蕉至心，层次不紊，脉络贯注，则两人酬和诸作，其辞锋针对，思旨印证之微妙，绝难通解也。试举一例以明之，如《东山酬和集》一河东君《次韵答牧翁冬日泛舟》诗中"莫为卢家怨银汉，年年河水向东流"之句，与最初出处之《玉台新咏·歌词二首》之二"河中之水向东流，洛阳女儿名莫愁""卢家兰室桂为梁""头上金钗十二行""平头奴子擎履箱""恨不嫁与东家王"等句，及第二出处之《李义山诗集（上）代〔卢家堂内〕应》云：

本来银汉是红墙，隔得卢家白玉堂。谁与王昌报消息，尽知三十六鸳鸯。

有关,固不待言。其实亦与《东山酬和集》一牧翁《次韵答柳如是过访山堂赠诗》"但似王昌消息好,履箱擎了便相从"有关。尤更与牧翁未见河东君之前,即《初学集》一六《丙舍诗集·〔崇祯十三年春间〕观美人手迹戏题绝句七首》,其三云:

兰室桂为梁,蚕书学采桑。几番云母纸,都惹郁金香。(原注云:《金壶记蚕书秋胡妻玩蚕而作河中之水歌》"十四采桑南陌头"。)

及同书一七《移居诗集·永遇乐词·〔崇祯十三年〕八月十六夜有感》云:

银汉红墙,浮云隔断,玉箫吹裂。白玉堂前,鸳鸯六六,谁与王昌说?今宵二八,清辉香雾,还忆破瓜时节。(寅恪案:牧斋《观美人手迹七首》之五云:"笺纸劈桃花,银钩整复斜。却怜波磔好,破体不成瓜。"原注云:"李群玉诗:'瓜字初分碧玉年。'")剧堪怜,明镜青天,独照长门鬒发。
莫愁未老,嫦娥孤零,相向共嗟圆阙。长叹凭阑,低吟拥髻,暗与阴蛩切。单栖海燕,东流河水,十二金钗敲折。何日里,并肩携手,双双拜月。

有密切关系。今之读者,若不循次披寻,得其脉络,则钱柳因缘之诗,必不能真尽通解矣。(寅恪检《初学集》一七《移居诗集》有《杂忆诗十首次韵》,当赋成于崇祯十三年庚辰五月间。不知为何人而作。岂为杨宛叔而作耶?抑或与河东君有关耶?姑识此疑,以俟详考。)职是之由,此书释证钱柳之诗,止限于详考本事。至于通常故实,则不加注解,即或遵王之注有所未备,如无大关系,则亦不补充,以免繁赘。但间有为解说便利之故,不得不于通常出处,稍事征引,亦必力求简略。总而言之,详其所应详,略其所当略,斯为寅恪释证钱柳因缘诗之范围及义例也。

复次,沈偶僧雄、江丹崖尚质编辑之《古今词话·词话类(下)》云:

沈雄曰:"花信楼头风暗吹,红栏桥外雨如丝。一枝憔悴无人见,肯与人间缩别离。离别经春又隔年,摇青漾碧有谁怜?春来羞共东风语,背却桃花独自眠。此钱宗伯牧斋'竹枝词'也。"(寅恪案:此二诗乃《初学集》——《桑林诗集·柳枝十首》之第一、第二两首。作"竹枝词",误。牧斋此诗乃崇祯十年丁丑初夏被逮北行途中所作。)宗伯以大手笔,不趋佻俭,(寅恪案:"俭"疑当作"险"。)而饶蕴藉,以崇诗古文之格。其《永遇乐》三、四阕,偶一游戏为之。

又,袁朴村景辂所编《松陵诗征》四《沈雄小传》略云:

周勒山云:偶僧覃思著述,所辑《诗余笺体》,足为词学指南。

其自著《绮语》,亦超迈不群。

朴村云:偶僧从虞山钱牧斋游,诗词俱有宗法。

寅恪案:沈氏为牧斋弟子,故《古今词话》中屡引牧斋之说。袁氏谓偶僧所著诗词受牧斋影响。诗固牧斋所擅场,词则非所措意。偶僧于其书中已明言之(并可参《古今词话·词品(上)》"钱谦益曰张南湖少从王西楼刻意填词"条)。若如朴村之说,沈氏之词亦与师门有关,则当非受之师父,而是从师母处传得衣钵耳。盖河东君所作诗余之传于今者,明胜于牧斋之《永遇乐》诸阕,即可为例证。不仅诗余,河东君之书法,复非牧斋所能及。倘取钱柳以方赵管,则牧斋殊有愧子昂矣。偶僧诗词仅见选本,未敢详论。但观王兰泉昶《国朝词综》一四所录《偶僧词二首》,则周、袁二氏之语,颇为可信。寅恪别有所注意者,即兰泉所选偶僧词《浣溪沙·梨花》云:

压帽花开香雪痕,一林轻素隔重门。抛残歌舞种愁根。
遥夜微茫凝月影,浑身清浅剩梅魂。溶溶院落共黄昏。

又云:

静掩梨花深院门,养成闲恨费重昏。今宵又整昨宵魂。
理梦天涯凭角枕,卸头时候覆深樽。正添香处忆温存。

沈氏之词有何所指,自不能确言。然细绎语意,殊与河东君身世、人品约略符合,令人不能无疑。《东山酬和集》一牧翁所作《寒夕文宴,再叠前韵。是日我闻室落成,延河东君居之》诗(自注:"涂月二日。")结语云:

今夕梅魂共谁语,任他疏影蘸寒流。(自注:"河东君《寒柳词》云:约个梅魂,与伊深怜低语。")

若取偶僧之词与牧翁之诗综合观之,其间关锁贯通之处,大可玩味,恐非偶然也。至关于河东君诗余之问题,俟后论之。兹附言及此,不敢辞傅会穿凿之讥者,欲为钱柳因缘添一公案,兼以博通人之一笑也。

第二章

河东君最初姓氏名字之推测及其附带问题

大凡为人作传记,在中国典籍中,自司马迁、班固以下,皆首述传主之姓氏名字。若燕北闲人之《儿女英雄传》,其书中主人何玉凤,至第十九回"恩怨了了慷慨捐生,变幻重重从容救死"之末,始明白著其姓名。然此为小说文人故作狡狯之笔,非史家之通则也。由是言之,此章自应先著河东君最初之姓氏及名字。但此问题殊不易解决,故不得不先作一假设,而证明此假设之材料,又大半与其他下列诸章有关,势难悉数征引于此章之中。兹为折中权宜之计,唯于此章中简略节取此类材料之最有关字句,至其他部分,将于下列诸章详录之。读者倘能取下列诸章所列诸材料,与本章参互观之,则幸甚矣。

明末人作诗词,往往喜用本人或对方,或有关之他人姓氏,明著或暗藏于字句之中。斯殆当时之风气如此,后来不甚多见者也。今姑不多所征引,即就钱柳本人及同时有关诸人诗中,择取数例,亦足以证明此点。如《东山酬和集》一河东君《次韵答牧翁冬日泛舟诗》"越歌聊感鄂君舟""春前柳欲窥青眼""年年河水向东流"等句,分藏"柳河东君"四字。(其实此诗"望断浮云西北楼"句中"云"字即是河东君最初之名。兹暂不先及,详见后文考证。)及同书同卷《春日我闻室作呈牧翁》诗"此去柳花如梦里,向来烟月是愁端。画堂消息何人晓"("何"与"河"音同形近),并"珍重君家兰桂室,东风取次一凭阑"等句,分藏"柳如是河东君"六字。又,汪然明汝谦者,钱柳因缘之介绍人也,其事迹著作及与钱柳之关系,俟第四章详述之,兹暂不涉及。但汪氏所著《春星堂集》三《游草》中《余久出游,柳如是校书过访,舟泊关津而返,赋此致怀(七律)》之后,载《无题(七律)》一首,当即为柳而作者。此诗中"美女疑君是洛神"及"几湾柳色隔香尘"等句,亦分藏"柳是"二字。(河东君又有"美人"之别号,汪氏因"人"字为平声,故改作仄声之"女"字以协诗律。余详下论。)至若吴伟业《梅村家藏稿》五八《诗话》云:

> 黄媛介,字皆令,嘉兴人,儒家女也。能诗善画。其夫杨兴公(寅恪案:即世功)聘后贫不能娶,流落吴门。媛介诗名日高,有以千金聘为名人妾者,其兄坚持不肯。余诗曰"不知世有杜樊川",(寅恪案:《家藏稿》六《题鸳湖闺咏四首》之二即此诗。此句上有"夫婿长杨须执戟"之句。)指其事也。媛介后客于牧斋柳夫人绛云楼中。楼毁于火,牧斋亦牢落。尝为媛介诗序,有今昔之感。

则又稍变其例。盖作者于"夫婿长杨须执戟"之句,虽已明著杨世功之姓,而于"不知世有杜樊川"之句,以有所隐讳之故,不便直标其人之名姓也。考"杜樊川"即"杜牧",《李义山诗集(下)赠司勋杜十三员外》云:"杜牧司勋字牧之,清秋一首《杜秋诗》。前身应是梁江总,名总还曾字总持。"玉谿用樊川姓名及字为戏,颇觉新颖,是以后人多喜咏之。梅村句中"杜樊川"三字,即暗指"牧"字。与吴氏同时江浙最显著之名人,其以"牧"称者,舍钱谦益外,更无他人。关于黄媛介之事迹及其与钱柳往来诗词文字,材料颇多,兹不详述。据邓汉仪《天下名家诗观初集》一二"黄媛介"条云:

> 时时往来虞山,与柳夫人为文字交,其兄开平不善也。

可以推知孝威言外之意。但世传媛介与张天如溥一段故事,辗转剿袭,不一而足。究其原始,当是出于王贻上士祯《池北偶谈》一二"黄媛介诗"条。其文云:

> 少时,太仓张西铭溥闻其名,往求之。皆令时已许字杨氏,久客不归,父兄屡劝之改字,不可。闻张言,即约某日会某所,设屏障观之。既罢,语父兄曰:"吾以张公名士,欲一见之。今观其人,有才无命,可惜也。"时张方入翰林,有重名。不逾年竟卒。皆令卒归杨氏。

寅恪案:渔洋之说颇多疏误,兹不暇辨。但据《梅村家藏稿》二四《清河家法述》云:

> 娄东庶常张西铭先生既殁之二十载,为顺治纪元之十有七年庚子十二月五日。(寅恪案:西铭卒于明崇祯十四年辛巳五月初八日。)先生夫人王氏命其嗣子永锡式似,婿吴孙祥绵祖,以仆陈三之罪来告。

及《有学集》八四《题张天如立嗣议》云:

> 天如之母夫人暨其夫人咸以为允。

则是天如之卒,上距媛介窥见之时,不及一年。若依渔洋之说,黄见张之时,当在崇祯十三年庚辰六月以后。今据吴、钱之文,复未发见西铭于此短时间,有丧妻继娶之事,则西铭嫡配王氏必尚健在。天如之不能聘媛介为妻,其理由明甚(余可参蒋逸雪编《张溥年谱》"崇祯十二年己卯"条所考)。渔洋之说殊不可通。或疑天如实欲聘媛介为妾,则天如之姓名字号又皆与"杜樊川"不相应,且亦与上句明标杨世功之姓者尤不相称。骏公作诗,当不如此。观梅村《题鸳湖闺咏四首》之二"绛云楼阁敞空虚,女伴相依共索居"之句,"索居"二字寓意颇深。(靳荣藩《吴诗集览》一二上此诗后附评语云:"索居上有'相依'字,'共'字亦奇。"可见靳氏亦知梅村此句有所寓意也。)更可取邓孝威"其兄开平不善也"之语,参互并观,其间有所不便显言者,可以想见矣。

吾国人之名与字,其意义多相关联(号间亦与名相关,如谦益之号牧斋,即是一例,但此非原则也),古人固如此,今人亦莫不然。此世所习知,不待例证。今检关涉河东君之早期材料,往往见有"美人"之语。初颇不注意,以为不过泛用"美人"二字,以形容河东君,别无其他专特之意义。此为吾国之文人词客,自《诗经》《楚辞》以降,所常为者,殊不足异也。继详考其语义之有限制性,而不属泛指之辞者,始恍然知河东君最初之名称,必与"美人"二字有关,或即用"美人"为其别号,亦未可知也。今试略举数例以证明之。兹先举"美人"二字之确指河东君,而不为普通之形容语者。然后复取有关河东君之诗词,详绎其中所用"美人"二字之特殊性,依吾国名与字或别号意义关联之例,推比测定河东君最初之名。更就此名所引出之其他问题,加以解释,或亦足发前此未发之覆耶?

牧斋《初学集》一六《丙舍诗集·观美人手迹戏题绝句七首》云:

油素朝摹帖,丹铅夜校书。来禽晋内史,卢橘汉相如。

其二云:

花飞朱户网,燕蹴绮窗尘。挟瑟歌卢女,临池写洛神。

其三云:

(诗见前。)

其四云:

芳树风情在,簪花体格新。可知王逸少,不及卫夫人。

其五云:

(诗见前。)

其六云:

书楼新宝架,经卷旧金箱。定有千年蠹,能分纸上香。(原注:"用上官昭容书楼及南唐宫人写《心经》事。")

其七云:

好鸟难同命,芳莲寡并头。生憎绿沉管,玉指镇双钩。

寅恪案:此七首诗皆为五言绝句。初读之,以为牧斋不过偶为此体,未必别有深意。继思之,始恍然知牧斋之用此体,盖全效玉谿生《柳枝五首》之作(见《李义山诗集(下)》)。所以为此者,不仅因义山此诗所咏与河东君之身份适合,且以此时河东君已改易姓氏为柳也。或者牧斋更于此时已得见所赋《金明池·咏寒柳》词,并有感于此词中"尚有燕台佳句"之语,而与义山《柳枝诗序》中所言者不无冥会耶?

又,今杭州高氏藏明本《河东君尺牍》,其字体乃世俗所谓宋体字,而《湖上草》则为依据手写原本摹刻者。此《草》为崇祯十二年己卯岁之作品。自其卷末逆数第二题为《出关外别汪然明(七律)》,首二句云"游子天涯感塞鸿,故人相别又江枫",乃秋季所作。可证此书刻成当在崇祯十二年己卯冬季。牧斋于十三年庚辰春初自得见之。然则牧斋所谓"美人手迹"可能即指《湖上草》而言也。此七首诗为钱柳因缘中河东君过访半野堂前重要材料之一,俟后详论。今所注意者,即就七诗所咏观之,可决定此"美人"之界说为一年少工书,且已脱离其夫之姬妾,必非泛指之形容词,自不待言。当崇祯十三年春初牧斋作诗时,此"美人"舍河东君外,恐无他人合此条件。更取明确为河东君而作之诗以证之,尤可决定"美人"二字与河东君最初之名有关。如黄宗羲《南雷诗历》二《八哀诗》之五《钱牧斋宗伯(七律)》中有"红豆俄飘迷月露,美人欲绝指筝弦"之句,自注云:"皆身后事。"(寅恪案:太冲自注所言,可参第五章论河东君殉家难节。)及王昶所辑《陈忠裕〔子龙〕全集》一〇《秋潭曲》,(原注:"偕〔彭〕燕又〔宾〕、〔宋〕让木〔徵璧〕、杨姬〔影怜〕集西潭舟中作。")其中有"明云织夜红纹多"("云"字可注意),"银灯照水龙欲愁"("龙"字可注意),"美人娇对参差风,斜抱秋心江影中"("美人"及"影"字可注意),"摘取霞文裁凤纸,春蚕小字投秋水"等句。此诗题下并附原案语云:

> 《抱真堂集》:宋子与大樽(陈子龙字)泛于秋塘,坐有校书。(寅恪案:此文乃宋徵璧《含真堂诗稿》五《秋塘曲》序文。王兰泉引作《抱真堂集》,与今所见本不同。)后称柳夫人,有盛名。

原案语又云:

> 《莼乡赘笔》:柳如是,初名杨影怜。流落北里,姿韵绝人。钱宗伯一见惑之,买为妾,号曰"河东君"。(寅恪案:今检"名人笔记汇海"中《莼乡赘笔》四卷本,未载此文。但申报馆印董含《三岗识略》十卷本。第六卷"拂水山庄"条之文,与王兰泉所引《莼乡赘笔》相同。岂王氏所见者异于"名人

笔记汇海"本耶?)

今观此明确为河东君而作之诗,其中既以"美人"指河东君,则"美人"二字当是河东君之字或号,而其初必有一名与此字或号相关者,此可依名与字或号相关之例推知也。考徐电发釚《本事诗》选录程孟阳嘉燧《缃云诗三首》,其题下注云:

朱长孺〔鹤龄〕曰:"孟阳此诗为河东君作。"

寅恪案:电发与长孺俱为吴江人,同里交好,所记必有依据。又考长孺与牧斋关系至密。如牧斋《有学集》一五《吴江朱氏〈杜诗辑注〉序》云:

吴江朱子长孺馆于荒村。

同书一九归玄恭《恒轩集序》云:

丙申闰五月,余与朱子长孺屏居田舍。余繙《般若经》,长孺笺《杜诗》。(寅恪案:可参朱鹤龄《〈李义山诗集笺注〉自序》云:"申酉之岁予笺《杜诗》于牧斋先生之红豆山庄。")

《牧斋尺牍》二《与毛子晋书》第二十通云:

顷在吴门见朱长孺《杜诗笺注》,与仆所草,大略相似。仆既归心空门,不复留心此事,而残稿又复可惜。意欲并付长孺,都为一书。第其意欲得近地假馆,以便商订,辄为谋之于左右,似有三便。长孺与足下臭味訢合。长孺得馆,足下得朋。一便也。高斋藏书,足供繙阅。主人腹笥,又资雠勘,二便也。长孺师道之端庄,经学之渊博,一时文士,罕有其偶。皋比得人,师资相说,三便也。仆生平不轻荐馆,此则不惜缓颊,知其不以誓言相目也。

及《牧斋尺牍》一《与朱长孺书》云：

> 小婿自锡山入赘，(寅恪案：河东君以其女赘无锡赵玉森之子管为婿。)授伏生书，欲得鲁壁专门大师以为师匠。恃知己厚爱，敢借重左右，以光函丈。幸慨然许之，即老朽亦可借手沐浴芳尘也。

又如朱鹤龄《愚庵小稿》四《闻牧斋先生讣(五律)二首》，同书五《牧斋先生过访(七律)》一首等及同书一〇《与吴梅村祭酒书》云"夫虞山公生平梗概，千秋自有定评，愚何敢置喙？若其高才博学，囊括古今，则夐乎卓绝一时矣"等，即可为证。又，潘柽章《松陵文献》所附其弟耒《后序》云"朱先生与亡兄交最厚"，及此书六《人物志》六《周道登传》末略云：

> 潘子曰：公于先大父为外兄弟，故得备闻其遗事。

盖潘柽章为周道登之姻戚，复与朱鹤龄交谊最厚。河东君本出自吴江周道登家(详见后章)。朱氏殆由潘氏之故，辗转得知周氏家庭之琐屑，不仅与周氏同隶吴江，因而从乡里传闻获悉河东君早年旧事。然则长孺所言程孟阳之《缍云诗》乃为河东君作者，实是可信，而河东君最初之名乃"缍云"之"云"字，可以推知矣。

复次，程嘉燧《耦耕堂存稿》诗中有《朝云诗八首》。又有《今夕行》，其《序》略云：

> 甲戌七月，唐四兄为杨朝赋《七夕行》，十二夜复过余成老亭。和韵作此。

据此更可证河东君曾一度称"杨朝"。依上论江总字总持，杜牧字牧之之例，"杨朝"自可字"朝云"。徐虹亭《本事诗》六选程松圆《缍云诗》，引朱长孺之言，知其为河东君而作。但不选《朝云诗》及《今夕行》，殆未知河东君曾一度以"杨朝"为姓名，以"朝云"为字耶。然则河东君之此名此字，知者甚鲜，观电发之选诗，可以证知也。至《耦耕堂存稿》诗中诸题如《正月十一十二夜云生留予家》《二月上浣同云娃踏青》及《六月鸳湖与云娃惜别》等，又皆河东君称"云"之例证。兹暂不多述。详后论崇祯七年甲戌河东君嘉定之游节。河东君最初之名既是"云"字，其与"美人"二字之关系如何耶？考《全唐诗》第三函李白二《长相思》云：

美人如花隔云端。（寅恪案：《玉台新咏》一枚乘《杂诗九首》之六云："美人在云端，天路隔无期。"）

此"云"与"美人"相关之证也。但窃疑河东君最初之名不止一"云"字，尚有其他一字亦与"美人"有关。如《陈忠裕全集》一五《陈李唱和集·秋夕偕燕又让木集杨姬馆中（七律）二首》，宋徵璧《含真堂诗稿》五《秋塘曲》，及《耦耕堂存稿》诗中《二月上浣同云娃踏青归雨宴达曙用佳字（七律）》，皆卧子、让木、松圆等为河东君而作之诗，可决定无疑者也。卧子句云："满城风雨妒婵娟。"让木句云："校书婵娟年十六。"松圆句云："烟花径袅婵娟人。"初视之，"婵娟"二字不过寻常形容之辞耳，未必与河东君最初之名有何关联也。继而详绎大樽所作诗词之与河东君有关者，往往发见"婵娟"二字，则殊不能不令人疑其与河东君之初名实有关联。兹仅择诗中有"美人"及"婵娟"两辞并载者，以为例证。（《陈忠裕全集》一〇《陈李唱和集·仿佛行》："罗屏美人善惆怅，妙学此曲双婵娟。"虽"美人"与"婵娟"并载，然据此诗后附李雯《仿佛行（并序）》，知为吴郡女郎青来而作。青来本末未及详考，或与舒章《仿佛楼诗稿》之名有关，故不举为例证，姑记所疑于此。）至于其他可能为河东君而作之诗词中，虽有"婵娟"二字,而不与"美人"一辞相连者,暂于此不录,俟后论陈、杨关系时再详焉。如《陈忠裕全集》三《几社稿·古乐府·长相思二首》之二云:

又闻美人已去青山巅,碧霞素月娱婵娟。

同书一〇《属玉堂集·霜月行》,其一云:

我思江南在云端。(寅恪案:此句即用太白诗"美人如花隔云端"句。"云"字可注意。)

其二云:

玉衣不敢当婵娟。

其三云:

美人赠我双螭镜,云是明月留清心。寒光一段去时影("影"字可注意),可怜化作霜华深("怜"字可注意)。持镜索影不可见("影"字可注意),当霜望月多哀音。红绡满川龙女瘴,买之不惜双南金。温香沉沉若烟雾,裁霜剪月成寒衾。衾寒犹自可,梦寒情不禁。离鸾别凤万余里,风车云马来相寻("云"字可注意)。愁魂荒迷更零乱,使我沉吟常至今。

同书一一《平露堂集·立秋后一日题采莲图》云:

图中美人剧可怜,年年玉貌莲花鲜。花残女伴各散去,有时独立秋风前。何得铅粉一朝尽?空光白露寒婵娟。

同书同卷《湘真阁稿·长相思》云:

美人昔在春风前,娇花欲语含轻烟。欢倚细腰敧绣枕,愁凭素手送哀弦。美人今在秋风里,碧云迢迢隔江水。写尽红霞不肯传,紫鳞亦妒婵娟子。

据此,"婵娟"与"美人"两辞实有关联,而其关联之出处本于何等古籍乎?考《杜工部集》五《寄韩谏议诗》有"美人娟娟隔秋水"之句。此"美人"二字与"娟"字相关之出处。职此之故,寅恪窃疑河东君最初之名实为"云娟"二字。此二字乃江浙民间所常用之名,而不能登于大雅之堂者。当时文士乃取李、杜诗句与"云娟"二字相关之"美人"二字以代之,易俗为雅,于是河东君遂以"美人"著称,不独他人以此相呼,即河东君己身亦以此自号也。

以上之假说若果为真实,则由此引出之问题亦可解决。如《东山酬和集》一《有美一百韵》,乃牧翁极意经营之作。其以"有美"二字题篇者,初视之,不过用《诗经·郑风·野有蔓草》所云"野有蔓草,零露溥兮。有美一人,清扬婉兮。邂逅相遇,适我愿兮。野有蔓草,零露瀼瀼。有美一人,婉如清扬。邂逅相遇,与子皆臧"之出处。虽颇觉其妙,然仍嫌稍泛。若如其用"有美"二字以暗寓"美人"即河东君之意,则更觉其适切也。

又,《初学集》二〇下《东山诗集·绛云楼上梁以诗代文八首》之三"曾楼新树绛云题"句下自注云:

> 紫微夫人诗云:"乘飙俦衾寝,齐牢携绛云。"故以绛云名楼。(寅恪案:此诗见《真诰》一《运象篇第一》。)

又,八首之五"匏爵因缘看墨会"句下自注云:

> 紫清真妃示杨君有"匏爵分味,墨会定名"之语。(寅恪案:此文出《真诰》一《运象篇第一》。)

及"苕华名字记灵箫"句下自注云:

> 真妃名郁嫔,字灵箫。并见《真诰》。(寅恪案:此文见《真诰》一《运象篇第一》。)

初视之,似牧斋已明白告人以此楼所以题名"绛云"之故,更无其他出处矣。但若知河东君之初名中有一"云"字,则用"绛云"之古典,兼指河东君之旧名,用事遣辞殊为工切允当。如以为仅用陶隐居之书,则不免为牧斋所窃笑也。

复次,《初学集诗注》一七《移居诗集·姚叔祥过明发堂,共论近代词人,戏作绝句十六首》,(寅恪案:牧斋《列朝诗集》丁一六《姚叟士粦小传》云:"晚岁数过余,年将九十矣。剧谈至分夜不寐。兵兴后,穷饿以死。"姚氏卒年虽未详,然崇祯十三年庚辰秋牧斋作此诗时,叔祥之年当已过八十矣。特附记《姚传》之语,以供参证。)第十二首"近日西陵夸柳隐,桃花得气美人中"句下自注云:

《西湖》诗云:垂杨小苑绣帘东,莺阁残枝蝶趁风。最是西陵寒食路,桃花得气美人中。

寅恪案:牧斋此诗作于崇祯十三年庚辰秋间河东君尚未过访半野堂之前,实为钱柳因缘重要材料之一,俟后详论之。河东君此诗乃其《湖上草》中崇祯十二年己卯春《西湖八绝句》之一。当日最为人所称道,盛传于一时者也。诗中"寒食""桃花"等辞,实暗用孟棨《本事诗》崔护故事。又其用意遣辞实与陈卧子崇祯八年乙亥所作《寒食三绝句》有关,详见第三章所论。"美人"乃河东君自比之辞,即以此自居不复谦让。此诗寓意巧妙,所以特见称赏于当时之文士,而"美人"之名,更由此广播遍于吴越间矣。(《甲申朝事小纪》载河东君所作五诗中,有《横山杂作(七律)》一首云:"美人遥夜伫何方,应是当年蹭蹬乡。自爱文园能犊鼻,那愁世路有羊肠。徐看雀坠枝先坠,谁惜桃僵李亦僵。只此时名皆足废,宁须万事折腰忙。"寅恪尚未检出此诗所从来,果否真为柳作,且诗意亦不能尽解,故诗中"美人"二字究何所指,须俟详考,始可决定也。)

至于河东君之本姓问题,观陈卧子《秋潭曲》题下自注中"杨姬"之称,则"杨"乃河东君本初之姓,是无疑义。据李舒章雯所撰《蓼斋集》二六《坐中戏言分赠诸妓四首》之四云:

悉茗丁香各自春,(寅恪案:"悉茗"者,花之名,即"耶悉茗"之略称。详见吴其濬《植物名实图考》三〇《群芳类》"素馨"条。)杨家小女压芳尘。银屏叠得霓裳细,金错能书蚕纸匀。梦落吴江秋佩冷,欢闻鸳水楚怜新。不知条脱今谁赠,蕚绿曾为同姓人。

寅恪案:舒章此诗作于何时,虽未能确定,似在距崇祯六年癸酉秋间或前或后不甚远之时,即与卧子作《秋潭曲》相去较近之时也。(寅恪考《蓼斋集》,此诗之前载《初春得卧子书有怀》云:"新年遥接会稽书。"舒章此诗,《云间三子合稿》未录。依"会稽"二字推之,则必作于卧子任绍兴推官时。据卧子《自撰年谱》"崇祯十三年庚辰"条,卧子以此年秋赴绍兴推官任。故舒章此诗之作成,至早亦在崇祯十四年辛巳春间。但此年春间河东君已访半野堂,复归松江矣。崇祯十四年河东君年二十四岁,与诗中"杨家小女"之语不合。且其时河东君已改易姓名,又与诗中"楚怜新"句未符。何况此时河东君之身份,亦不应与其他三妓并列耶?寅恪初颇以此为疑,后更详绎李《集》,始恍然知此《分赠诸妓诗》之排列于《初春得卧子书有怀》之后者,实又依其性质,取以为赠答诗之殿,而非以其时间为赠答诗之最后也。盖舒章门人石维昆辑刊《蓼斋集》,卷首载维昆顺治丁酉即十四年《序》云:"虽在少作,编录不遗。"故所刻舒章著述,当颇完备。集中诗分类,亦编年。《分赠诸妓诗》在卷二十六。其卷题"七言律诗四。赠答诗二"。检其内容,又有赠答及哀挽两种性质。

《分赠诸妓诗》之前为《送友人》,《分赠诸妓诗》之后迄于卷终,共三首,皆是哀挽之作。据此可以推定《分赠诸妓诗》乃以其性质为赠妓,遂附列于赠答诗之后,非因其作成之时间在最后也。恐读者于推定舒章作诗年代,有所异议,特为辨之如此。)四诗分赠四妓。此一首乃当时赠与河东君者。诗中"杨家小女",固是河东君之本姓。"梦落吴江秋佩冷",乃指河东君与周道登之关系,此点俟后论之。"欢闻鸳水楚怜新",谓此时河东君之新名为"影怜"。"鸳水"者,言河东君本嘉兴人。盖河东君此时自周道登家流落松江,改易"云娟"之旧名,而为"影怜"之新名也。"不知条脱今谁赠,萼绿曾为同姓人"者,用《真诰·运象篇第一》"神女萼绿华赠羊权金玉条脱各一枚"事。其文略云:

> 萼绿华者,云本姓杨。赠羊〔权〕诗一篇,并致火浣布手巾一枚,金玉条脱各一枚。条脱似指环而大,异常精好。

原注云:

> 此乃为杨君所书者。当以其同姓,亦可杨权相问,因答其事,而疏说之耳。

寅恪案:羊氏即羊舌氏,与杨氏本出一源,可视为同姓。(参《新唐书》七一下《宰相世系表》"杨氏"条,及其他关于姓氏源流诸书。)《真诰》之意究为如何,姑置不论。但据舒章此诗之意,已足证明河东君之本姓实为杨氏。又,《东山酬和集》二牧翁《西溪永兴寺看绿萼梅有怀诗》"道人未醒罗浮梦,正忆新妆萼绿华"之句,不仅用《龙城录》赵师雄故事,亦暗指萼绿华之本姓。然则河东君之姓原为杨氏,更可无疑,而牧翁作诗,其用事工切,于此亦可见矣。

又,牧翁《有美一百韵》甚夸河东君,广引柳姓世族故实。读者似以为牧翁既称柳如是为河东君,因而赋诗遂博征柳姓典故,以资藻饰。殊不知牧翁取柳姓郡望,号之为河东君者,不过由表面言之耳。其实牧翁于此名称,兼暗寓《玉台新咏》"河东之水向东流"一诗之意,此名巧切河东君之身份,文人故作狡狯,其伎俩可喜复可畏也。至河东君之改其本姓为柳者,世皆知其用唐人许尧佐《柳氏传》章台柳故实(参孟棨《本事诗·情感类》)。盖"杨"与"柳"相类,在文辞上固可通用也。又检宋人某氏所著《侍儿小名录拾遗》引苏子美《爱爱集》述钱塘娼女杨爱爱事。明代人有号"皇都风月主人"者,其所著《绿窗新语(下)》亦载"杨爱爱不嫁后夫"条。条末原注云:"苏子美为作《传》。"(见《上海艺文杂记》第一卷第六期)所言之杨爱爱亦钱塘娼女。考苏子美即北宋之苏舜钦。今检苏氏《集》中未见此《传》,不知是否伪托。但此故事明末必颇流行。河东君之本姓既是杨氏,其后改易"云娟"之旧名而为"爱"者,疑与此事有关,盖欲以符合昔人旧名之故。"杨爱"之名诸书多有记载。但此名最初见于何书,尚难确定。就所知者言之,似以沈虬《河东君传》为最早。此《传》(据葛昌楣君《蘼芜纪闻(上)》所引)略云:

> 河东君所从来,余独悉之。我邑盛泽镇,有名妓徐佛者(徐佛事迹可参仲廷机辑《盛湖志》一○《列女名妓门》)。丙子年间张西铭先生慕其名,至垂虹亭易小舟访之,而佛已于前一日嫁兰溪周侍御之弟金甫矣。院中惟留其婢杨爱,因携至垂虹。余于舟中见之,听其音,禾中人也。

是沈次云于崇祯九年丙子有亲见河东君之事。其所言实在仲沈洙撰、仲周需补之《盛湖志(上)形胜门·盛湖八景》之八《凌巷寻芳》、《钱宛朱诗注》及其他材料之前矣。至其又称"影怜"者,当用《李义山诗集(上)碧城三首》之二"对影闻声已可怜"之出处,此句"怜"字之意义,复与"爱"字有关也。(寅恪偶检郑澍若

《虞初续志》一二云:"厉影怜校书得萧仁叔邗上来书,语多未解。问字于陈敬吾,敬吾即其语意,题后一律。"夫此两"影怜"之名,虽同取义于玉谿生诗,然其学问之高下悬殊有如是者,则对"厉影怜"之"影",亦未必可怜矣。)

又,沈氏所云兰溪周侍御之弟金甫,当是周灿弟之字。检乾隆修《吴江县志》二九略云:

周灿,字光甫,用之孙。崇祯元年进士,知宣化、会稽二县。十六年擢浙江道御史,所著有《泽畔吟》。

沈氏虽不著周金甫之名,但据今所见《泽畔吟》附录光甫孙师灏所撰《后序》"向自烂溪('烂'字,沈氏作'兰')析居谢天港"及"光甫""金甫"之称下一字相同等理由推之,可知云翾所嫁之人即吴江周灿之弟。《泽畔吟》中诸诗当是明亡以后所作,唯其中《杨花》一题有"年年三月落花天,顾影含颦长自怜"之语,实与河东君姓名符会,以光甫与盛泽镇(光甫集中载《盛泽镇(五律)》一首)及云翾嫁其弟等关系论之,自不能令人无疑。终以作诗时间过晚,不敢决言。姑记于此,以俟更考。

河东君更有一"隐雯"之名,(寅恪案:此名之记载似以见于顾苓《河东君传》者为最早。俟考。)此名不甚著称,而取义亦不易解。寅恪疑是取《列女传》二《陶答子妻》所谓"南山有玄豹,雾雨七日而不下食者,何也?欲以泽其毛,而成文章也。故藏而远害",即《文选》二七谢玄晖《之宣城出新林浦向板桥》诗"虽无玄豹姿,终隐南山雾"之义。或者河东君取此二字为名,乃在受松江郡守驱令出境之威胁时(见后章)。殆因是事有所感触,遂自比南山之玄豹,隐于雾雨,泽毛成文,藏而远害耶?明季不遵常轨,而有文采之女子,往往喜用"隐"字以为名,如黄媛介之"离隐"、张宛仙之"香隐"(见后章),皆是其例。(震泽吴雷发撰《香天谈薮》载明崇祯中扬州名妓沈隐,游西湖,卜居楼外楼,嫁新安夏子龙。夏死,隐自缢以殉事。寅恪案:沈之名与河东君同,夏之名与卧子同,沈曾居西湖,复自缢殉夏。本末颇与河东君相似,殊为巧合。但不知是否实有其人其事,姑附识于此,更俟详考。)此殆一时之风气。河东君以"隐雯"为名,殊不足异。后来河东君又省去"雯"字,止以一"隐"字为名,而"隐雯"之原名,转不甚为人所知矣。

复次,《牧斋遗事》"初吴江盛泽镇有名妓曰徐佛"条云:

〔杨爱〕闻虞山有钱学士谦益者,实为当今李、杜。欲一望见其丰采,乃驾扁舟来虞。为士人装,坐肩舆,造钱投谒。易"杨"以"柳",易"爱"以"是"。刺入,钱辞以他往。盖目之为俗士也。柳于次日作诗遣伻投之,诗内已微露色相。牧翁得其诗,大惊。语阍者曰:"昨投刺者士人乎?女子乎?"阍者曰:"士人也。"牧翁愈疑,急登舆访柳于舟中,则嫣然一美姝也。因出其七言近体就正,钱心赏焉。视其书法,得虞、褚两家遗意,又心赏焉。相与絮语者终日。临别,钱语柳曰:"此后即以'柳'姓'是'名相往复。吾且字子以'如是',为今日证盟。"柳诺。此钱柳合作之始也。

寅恪案:此条所纪多乖事实,兹暂不考辨,惟论河东君改易姓字之一事,今所见崇祯十一年戊寅陈卧子所刻之《戊寅草》,十二年己卯汪然明所刻之《湖上草》,皆署"柳隐如是"。又,汪氏所刻《柳如是尺牍》一卷,亦署"云间柳隐如是"。卷中尺牍共计三十一通。其最后一通有"已过夷门""武夷之游,闻在旦夕""应答小言,已分嗤弃,何悟见赏通人,使之成帙。非先生意深,应不及此。特有远投,更须数本"等语。据此可知此通乃崇祯十四年辛巳春间所作。盖汪氏初刻本共只有三十通,刊成后投寄河东。河东君复从之更索数本。然则第三十一通乃汪氏后来所补刻者(详后论证)，今虽难确考汪氏初刻本刊成之时日，以意揣测，当在崇祯十三年庚辰末，最可能在十四年辛巳初。由是言之，河东君何待至崇祯十三年冬季访半野堂时，始"易'杨'以'柳'，易'爱'以'是'"，牧斋何待至此时始"字以'如是'"耶？(今神州国光社影印吴中蒋氏旧藏《柳如是山水册八帧》，每帧皆钤"柳隐书画"之章。其末帧署"我闻居士柳如是"。此画虽难确定为何年所作，但必在崇祯十三年冬季访半野堂以前。所以如此推定者，盖此后河东君既心许于牧斋，自不应再以隐于章台柳之"柳隐"为称，而钤此章也。又，"我闻居士"之称，即从佛典"如是我闻"而来。据此亦可证知河东君未遇见牧斋之前，已以"我闻居士"与"柳如是"连称矣。详见后论。)且据《初学集诗注·丙舍诗集(下)观美人手迹》诗，是牧斋于十三年春初，当已见及《湖上草》(见前所论)，则睹河东君投谒之名刺，亦必无疑讶之理。故遗事所言诸端，不知谁氏子所伪造？无知妄作，固极可笑，而世人又多乐道此物语，尤不可不辨也。至河东君之名"是"，不知始于何时？颇疑其不以"隐"为名之后，乃取其字"如是"下一字为名。若此假定不误，则其时间至早亦当在崇祯十四年，或在适牧斋以后。盖河东君既已结缡，自不宜仍以"柳隐"即隐于章台柳之意为名也。其余详下章所论。

复检邓孝威汉仪《天下名家诗观二集·闺秀别卷》中云：

柳因一名隐，字蘼芜，更字如是。生出未详。虞山钱牧斋宗伯之妾。

河东君放诞风流，不可绳以常格。乙酉之变，劝宗伯以死，及奋身自沉池水中，此为巾帼知大义处。宗伯薨，自经以殉，其结局更善。灵岩抔土，应岁岁以卮酒浇之。

寅恪案:邓氏此条殆出顾云美《河东君传》。惟谓河东君名"因",疑与"隐"字音近之故。至钱士美《文选·诵芬堂文稿六编·柳夫人事略》,虽亦载河东君名因之事,但其文抄袭前人,往往讹舛,不暇详辨,姑附记于此。

复次,李舒章雯《蓼斋集》三五《与卧子书》云:

> 又盛传我兄意盼阿云,不根之论,每使人妇家勃豀。兄正是木强人,何意得尔馨颓荡。乃知才士易为口实,天下讹言若此,正复不恶。故弟为兄道之,千里之外与让木(宋徵璧)、燕又(彭宾)一笑。若彝仲(夏允彝),不可闻此语也。

考舒章此书当为卧子于崇祯六年癸酉秋冬间赴北京会试,至次年留居京邸时所作。然则河东君于崇祯六年癸酉以前,即以"云"为名,可以证明也。其余亦详下章所论。

又,后来与河东君有关之谢象三三宾,其所著诗集题为《一笑堂集》,乃用李太白诗"美人一笑千黄金"之典(见《全唐诗》第三函李白三《白纻辞》)。谢氏此集中多为河东君而作之篇什,而河东君以"美人"著称,更可推知矣。

第三章

河东君与"吴江故相"及"云间孝廉"之关系

附：河东君嘉定之游

三百年来记载河东君事迹者甚众,寅恪亦获读其大半矣。总括言之,可别为两类。第一类为于河东君具同情者,如顾云美苓之《河东君传》等属之。第二类为于河东君怀恶意者,如王胜时沄之《虞山柳枝词》等属之。其他辗转抄袭,讹谬脱漏者,更不足道。然第一类虽具同情,颇有隐讳。第二类因怀恶意,遂多诬枉。今欲考河东君平生事迹,其隐讳者表出之,其诬枉者驳正之。不漏不谬,始终完善,则典籍禁毁阙佚之后,精力老病残废之余,势所不能,此生无望者也。故唯有姑就搜寻所得,而可信可喜者,综贯解释,汇合辑录,略具首尾,聊复成文。虽极知无所阐发,等于钞胥,必见笑于当世及后来之博识通人,亦所不顾及矣。

就所见文籍中记载河东君事迹者言之,要推顾云美所撰《河东君传》为最佳。就其所以能致此者,不独以其人之能文,实因其人于河东君具有同情心之故。可惜者,顾氏为牧翁晚年门生,虽及见河东君,而关于河东君早岁事迹,或欲有所讳饰,或以生年较晚,关于河东君早岁身世,其隐秘微妙者,有所未详也。兹先略述云美之事迹,然后移写顾氏所撰《河东君传》中有关早岁之一节,参以他种史料,解释论证之。

《牧斋外集》一六《明经顾云美妻陆氏墓志铭》略云:

> 留守相国瞿稼轩既殉国,其幼子玄镜奉其骨归自桂林。甲午正月至常熟,顾苓云美来吊。玄镜从其兄拥杖出拜。云美问其兄,曰:"吾幼弟也。生长西南,今九年矣。"云美出,谓其表弟严武伯曰:"子为我语瞿氏,以我女字玄镜。"瞿氏诺之。云美告余曰:"苓以女字留守相公之幼子矣,夫子其谓我何?"余曰:"有是哉!"后六年己亥四月十日,云美之妻陆氏卒,越七日,云美之父处士君卒。云美居丧守礼,不置姬侍,躬保护其女。服除,而玄镜孤贫无倚,云美收为赘婿。壬寅五月,吉安施伟长见玄镜于云美之侧,喜而告余。及秋,余过虎丘塔影园,云美出玄镜拜床下,抠衣奉手,目光射人。归而诒书云美曰:"忠贞之后,仅存一线。今得端人正士,以尊亲为师保。稼轩忠魂,亦稍慰于九京矣。"

同治修《苏州府志》八八《顾苓传》略云:

> 顾苓,字云美,少笃学,晚居虎丘山塘。萧然敝庐,中悬思陵御书,时肃衣冠再拜,欷歔太息。女一,妻桂林留守瞿式耜子,易其姓名,俾脱于祸,人尤高之。(寅恪案:《初学集》七四《先太淑人述》云:"孙爱之议昏于瞿给事之女孙也。太淑人实命之,曰:'人以汝去官,结昏姻以敦世好,不亦善乎?'"然则云美亦与牧斋为间接之姻戚。但云美以其女妻稼轩之子,时间甚晚,远在钱、瞿两氏议昏之后矣。)

寅恪案:顾氏为明末遗老,不忘故国旧君者,其人品高逸,可以想见,不仅以文学艺术见称也。清代初年东南诸眷恋故国之遗民,亦大有党派及意见之分别,未可笼统视之。牧斋早为东林党魁,晚乃附和马、阮,降顺清朝。坐此为时人,尤为东南旧朝党社中人所诟毁。斯问题于此姑置不论,倘取顾氏《塔影园集》一《东涧遗老传》读之,则知云美对于牧翁平生前后异趣之见解,与当日吴越胜流之持论有所不同,而与瞿稼轩所怀者正复相类也。观全谢山祖望《鲒埼亭外集》三一《浩气吟跋》略云:

> 稼轩先生少年连染于牧斋之习气。自丙戌以后,牧斋生平扫地矣。而先生《浩气吟》中犹惓惓焉,至形之梦寐。其交情一至此乎?牧斋颜甲千重,犹敢为《浩气吟》作序乎?一笑也。

可知钱、瞿二人关系之密切如此。全氏之论固正,但于河东君阴助牧斋复兴明室之活动,似尚有未尽窥见者,关于此点,俟于第五章论之。所可注意者,即与稼轩特厚之人,不独宽谅牧斋之晚节,而尤推重河东君。就其所以然之故,当与钱柳同心复明一端有关。如牧斋《投笔集(上)后秋兴之三》第三首"须眉男子皆臣子,秦越何人视瘠肥"句,自注云:"夷陵文相国来书云云。"考牧斋所谓"夷陵文相国"者,即《明史》二七九有《传》之文安之。其人之为大学士,由瞿式耜所推荐,可知文、瞿两人交谊实为密切。云美以女妻稼轩之子,则其于稼轩与文氏有同一之观感及关系,又可推之。文氏既遗书牧斋,称道河东君若是,宜乎云美为河东君作《传》,其尊重之意溢于言表也。后来有"超达道人苇江氏"者,题云美此《传》后,谓其于河东君"别有知己之感""阿私所好",则殊未明钱、瞿之交谊,钱、柳之关系,与夫君国兴亡,恩纪绸缪,死生不渝之大义,所以借是发幽光而励薄俗之微旨。乃肆意妄言,无复忌惮,诚可鄙可恶,更不足置辨矣。

复次,关于思陵御书一事,详见杜于皇濬《变雅堂文集》七

《松风宝墨记》，兹不移录。寅恪昔年曾于完白山人后裔家，见崇祯帝所书"松风水月"四字，始知于皇此文中"端劲轩翥"之评，非寻常颂圣例语。邓氏家之思陵御书，自与云美所藏者不同物，初未解此三百年前国家民族大悲剧之主人翁，何以喜作"松风"二字之故，后检杨留垞锺羲《雪桥诗话续集》一云：

> 顾云美庐阊门外，半潭绕屋，引水自隔。庄烈帝御书"松风"二大字，云美得之某司香，遂揭于斋中。顾黄公〔景星〕为赋诗四首。卒章有云："奇峰名淑景，御坐正当中。五粒皆银鬣，双珠倚玉童。"谓万岁山淑景峰有石刻御坐，二白松覆焉。

然则世上留传崇祯帝"松风"手迹不止一本者，殆与景山石刻御坐有关耶？俟考。

顾氏《河东君传》寅恪所得见者，节略之本不计外，共有四本，即罗叔言振玉"殷礼在斯堂丛书"《塔影园集》本（第一卷），范声山锴《华笑庼杂笔》本（第一卷），缪筱珊荃孙《秦淮广记》本（第二之四）及葛雍吾昌楣《蘼芜纪闻》本（卷上）。四本中以范本为最善，兹悉依此本移录，其他诸本与范本异者，皆不一一标出也。

复次，罗振玉《贞松老人外集》三《顾云美书河东君传册跋》略云：

> 顾云美撰《柳蘼芜传》并画像真迹，乙巳冬得之吴中。《传》载蘼芜事实甚详。吴人某所著《野语秘汇》，述虞山被逮时，河东君先携重贿入都，赂当道，乃得生还。其权略尤不可及，可谓奇女子矣。《传》中记蘼芜初归云间孝廉为妾，殆先适陈卧子，他记载所未及。其归虞山在明亡前三年，时年二十四。至癸卯下发，年四十有六。逾年而值家难。光

绪丁未三月将取付影印,以贻海内好事者,俾益永其传,并缀辞于后。上虞罗振玉朋存父。

寅恪案:朋存先生以"云间孝廉"为陈卧子。五十年前能作此语,可谓特识。但其于河东君适牧斋后,尚称之为"蘼芜",又言其携重贿入都,俾牧斋得脱黄毓祺之案及癸卯岁年四十六下发等事,皆不免差误。详见有关各节所论,兹不辨及。

顾《传》云:

河东君者,柳氏也。初名隐雯,继名是,字如是。为人短小,结束俏利,性机警,饶胆略,适云间孝廉为妾。孝廉能文章,工书法,教之作诗写字,婉媚绝伦。(《塔影园集》一《河东君传》"婉媚绝伦"作"风气奕奕"。)顾倜傥好奇,尤放诞。孝廉谢之去。

寅恪案:云美此《传》于河东君之本来姓氏、籍贯及在"适云间孝廉为妾"以前之事迹,不道及一字,当有所隐讳,未必绝不能获知其一二也。职是之故,不得不取其他史料,以补此间隙。但此段时间,材料极少,又多为不可信者。故今仅择其材料直接出于与河东君有关之人者,以之为主,而参取后来间接传闻者,以补充之。其间若有诬枉或不可信者,则稍加驳正。固不敢谓尽得其真相,然亦不至甚远于事实也。兹引王沄《虞山柳枝词》之前,先略述胜时之事迹,盖王氏乃最反对河东君之人,其所言者,固不可尽信。然诬枉之辞外,亦有一二真实语。实因其人与陈子龙及其家属关系密切,所知河东君早岁事迹,必较多于顾云美,特恨其具偏隘之见,不欲质直言之耳。乾隆修《娄县志》二五《王沄传》略云:

王沄,字胜时,幼为陈子龙弟子。处师生患难时,卓然有东汉节义风。以诸生贡入成均,不得志。著有《辋川稿》。

李叔虎桓《耆献类征初编》四四四《顾汝则传》下附王沄事迹,引章有谟《笔记》略云:

> 陈黄门子龙殉难后,夫人张氏与其子妇丁氏居于乡,两世守节,贫不能给。王胜时明经沄常周恤之。

及《陈忠裕全集·年谱(下)》附王沄撰《三世苦节传》略云:

> 岁在癸酉〔康熙三十二年〕仲春之吉,孺人命从侄倬来,知予子栘有女孙同岁生,请问名。予额手曰:"此小子宿心也。敬闻命矣。"乃告于先祠,以女孙字"世贵"焉。(寅恪案:世贵乃陈子龙之曾孙。)

寅恪案:王胜时文章行谊卓然可称,然其人憎恶河东君,轻薄刻毒丑诋之辞,见诸赋咏者,不一而足。以常情论,似不可解。明季士人门户之见最深,不独国政为然,即朋友往来,家庭琐屑亦莫不划一鸿沟,互相排挤,若水火之不相容。故今日吾人读其著述,尤应博考而慎取者也。胜时孙女之字卧子曾孙,结为姻亲,时间固甚晚,然其与陈氏家庭往来,在卧子生存时已然。卧子死后,胜时周恤其家备至,即就卧子夫人张氏欲与胜时之家结为姻亲一事观之,可以推知矣。据《陈忠裕全集》所载陈子龙《自撰年谱(上)》"崇祯二年己巳"条云:

> 〔祖母高〕太安人以予既昏,遂谢家政。予母唐宜人,素善病,好静,不任事。乃以笲钥属予妇,予始有晨昏之累矣。

及《年谱(下)》附王沄撰《三世苦节传》略云:

> 〔张〕孺人通《诗》、《礼》、史传,皆能举其大义,以及书算女红之属,无不精娴,三党奉为女师。有弟五人,庄事女兄如伯兄然。孺人屡举子女不育,为置侧室,亦不宜子。孺人心忧。乃自越遣人至吴,纳良家子沈氏以归。

则知大樽之妻张氏为一精明强干而能治家之人。故入陈氏之门不久,其祖姑高氏即授以家政也。假使王氏称其能通书史大义之语非出阿私,然绝不能如河东君才藻博洽,可与卧子相互酬和者,自不待论。倘若张氏转移其待诸弟之威严以临其夫,则恐卧子闺门之内亦不得不有所畏惮顾忌也。又观其为大樽选纳良家女沈氏为妾一端,知大樽之娶妾,张氏欲操选择之权,更以良家子为其意中之对象。如取以与牧斋夫人陈氏相较,则牧斋用匹嫡之礼待河东君,而陈夫人亦无可如何,安之若命者,诚大不侔矣。复观牧斋之子孺饴(孙爱)所辑《河东君殉家难事实》中《柳夫人遗嘱》云:

我来汝家二十五年,(寅恪案:"汝"字指其女,即赵管妻。)从不曾受人之气。

呜呼!假使河东君即仅在陈家二十五月,甚至二十五日,亦不能不受人之气,尤不能不受张氏之气,而张氏更不能如牧斋夫人之受河东君之气,可以断言无疑也。河东君之与大樽,其关系虽不善终,但双方之情感则皆未改变,而大樽尤缱绻不忘旧欢,屡屡形之吟咏。然则其割爱忍痛,任河东君之离去,而不能留之者,恐非仅由河东君之个性放诞使然,亦实因大樽妻张氏之不能相容,即不能受河东君之气,如牧斋夫人者,有以致之也。河东君所以不能见容于大樽家庭之事实及理由,王胜时必从张氏方面得知其详。三百年前陈氏家庭夫妇妻妾之间,其恩怨是非固匪吾人今日所能确知,既非负古代家属委员会之责者,自不必于其间为左右袒,或作和事老。是以此点亦不须详考。但应注意者,则胜时为大樽嫡妻张氏之党。故其所言者,皆张氏一面之辞,王氏既不能不为其尊者即大樽讳,又不能不为其亲者即张氏讳。于是遂隐没其师及张氏与河东君之关系,而转其笔锋集矢于河东君矣。苟知此意,则王氏所述河东君之事迹不可尽信,止能供作参考或谈助,而不必悉为实录,亦甚明也。

王氏之后,复有钱钝夫肇鳌著《质直谈耳》一书,亦述河东君早岁轶事,其言颇有与王氏类似者。然据此书钱大昕《序》云:

> 吾弟钝夫以暇日撰次生平所见闻,可喜可愕,足资惩劝者,汇为一编,名之曰《质直谈耳》。

又,光绪修《嘉定县志》二八《艺文别集门》载:

> 《巢云诗草》。钱肇鳌著。
>
> 诗规摹盛唐。

则是钝夫生年甚晚,其书所述河东君事自得之辗转间接之传闻。《巢云诗草》不知尚存否?兹取王、钱两氏所言河东君最初轶事,参以陈子龙及宋徵璧(即与河东君直接有关之人)所作诗篇,考辨论证之如下。

王沄《辋川诗钞》四《虞山柳枝词》第一首云:

> 章台十五唤卿卿,素影争怜飞絮轻。("影"及"怜"二字可注意。)白舫青莲随意住,淡云微月最含情。("云"字可注意。)

自注云:

> 姬少为吴中大家婢,流落北里。杨氏,小字影怜,后自更姓柳,名是。一时有盛名,从吴越间诸名士游。

钱肇鳌《质直谈耳》七"柳如之轶事"条(寅恪案:原文"之"字乃"是"字之误,下文同。参仲虎腾《盛湖志补》四《杂识门》及葛昌楣君《蘼芜纪闻·上》)云:

如之幼养于吴江周氏,为宠姬。年最稚,明慧无比。主人常抱置膝上,教以文艺,以是为群妾忌。独周母喜其善趋承,爱怜之。然性纵荡不羁,寻与周仆通,为群妾所觉,谮于主人,欲杀之。以周母故,得鬻为倡。其家姓杨,乃以柳为姓,自呼如之。居常呼鸨母曰鸨、父曰龟。

综合王、钱两氏所述,河东君最初果为何家何人之婢或妾,并在何年至此家,出而流落人间耶?兹据与河东君直接有关者之所传述以考定之。宋徵璧《含真堂诗稿》五《秋塘曲(并序)》云:

> 宋子与大樽泛于秋塘,风雨避易,则子美渼陂之游也。坐有校书,新从吴江故相家流落人间,凡所叙述,感慨激昂,绝不类闺房语。且出其所寿陈徵君诗,有"李卫学书称弟子,东方大隐号先生"之句焉。(寅恪案:陈眉公《岩栖幽事》载其所作《清平乐》下半阕云:"闲来也教儿孙,读书不为功名。□□浇花酿酒,世家闭户先生。"可与河东君"大隐号先生"之句相印证。)陈子酒酣,命予于席上走笔作歌。

江皋萧索起秋风,秋风吹落江枫红。楼船箫鼓互容与,登山涉水秋如许。江东才人恨未消,郁金玛瑙盛香醪。未将宝剑酬肝胆,为觅明珠照寂寥。不辞风雨常避易,鲤鱼跃浪秋江碧。长鲸泄酒殊未醉,今夕不知为何夕。校书婵娟年十六,雨雨风风能痛哭。自然闺阁号铮铮,岂料风尘同琭琭。绣纹学刺两鸳鸯,吹箫欲招双凤凰。可怜家住横塘路,门前大道临官渡。曲径低安宛转桥,飞花暗舞相思树。初将玉指醉流霞,早信平康是狭邪。青鸟乍传三岛意,紫烟便入五侯家。十二云屏坐玉人,常将烟月号平津。骅骝讵解将军意,鹦鹉偏知丞相嗔。湘帘此夕亲闻唤,香奁此日重教看。

> 乘槎拟入碧霞宫,因梦向愁红锦段。陈王宋玉相经过,流商激楚扬清歌。妇人意气欲何等,与君沦落同江河。我侪闻之感太息,春花秋叶天公力。多卿感叹当盛年,风雨秋塘浩难极。

寅恪案:让木此诗乃今日吾人所知河东君早期事迹最重要材料之一。据卧子《自撰年谱(上)》"崇祯六年癸酉"条云:

> 文史之暇,流连声酒,多与舒章倡和。今《陈李唱和集》是也。

卧子原作《秋潭曲》载《陈李唱和集》中,即在崇祯六年秋间所作,第二章已略引之矣。同为此游四人之内,河东君不论外,尚有彭燕又宾一人。其人亦当有诗纪此游,惜今未能得见,亦可不论。秋潭或秋塘者,据《陈忠裕全集》一〇《秋潭曲》题下附考证引《松江府志》略云:

> 白龙潭在府城谷阳门外,花晨月夕,箫鼓画船,岁时不绝。(寅恪案:《陈忠裕全集》为嘉庆八年所刻。今取嘉庆二十四年修《松江府志》九《山川志》校之,其文悉与此条相同。然则嘉庆二十四年修《松江府志》,当是承用康熙二年所修之《府志》,而此诗考证乃录自康熙《志》也。)

故知宋让木于崇祯六年秋间,在松江府谷阳门外白龙潭舟中,亲从河东君得闻其所述自身之事迹,实为最直接之史料。今依据宋氏之所传述,取与王、钱两氏所言者参证之,则第一问题,即"吴江故相"果为何人乎?依让木所谓"新从吴江故相家流落人间"之语,则此"故相"之时间条件为上距崇祯六年不久之宰辅。其地理条件为吴江县籍贯之人。依此两条件以求之,先检崇祯朝宰相之籍贯,唯有周道登一人适合也。陈盟《崇祯内阁行略·周道登传》略云：

> 周道登，号念西，吴江人。〔天启七年〕丁卯十二月金瓯之卜，以礼部尚书召入内阁。崇祯〔元年〕戊辰六月加太子太保，晋文渊阁。〔崇祯二年〕己巳正月引疾去。归而著书自乐，不问户外。〔崇祯五年〕壬申以疾卒。

及知服斋本曹洊躬溶《崇祯五十宰相传（初稿）·周道登传》略云：

> 周道登，字文邦(?)吴江人。〔天启七年〕丁卯十二月，由太子宾客礼部右侍郎起升尚书，兼东阁大学士。〔崇祯二年〕己巳正月闲住。癸酉年（崇祯六年）卒。（寅恪案："癸酉"二字知服斋本如此。与胡氏问影楼本及宣统三年辛亥铅印本曹书此《传》，俱作"壬申"即崇祯五年者不同。但知服斋本曹氏此书《宰相年表》亦列周道登卒于"五年壬申"，岂曹书此《传》初稿作"癸酉"，后来乃改为"壬申"耶？抑或后人据《明史稿》及《明史·周道登传》改易耶？俟考。）

又，《明史稿》二三五《李标传》附周道登传略云：

> 道登者，吴江人。崇祯初与标等同入阁。御史田时震〔等〕先后交劾之，遂放归，居五年卒。

《明史》二五一《李标传》附周道登传略云：

> 周道登，吴江人。崇祯初与李标等同入阁。御史田时震〔等〕交劾之，乃罢归，阅五年而卒。

及乾隆修《吴江县志》二八《人物门·周道登传》略云：

> 周道登，字文岸。〔天启〕七年冬庄烈帝立，首重阁臣之选，上自祝天，取会推诸臣姓名置金瓶中卜之，得钱龙锡六人，

道登与焉。召为东阁大学士。崇祯二年春,御史任赞化等交章论列,上遂勒令致仕。归就道,复疏言蓟门重地,兵额不宜过汰。家居一年卒。值温体仁当国,赐祭葬咸杀礼。

谈孺木迁《枣林杂俎和集·丛赘》"周道登"条云:

> 吴江周相国性木强,不好矜饰。一日侍朝默笑。先帝见之,诘其故。不对,亦不谢。既出,华亭钱相国〔龙锡〕尤之。曰:"已笑矣,奈何!"上自此浸疏。讣闻,仅祭一坛,予半葬。典礼虽薄,犹同官斡护之。

寅恪案:周道登之卒年虽有问题,然据陈盟、曹溶两书,其卒当在崇祯五年。《明史稿》"放归,居五年卒"之语,其所谓"五年"者,即从崇祯二年己巳正月算起,亦不过谓道登卒于崇祯六年而已。若《明史》谓"罢归,阅五年而卒",则殊有语病矣。至乾隆修《吴江县志》言"上遂勒令致仕。家居一年卒"之"一"字,疑是误字也。考潘力田柽章《松陵文献》六有《周道登传》。柽章弟耒作此书《后序》云:

> 〔康熙二十四年〕乙丑春,归自都门,有言《新志》全用亡兄之书者,索而观之,信然。

稼堂所谓《新志》,即康熙间叶星期燮所修之《吴江志》,而乾隆间沈冠云彤所修之《吴江县志》乃承用叶《志》之旧文。今观潘氏《松陵文献》中《周道登传》,不著道登卒年,故康熙《志》亦阙而不载。乾隆沈《志》所书道登卒年,殆取他书移补《旧志》之阙耳。然则潘氏与周氏为姻戚(见第二章所引《松陵文献》),乃阙书道登之卒岁,可知柽章作《传》时已不能详矣。但力田所作《道登传》末云"道登事兄如父。无子,以兄子振孙为后"数语,与兹所考证者有关。其他如道登人品、学术之记载,于此姑置不论。总而言之，道登之卒，早则在崇祯五年壬申，迟则在崇祯六年癸酉，或者其卒实在五年，而京师抚恤典之发表乃在六年，致有卒于"癸酉"之纪载耶？寅恪以为道登之卒，在崇祯五年，或崇祯六年，固未敢确定。但河东君之出自周家，流落人间，则当为崇祯四年辛未，可于卧子《几社稿》中崇祯五年绮怀诸作及《癸酉长安除夕诗》考之(见下引《陈忠裕全集》一○《属玉堂集》所论)。复参以陈卧子崇祯五年所赋《柳枝词》"妖鬟十五倚身轻"(见《陈忠裕全集》一九《几社稿·柳枝词四首》之四)，及王胜时《虞山柳枝词》"章台十五唤卿卿"诗句，尤足证河东君于崇祯四年辛未十四岁时，出自周家，流落人间。其始遇卧子，实在五年，其年龄正为十五岁。或疑让木《秋塘曲序》中"坐有校书，新从吴江故相家流落人间"之"新"字，其界说如何？鄙意欲决定此字意义不必旁征，即可于卧子诗中求得例证。如《陈忠裕全集》六《陈李唱和集·酬万年少(五古)二首》其一云：

与君新结交，意气来相凭。帝京共游戏，江表观徽绳。

其二云：

秋英粲林麓，扬舲大江湄。

考万寿祺为崇祯三年庚午举人，与卧子为乡试同年。卧子之得交年少，应在崇祯三年秋南京乡试时。榜后，陈、万两人并与诸名士会饮于秦淮舟中(见《陈忠裕全集·年谱(上)》"崇祯六年癸酉"条附考证，并《隰西草堂集》附刻李辅中编《万年少先生年谱》"崇祯三年庚午"条)。自陈、万两人结交之日起，下距卧子崇祯六年秋作此二诗时止，其间已有三年之久。卧子于距离三年之时间，既可云"新"，则让木于崇祯六年秋作《秋塘曲》时，上溯至四年，更得谓之"新"。然则陈、宋辈之作诗文，其用"新"字之界说，亦不必泥执为数旬数月之义，固可包括至三年之时日。由此言之,河东君在崇祯四年辛未出自周家,流落人间,让木仍可谓之"新"也。

又,让木《秋塘曲》中"平津""丞相"之辞,自指道登本人而言,其家庭诸男子,如其兄或振孙等,皆不足以当此"平津""丞相"之名。故河东君其初必为周道登之妾,可以推知。若王沄《虞山柳枝词》谓河东君为"吴中大家婢",则婢妾之界线本难分判,自可不必考辨。然则钱肇鳌《质直谈耳》谓河东君乃"吴中周氏宠姬",要是可信。至言周氏主人在崇祯四年时尚有母在,固为可能之事,但无证据,未敢确定。或者此端乃是传闻之误,亦未可知也。

让木诗中所言河东君事迹,辞语不甚明显,但以其关系重要,未可忽视。故姑就鄙见,推测解释之于下。

诗云:

校书婵娟年十六,雨雨风风能痛哭。自然闺阁号铮铮,岂料风尘同球琭。

寅恪案:"校书婵娟年十六"句,"婵娟"不仅为通常形容女性之美辞,疑亦兼寓河东君原名"云娟"中之"娟"字。此点已详第二章所论,兹不复赘。"年十六"则正是河东君纪年实录。盖崇祯六年河东君之年岁如此。以若是之妙龄女子,而能造诣超绝,与几社胜流相比并,固不必同于世俗之女性,往往自隐讳其真实年龄也。"雨雨风风能痛哭"句,初读之,颇不能解。后得见河东君《戊寅草》,并取卧子《集》中有关之篇什参互证之,始恍然知让木此句实指崇祯六年春季河东君所赋风雨诸篇什而言。如《游龙潭精舍登楼作时大风和韵》云:

琢情青阁影迷空,画舫珠帘半避风。缥缈香消动鱼钥,玲珑枝短结鼗红。同时蝶梦银河里,并浦鸳湖玉镜中。历乱愁思天外去,可怜容易等春蓬。

《伤歌》(寅恪案:《乐府诗集》六二《伤歌行古辞》云:"春鸟向南飞,翩翩独翱翔。悲声命俦匹,哀鸣伤我肠。"河东君盖自比春鸟,赋此伤春之辞也)云:

翔禽首飘翳,白云寄贞私。岁月荡繁圃,风物遄弃时。揽衣眷高翩,义大难为持。沙棠亦已实,乌椑亦已侈。渌水在盛霄,碧月回晴思。厉飙忽若截,洞志讵有私。人居天地间,失虑在娥眉。得之讵有几,木叶还辞枝。诚恐不悟此,一日沦无期。俦匹不可任,良晤常游移。我行非不远,我念非不宜。忧来或不及,沾裳不能止。春风易成偶,春雨积成丝。谁能见幽隐,之子来何迟。一言违至道,谅为达士嗤。

又,《寒食夜雨十绝句》,其五云:

房栊云黑暮来迟,小语花香冥冥时。想到窈娘能舞处,红颜就手更谁知。(寅恪案:《全唐诗》第二函乔知之《绿珠篇》有"此时可喜得人情"、"常将歌舞借人看"及"一旦红颜为君尽"等语。河东君诗句,盖即用乔氏诗语也。)

今取《陈忠裕全集》所载卧子之诗,其作成时间确知为崇祯六年癸酉春季者,如《花朝大风》、《寒食雨郊行(七古)二首》(见《陈忠裕全集》一○《陈李唱和集》)及《清明三首》之二(见《陈忠裕全集》一九《陈李唱和集》)云:

梨花冷落野中分,白蝶茫茫剪翠裙。今日伤心何处最?雨中独上窈娘坟。

河东君之"画舫珠帘半避风""可怜容易等春蓬""忧来或不及,沾裳不能止""春风易成偶,春雨积成丝"即让木所谓"雨雨风风能痛哭"者,而"想到窈娘能舞处"与卧子"雨中独上窈娘坟"同用一典,其相互关系,自不待言。又,李舒章所谓"春令之作,始于辕文者"(详见下论),当亦指此时而言。盖崇祯六年春季特多风雨,而辕文与河东君此际关系甚密,宜有春闺风雨之作也。

抑更有可论者,据钱肇鳌《质直谈耳》七《柳如之轶事》(寅恪案:"之"当作"是"。下同)条载宋辕文因受责于其母,遂与河东君踪迹稍疏事(详见下引)。推计其时间,约略相当于河东君赋《伤歌》之际。此歌云"人居天地间,失虑在娥眉。得之讵有几,木叶还辞枝""俦匹不可任,良晤常游移""谁能见幽隐,之子来何迟",岂河东君以徵舆踪迹稍疏,出此怨语耶?后来终与辕文决绝,而转向卧子,其端倪盖已微见于此诗矣。

诗云:

绣纹学刺两鸳鸯,吹箫欲招双凤凰。可怜家住横塘路,门前大道临官渡。曲径低安宛转桥,飞花暗舞相思树。

似谓河东君最初所居之地也。其地虽难确定,若依前引沈虬《河东君传》所云"听其音,禾中人也"之语,应是指河东君原籍之嘉兴而言。但鄙意此点不必过泥,颇疑宋诗之"横塘",即谓吴江县盛泽镇之归家院。陈卧子为河东君而作之《上巳行》云:"重柳无人临古渡,娟娟独立寒塘路。"(见《陈忠裕全集》一一《平露堂集》)陈诗之"古渡",即宋诗之"官渡";陈诗之"寒塘路",即宋诗之"横塘路"。卧子赋此诗时,在崇祯十二年己卯。河东君于崇祯八年乙亥秋深离松江往居盛泽归家院。虽其间去来吴越"行云无定所"(此句见《太平广记》四八八《莺莺传续·会真诗》),然其经常住处当仍为归家院。故可以取归家院地域形势以统属河东君。据此陈、宋两诗可以互相证明也。余参后论陈卧子《上巳行》节。更考"横塘"地名之出处,时代较早,且为词章家所习用者，恐当推《文选》五左太冲《吴都赋》："横塘查下，邑屋隆夸。长干延属，飞甍舛互。"其地实在江宁。后来在吴越间以"横塘"为名者更多，故文人作品中，往往古典今典参合赋咏。即就让木同时人之诗言之，如吴梅村《圆圆曲》"前身合是采莲人，门前一片横塘水"之"横塘"，依靳介人《注》，则在苏州（见靳荣藩《吴诗集览》七上，并参第五章论《圆圆曲》节）。钱牧斋《茸城惜别诗》"绣水香车度，横塘锦缆牵"之"横塘"，依钱遵王《注》，则在嘉兴（见钱曾《有学集诗注》七）。此皆其例证。由是言之，让木诗中之"横塘"，虽与嘉兴之环境符合，然吴越水乡本甚相似，故亦能适合吴江盛泽镇归家院之地，不必限于禾中一隅也。仲廷机《盛湖志》一〇《列女名妓门》略云：

  徐佛原名翱，字云翾，小字阿佛。嘉兴人。随其母迁居盛泽归家院。

同书四《街里门》略云：

  市北自西荡口北岸至东，以衖名者，曰归家院。东市口曰梭子归家。百嘉桥之北，曰石敢当。

同书同卷《桥梁门》"百嘉桥"条下注云：

  俗称栢家，旧名终慕。

同书五《古迹门》云：

  归家院在终慕桥北埭，地名十间楼，明才媛柳是故居。

下注引王鲲《十间楼》诗云：

  柳阴深处十间楼，玉管金樽春复秋。只有可人杨爱爱，（寅恪案：前所论苏子美《杨爱爱传》，王氏未必得见。此不过用昔人李师师之例，以"爱爱"为称耳。）家家团扇写风流。

及卷末《杂识门》云：

十间楼者，栖家桥北一带是也。即《舸剩》所云"归家院"。

寅恪案：《盛湖志》所纪徐佛所居之归家院，亦可与让木诗语相合。岂河东君最初亦居盛泽归家院近旁耶？让木诗"绣纹学刺两鸳鸯，吹箫欲招双凤凰"者，谓河东君少小待字闺中也。"横塘""官渡""宛转桥""相思树"等四句，乃指禾中盛泽之地，谓河东君即居其处也。

诗云：

初将玉指醉流霞，早信平康是狭邪。青鸟乍传三岛意，紫烟便入五侯家。

似谓河东君初入徐佛家为婢，后复由徐氏转入周道登家。河东君与徐佛本同乡里，云翾收取为婢，自极寻常。至周家之收购，则必经一度之访觅也。后来河东君被逐于周氏流落人间，辗转数年，短期与卧子同居，又离去卧子复返盛泽，居云翾寓所，与诸女伴如张轻云、宋如姬、梁道钊等同在一地耳。（参乾隆刊《盛湖志（上）形胜门》仲时镕《凌巷寻芳诗序》及仲廷机辑《盛湖志》一〇《列女名妓门·徐佛传》末所附梁道钊、张轻云、宋如姬事迹。又，梁道钊事迹详见邹枢《十美词纪》"梁昭"条及徐树丕《识小录·梁姬传》。）又据第二章所引沈虬《河东君传》所载"崇祯九年丙子张溥往盛泽镇访徐佛。佛已适人，因得见其婢杨爱事"（参陈琰辑《艺苑丛话》九"柳如是曾在苏属盛泽镇徐家作婢"条）。可知河东君在崇祯九年云翾未适周金甫以前，尚与之同寓一处。或者徐既适人后，始独立门户耶？至钱肇鳌云："得鬻为娼。"其实乃是河东君之再度流落。前引沈虬之文谓河东君为云翾之婢，如指未入周家以前，则近事实。若言河东君于崇祯九年丙子尚在徐家为婢，则时限太晚，殊为不合也。然据

《牧斋遗事》中"初吴江盛泽镇有名妓曰徐佛"条记张溥访徐佛事,作"养女杨爱"。钮玉樵琇《觚剩》三《吴觚》"河东君"条亦纪此事,作"其弟子曰杨爱",则颇近事实。惟此等材料之作成,皆在沈氏之后,岂亦知沈氏所言不合情理,遂改易之耶?寅恪初读让木"初将玉指醉流霞,早信平康是狭邪"之句,以为"平康""狭邪"出自唐人《李娃传》,非不易解之故实。至"玉指""流霞"之句,则难通其义。"流霞"之语,虽与《李义山诗集(中)花下醉(七绝)》"寻芳不觉醉流霞"句有关,然疑尚不能尽宋氏之旨意,当必更有其他出典。因检李时珍《本草纲目》一七下《草部》"凤仙"条云:

> 时珍曰:其花头翅足具备,翘然如凤状,故以名之。女人采其花及叶包染指甲。其实状如小桃,老则迸裂,故有指甲、急性、小桃诸名。宋光宗李后讳凤,宫中呼为好女儿花。张宛丘呼为菊婢。(寅恪案:"菊婢"之名,可参张耒《柯山集》八"自淮阴被命守宣城,复过楚。雨中过孚,因同诵楚词,为书此以足楚词",五言古诗云"秋庭新过雨,佳菊独秀先。含芳良未展,风气已清妍。金凤汝妾婢,红紫徒相鲜"等句。)韦后呼为羽客。(余详赵恕轩学敏《凤仙谱》。)

始悟让木实有取于张文潜目此花为"菊婢"之意,暗寓河东君初在徐佛家为婢事。其辞微而显,婉而成章,可谓深得春秋之旨矣。又,河东君性情激烈,以"急性子"方之,亦颇适切。又,卧子词有云"小桃纤甲印流霞"(见《陈忠裕全集》二〇《诗余·天仙子》),可取与让木此句参证也。"紫烟便入五侯家"句,合用吴王夫差女小玉,即紫玉化烟事,并韩君平《寒食》诗"轻烟散入五侯家"之语,易"轻烟"为"紫烟",与"青鸟"为对文耳。此固易晓,不待多论。至"青鸟乍传三岛意"句,则青鸟为西王母之使者,亦常用典故,无取赘释。"青鸟"与"三岛"连用,自出《李义山诗集(上)无题诗》"蓬山此去无多路,青鸟殷勤为探看"之语,又不待言也。所可注意者,据钱氏所述周文岸之母以河东君善于趋承,爱怜之。后又因周母之故,免于被杀,得鬻为娼。似河东君与周母之间,原有特别关系。或者河东君之入周家,本由周母命人觅购婢女以侍奉己身。故河东君初时实为周母房中之侍婢。宋氏用青鸟之典,以西王母比周母,即指此而言。文岸之以河东君为妾,殆从周母处乞得之者。此类事例,乃旧日社会家庭中所恒见。若作如此假设,关于河东君所以因周母而得免于死之故,更可明了矣。

诗云:

> 十二云屏坐玉人,常将烟月号平津。骅骝讵解将军意,鹦鹉偏知丞相嗔。

似谓河东君自周家放逐,流落人间之由,即钱肇鳌所云河东君为周氏群妾所忌,谮于主人,谓其与仆通,因被放逐之事。据诗意,即河东君所自述,乃周仆不解事,与己身无干也。让木诗此节第一、第二两句,言周文岸素以风流著称,姬妾甚多也。"十二云屏坐玉人"者,用杨国忠故事,(见苏鹗《杜阳杂编(上)》"元载末年造芸辉堂于私第其屏风本杨国忠之宝也"条及《太真外传(上)》"忆有一屏风"节下注文。)与下文"鹦鹉偏知丞相嗔"句之出《杜工部集》一《丽人行》诗"慎莫近前丞相嗔"之指杨国忠者相照应也。"十二"二字出《白居易文集》五《酬〔牛〕思黯〔僧孺〕戏赠同用狂字(五律)》前四句"钟乳三千两,金钗十二行。妒他心似火,欺我鬓如霜"自注云:

> 思黯自夸前后服钟乳三千两,甚得力,而歌舞之妓颇多。来诗谑予羸老,故戏答之。

盖乐天借用《玉台新咏》九《歌词二首》之二"头上金钗十二行"之古典,以指牛氏姬妾之众多,与《歌词》之原旨并不适合。但其后文人袭用,"十二金钗"遂成习见之俗语矣。(可参《全唐诗》第七函白居易三三《酬思黯戏赠》,并汪西亭立名注《白香山诗后集》一五此题,及汪氏案语引朱翌《猗觉寮杂记》云"乐天诗:'钟乳三千两,金钗十二行。'以言声妓之多。盖用古乐词云:'头上金钗十二行,足下丝履五文章。'是一人头插十二钗耳,非声妓之多,十二重行也"。)让木诗"常将烟月号平津"句,"烟月"者,烟花风月之义(可参陶榖《清异录》一《人事类》"蜂窠巷陌"条)。"平津"者,用公孙弘故事(见《汉书》五八本传)。当时党社中人如让木辈门户之见颇深,其诋斥周氏如此,固不足异。(可参潘柽章《松陵文献》六《周道登传》论及乾隆修《吴江县志》二八《周道登传》后附朱鹤龄语。并朱氏《愚庵小集》一四《书阁学周公〔文岸道登〕事》云:"李可灼进红丸,大宗伯孙公〔慎行〕议当加首辅以弑君之诛。公独不附其说,且曰:'果律以《春秋》之义,某与诸公同在朝,亦当引罪。'及居政府,依傍东林者,遂极口排诋,不久去位。然公言实为平论,后世必有能辨之者。钱虞山有言:近代进药之狱有二,以唐事断之可也。援《春秋》则迂矣。口世宗之升遐也,与唐宪宗相似,柳泌、僧大通付京兆府杖决处死,王金等之议辟,宜也。李可灼之事,与柳泌少异,以和御药不如法之例当之可也。当国之臣,则有穆宗贬皇甫镈之法在,不此之求,而远求《春秋》书许止之义,效西汉之断狱,此不精于经义之过也。吁!虞山公东林党魁也,而其言若是,然则公之不附孙宗伯,可不谓宰相之识哉?"朱氏之论,颇祖文岸。但李清《三垣笔记·附识(上)》述牧斋阁讼始末,即"钱少宗伯谦益声气宿望虚誉隆赫"条云:"〔温〕体仁、〔周〕延儒交遂合,始有召对钱千秋之事。谦益等又欲攻去周辅道登,故道登亦从中主持。"夫牧斋在当时俨然为东林党社之宗主，文岸乃与乌程阳羡慕合流，而为钱、瞿所欲攻去之人。宜乎让木有此不满于念西之辞也。长孺之论，岂为亲者讳耶？）是非如何，兹可不论。但可注意者，即让木赋此诗后七年，即崇祯十三年庚辰河东君所作"向来烟月是愁端"之语（见《东山酬和集》一《春日我闻室作呈牧翁》），与宋诗此句不无关涉也。此点俟后详论之。"将军"一辞出辛延年《羽林郎》诗（见《玉台新咏》一），以冯子都比周仆。"鹦鹉"乃河东君取以自比之辞，即卧子崇祯六年癸酉《秋夕偕燕又让木集杨姬馆中（七律）二首》之二所谓"已惊妖梦疑鹦鹉"者（见《陈忠裕全集》一五《陈李唱和集》），皆用唐天宝宫中白鹦鹉梦为鸷鸟所搏，后果毙于鹰之故典（见《杨太真外传（下）》并《事文类聚后集》四〇及《六帖》九四所引《明皇杂录》）。盖指在周家为群妾所谮，几被杀之事而言，但不免过于刻薄耳。

诗云：

湘帘此夕亲闻唤，香奁此日重教看。乘槎拟入碧霞宫，因梦向愁红锦段。

让木此诗《序》言，河东君在白龙潭舟中，出示寿陈眉公继儒诗。又，卧子《秋潭曲》中"摘取霞文裁凤纸，春蚕小字投秋水"，可知河东君此时必将其诗稿出示同舟之陈、宋、彭诸人。让木此四句诗似述卧子、河东君两人今夕之因缘也。卧子有先于苏州与河东君相遇并在陈眉公处得见河东君之可能，见下文所考，兹暂置不论。"湘帘此夕亲闻唤，香奁此日重教看"，即谓此次集会之事。"乘槎拟入碧霞宫"者，自是指泛舟白龙潭而言。但《李义山诗集（上）碧城三首》之一，其首句云"碧城十二曲阑干"，注家相传以为"碧城"即碧霞之城（见朱鹤龄注引道源语)。义山此题之二,其首句云:"对影闻声已可怜。"宋氏用以指河东君当时"影怜"之名。又,《陈忠裕全集》一五《陈李唱和集·自慨四首》之四,其第三、第四两句"难谐紫府仙人梦,近好华阳处士风"自注云:

> 予七八岁时,梦天阙榜名,题云:"乘槎入北海,紫府录清虚。"余近好读《真诰》,故有"华阳"之句。

则让木亦取卧子所梦之意入诗。此梦必为卧子平日或当日舟中与宋氏并其他友朋谈及者。古典今事融会为一,甚为精妙。然今日读此诗而能通解者,恐不易见也。河东君平生学问受卧子影响颇大,其著述中吾人今日所得见者,亦有明著《真诰》之名,如《与汪然明尺牍》第二十七通云"许长史《真诰》亦止在先生数语间耳"之类,即是例证。卧子作《自慨诗》与作《秋潭曲》及《秋夕集杨姬馆中诗》,皆在崇祯六年癸酉秋季。此时间卧子与河东君情意甚密。又为卧子好读《真诰》之时。故疑河东君之与《真诰》发生关系,实在此际。盖河东君于崇祯六年癸酉,年仅十六岁,在此以前未必果能深赏华阳处士之书也。后来牧斋即取《真诰》之语,以绛云为楼名,暗寓河东君之原名,已详第二章。然则河东君与陶隐居殊有文字因缘,而陈、杨关系未能善终,岂"难谐紫府仙人梦"之句,乃其诗谶欤?"因梦向愁红锦段"者,用温飞卿诗"欲将红锦段,因梦寄江淹"之语(《温庭筠诗集》七《偶题》)。此句言今则两人同舟共载,不必如向时之赋诗寄怀矣。(可参下论卧子《吴阊口号》第十首"芝田馆里应惆怅,枉恨明珠入梦迟"等句。)

诗云:

> 陈王宋玉相经过,流商激楚扬清歌。妇人意气欲何等,与君沦落同江河。

似即让木此诗《序》中所谓"凡所叙述,感慨激昂,绝不类闺房语",据此可想见河东君当时及平日气概之一斑矣。

复次,据《陈眉公集》卷首载其子梦莲所作《年谱》,崇祯六年眉公年七十六岁,其生日为十一月初七日,则《宋诗序》中所引河东君寿眉公诗,自不能作于崇祯六年。此寿诗之作成,疑在崇祯四年冬或五年冬眉公七十四或七十五岁生日相近之时耶?又,河东君"李卫学书称弟子"之句,李卫者,李矩妻卫铄之谓,盖以卫夫人自比。此虽是用旧辞,然其自负不凡,亦可想见矣。更观此句,似河东君亦尝如同时名姝王修微辈之"问字"于眉公之门者。(参汪然明汝谦《春星堂诗集》二《绮咏》载陈继儒《序》云:"又有二三女校书,如〔王〕修微、〔林〕天素,才类转丸,笔能扛鼎,清言无对,诗画绝伦。"同卷有《山中间眉公先生疾,时修微期同往,不果》诗,又有《王修微以冬日讯眉公先生诗见寄,有云,何时重问字,相对最高峰,余初冬曾过先生山居,赋此答之(五律)》,并赵郡西园老人即李延昰《南吴旧话录》二四《闺彦门》"王修微"条所记"王修微将至匡山,问法憨山〔德清〕师,诣东佘别陈征君。适有貌者王生在山中,遂写草衣道人话别图"事。)以常情测之,当不过虚名而已。今资益馆本眉公《晚香堂小品》五有《赠杨姬》诗云:

少妇颜如花,妒心无乃竞。忽对镜中人,扑碎妆台镜。

暗寓对"影"不自怜,而自妒之意。盖以河东君之名为戏也。此诗后接以《登摄山(五绝)》(此集分体编辑,故全卷皆是五绝)。摄山在南京近旁,或疑此杨姬亦与南京有关。但检"眉公集十种"本中之《眉公诗钞》六(此卷亦全是五绝)有《赠金陵妓》及《马姬画兰》两首,似亦与南京有关。唯未载《赠杨姬》及《登摄山》两诗,不解何故。考陈梦莲编《陈眉公集》附梦莲撰《眉公年谱》，六十岁以后并不载其往游金陵事。"眉公集十种"本之《眉公诗钞》及资益馆本《晚香堂小品》，其诗编纂往往不依年月先后，甚难确定此《赠杨姬》诗之年月，亦不知其与《登摄山》诗究有无地理上之关系也。兹因《赠杨姬》诗，依其内容有"对影自怜"之意，暗藏"影怜"名字。姑假定此乃为河东君而作者，与《登摄山》诗并无关系也。至资益馆本《晚香堂小品》四《端午日白龙潭同杨校书侍儿青绡廿一首》，（"眉公集十种"本中之《眉公诗钞》五亦载此题，但少第十七"往往来来客似潮"一首，共止廿首。）其第十二首云"别后双鱼书一纸，秦淮江上正通潮"，及第十三首云"白门红板渐平潮，依比垂杨侬更妖""醉后思家留不住，倩谁同挽紫罗绡"。则此杨校书及其侍儿青绡居处在金陵，必非河东君可知。"眉公集十种"本中之《眉公诗钞》五此廿首之后，即接以《赠妓》一题（资益馆本《晚香堂小品》中无此诗），其诗首句云："翰墨姻缘岂有私，旧知毕竟胜新知。"故知此妓当是青绡之主人杨校书。眉公因过誉其侍儿之故，遂别作一诗稍慰其意耳。此诗又云："团扇挥毫字字奇。"明是一能书之人。考"眉公集十种"本中之《白石樵真稿》一七载有《题杨媛书》一文，中有"止生复购永兴禊帖，归作道师。此后散花卷上，不待言矣"，是此"杨媛"即茅元仪妾杨宛。《列朝诗集》闰四及《明诗综》九八《杨宛小传》，俱载其为金陵妓，善草书。然则上引"眉公集十种"本中之《眉公诗钞》五所谓"杨校书"及"赠妓"之"妓"，乃指杨宛叔而言，与河东君无涉也。

又，卧子《秋潭曲》言及书法一端，则当日河东君在同辈诸名姝中，特以书法著称。兹暂不广征，即据第二章所引牧斋《观美人手迹》七诗，已足证知。云美之《传》及其他记载，皆称河东君之能书，自非虚誉。寅恪所见河东君流传至今之手迹，既甚不多，复不知其真伪，固未敢妄论。然据翁叔平同龢《瓶庐诗稿》

七《客以河东君画见示,伪迹也。题尤不伦,戏临四叶,漫题》云:

> 铁腕拓银钩,曾将妙迹收。(自注:"在京师曾见河东君狂草楹帖,奇气满纸。")可怜花外路,不是绛云楼。

翁氏乃近世之赏鉴家,尤以能书名,其言如此,则河东君之书为同时人所心折,要非无因,而"狂草""奇气"更足想见其为人矣。

抑更有可论者,卧子《秋潭曲》及《秋夕集杨姬馆中》两诗,皆明著杨姬之名,其为河东君而作,自不待言。但有一疑问,尚须略加解释。即卧子平生狭邪之游、文酒之会,多与李舒章、宋辕文相偕,何以崇祯六年癸酉秋季白龙潭舟中及集杨姬馆中,与卧子同游会者,仅彭宾、宋徵璧二人,而不见李雯、宋徵舆之踪迹耶?考光绪修《华亭县志》一二《选举上·举人表》云:

> 宋徵璧。天启七年丁卯科举人。
>
> 宋存楠改名徵璧,见进士。案:《宋府志》作"青浦学"。今因《进士题名录》补。

及嘉庆修《松江府志》四五《选举二·明举人表》云:

> 彭宾,崇祯三年庚午科举人。

然则卧子崇祯六年秋季作此两诗时,与燕又让木皆是举人。舒章、辕文二人,尚未中式乡试。崇祯六年秋季适届乡试之期,舒章之应试,自无问题。又假定辕文虽年十六亦得有应试资格,此两人谅必离去松江。陈、彭、宋三人则已是举人,因留本籍,以待往北京应次年春间之会试耳。此两次游会所以无李、宋二人之参预者,殆职是之故欤?

河东君自为吴江周氏所放逐,遂流落人间,至松江与云间胜流往来交好。前引李舒章《蓼斋集》二六《坐中戏言分赠诸妓四首》之四所谓"梦落吴江秋佩冷,欢闻鸳水楚怜新",正谓此时河东君出自念西之家,而以杨影怜为称也。

又,钱肇鳌《质直谈耳》七《柳如之轶事》云:

> 扁舟一叶放浪湖山间,与高才名辈相游处。其在云间,则宋辕文、李存我、陈卧子三先生交最密。时有徐某者,知如之在佘山,以三十金与鸨母求一见。徐蠢人也,一见即致语云:"久慕芳姿,幸得一见。"如之不觉失笑。又云:"一笑倾城。"如之乃大笑。又云:"再笑倾国。"如之怒而入,呼鸨母,问:"得金多少?乃令此奇俗人见我。"知金已用尽,乃剪发一缕,付之云:"以此偿金可也。"又徐三公子为文贞之后,挥金奉如之,求与往来。如之得金,即以供三君子游赏之费。如是者累月,三君意不安,劝如之稍假颜色,偿夙愿。如之笑曰:"当自有期耳。"迟之又久,始与约曰:"腊月三十日当来。"及期果至。如之设宴款之,饮尽欢,曰:"吾约君除夕,意谓君不至。君果来,诚有情人也。但节夜人家骨肉相聚,而君反宿娼家,无乃不近情乎?"遽令持灯送公子归。徐无奈别去。至上元,始定情焉。因勖徐曰:"君不读书,少文气。吾与诸名士游,君厕其间,殊不雅。曷不事戎武,别作一家人物,差可款接耳。"徐颔之。闲习弓马,遂以武弁出身。乱中死于炮。其情痴卒为如之葬送,亦可悯也。初,辕文之未与柳遇也,如之约泊舟白龙潭相会。辕文虽赴约,如之未起,令人传语:"宋郎且勿登舟,郎果有情者,当跃入水俟之。"宋即赴水。时天寒,如之急令篙师持之,挟入床上,拥怀中煦妪之。由是情好遂密。辕文惑于如之,为太夫人所怒,跪而责之。辕文曰:"渠不费儿财。"太夫人曰:"财亦何妨?渠不要汝财,正要汝命耳。"辕文由是稍

疏。未几,为郡守所驱,如之请辕文商决。案置古琴一张,倭刀一口。问辕文曰:"为今之计,奈何?"辕文徐应之曰:"姑避其锋。"如之大怒曰:"他人为此言,无足怪。君不应尔,我与君自此绝矣。"持刀斫琴,七弦俱断。辕文骇愕出。

寅恪案:河东君与宋、李、陈三人之关系,其史料或甚简略残阙,或甚隐晦改易,今日皆难考证翔实。姑先论李、宋,后及陈氏。至钱氏所言"徐三公子"乃文贞之后。文贞者,明宰相华亭徐阶之谥。阶事迹见《明史》二一三本传,兹不征引。以时代考之,此徐三公子当是阶之曾孙辈。观几社胜流《钓璜堂集》主徐暗公孚远,乃阶弟陟之曾孙,可以推知也。据嘉庆修《松江府志》五四《徐阶孙继溥传》附弟肇美事略云:

肇美,字章夫,以锦衣卫武生仕本卫百户,亦以不屑谒崔魏告归,终身放于诗酒。

然则此徐三公子,或即肇美之子,所以能"闲习弓马,遂以武弁出身",盖由久受家庭武事之熏习所致,后因承袭父荫,以武弁出身。否则河东君恐无缘以"事戎武,别作一家人物"勖之也。河东君除夕之约,乃一种爱情考验。其考验徐三公子之方法与其考验宋辕文者,虽各互异,而两人结果皆能及格,则实相同,可称河东君门下文武两状元矣。河东君所以遣人持灯送徐三公子归家者,盖恐其不归徐宅,别宿他娼所耳。名为遣人护送,其实乃监督侦察之。于此愈足见河东君用心之周密也。徐三公子固多金,然陈、李、宋三人何至间接从河东君之手受之,以供游赏?钱氏所言殆传闻过甚之辞,未必可尽信也。若"蠢人"徐某者,其人既蠢,又不载名字,自不易知。此"蠢人"固非徐阶、徐陟之亲支,但松江徐氏支派繁衍,此"蠢人"所居当距佘山不远,或亦阶、陟之宗族耶?又据《陈忠裕全集》一二《焚余草·

饮徐文在山亭(七古)》一首后附案语略云:

> 徐景曾,字文在,华亭人。文贞公阶曾孙。居文贞公别业西佘山庄。

则佘山近旁有徐氏产业,可以证知。河东君既居佘山,其与近旁大族往来,自为当然之事。故此"蠢人"极有为徐阶同族之可能。至徐景曾虽是阶之曾孙,但颇能诗,宋辕文曾序其《集》,则必非钱氏所谓"徐三公子"可知。或者徐三公子乃文在之兄弟辈欤?更有可笑者,今观此"蠢人"与河东君之语,乃杂糅李延年《北方有佳人歌》及白居易《长恨歌》二者组织而成者,是一曾间接受班孟坚、白乐天之影响。倘生今日,似不得称为甚蠢。然因此触河东君之怒,捐去三十金,换得一缕发,可谓非"一发千钧",乃"一发千金"。但李太白《白纻词》云:"美人一笑千黄金。"(见《全唐诗》三李白三。)后来谢象三以《一笑堂》名其诗集,钱牧斋垂死时《追忆庚辰冬半野堂文宴》诗,有"买回世上千金笑"之句(见《有学集》一三《东涧诗集(下)病榻消寒杂咏四十六首》之三十四),则此蠢人所费仅三十金,而换得河东君之两笑,诚可谓"价廉物美"矣。岂得目之为蠢哉?

兹更有可论者,卧子《癸酉长安除夕》诗云"去年此夕旧乡县,红妆绮袖灯前见"(见下引全文及所论),可知卧子等实于崇祯五年壬申除夕,参预河东君在内之花丛欢宴。(第二章所引李舒章《分赠诸妓诗》,或即作于是夕,亦未可知。)肇鳌所言徐三公子欲于腊月三十日,即岁除日宿河东君家,当即指崇祯五年除夕而言。检近人所推算之明代年历,崇祯五年、六年、七年,十二月皆小尽。唯四年、八年,十二月大尽。肇鳌是否未曾详稽当时所用之官历,遂以五年除夕为腊月三十日。抑或肇鳌所言无误,而近人所推算之明历,不合实际,如第四章所引牧斋《〔崇祯十四年]二月十二日横山晚归作诗》"最是花朝并春半"句,可证牧斋当日所依据之官历,崇祯十四年二月十二日为春分节。但近人所推算之明代年历,则崇祯十四年春分节在二月十日,相差两日。吾人今日因未得见明代官历,不能决定其是非。故此问题,可置不论。今谓徐三公子欲于除夕宿河东君馆中,似应在崇祯五年除夕。盖四年为时太早,河东君尚在苏州,此年除夕未必即移居松江。六年除夕卧子固在北京,而肇鳌谓陈、李、宋三人劝河东君"稍假颜色",是徐、杨会晤之日卧子等当必与徐三公子同在松江。故可决定必非六年除夕。且据卧子崇祯六年秋所赋《秋塘曲》及《集杨姬馆中诗》,知陈、杨两人关系已甚密切,徐三公子自不敢作与河东君共度除夕之事。七年除夕陈、杨两人将同居于徐武静别墅,徐三公子更无希望同宿之理。至于八年除夕,河东君已离去松江,迁往盛泽镇,徐、杨两人应无遇见之可能。然则肇鳌所言之除夕,非五年之除夕不可。既为五年之除夕,则河东君以道学先生之严肃口吻,拒绝徐三公子者,恐由此夕与卧子已有成约在先,遂借口节日家人应团聚之语,押送徐三公子归家。斯为勾栏中人玩弄花招,不令两情人觌面之伎俩,其情可原,其事常见,殊不足论。所可怪者,此年除夕,卧子普照寺西宅中,尚有祖母高安人、继母唐孺人、嫡妻张孺人、妾蔡氏及女颀,并适诸氏妹等骨肉在焉(见《陈忠裕全集》所载卧子《自撰年谱》及王沄撰《三世苦节传》),竟漠然置之,弗与团聚,岂不内愧徐三公子耶?于此可见河东君之魔力及卧子之情痴矣。

王胜时《虞山柳枝词》第六首云:

> 尚书曳履上容台,燕喜南都绮席开。闪烁珠帘光不定,双鬟捧出"问郎"来。

自注云:

> 姬尝与陇西君有旧约,以"问郎"玉篆赠别。甲申南都,钱为大宗伯,一日宴客,陇西君在坐,姬遣婢出问起居,以玉篆归之。

寅恪案:"问郎"者,华亭李存我待问也。胜时讳其名字,仅称"陇西君",以其与河东君有旧约为可耻,遂为贤者讳耶?殊可笑也。嘉庆修《松江府志》五五《李待问传》略云:

> 李待问,字存我,华亭人。崇祯十六年进士。(寅恪案:据同书四五《选举表二·明举人表》,李待问、彭宾、陈子龙均为崇祯三年庚午科举人。)受中书舍人。工文章,精书法。沈犹龙事起,待问守城东门。城破,引绳自缢,气未绝,而追者至,遂遇害。

查伊璜继佐《国寿录》二《进士李待问传》云:

> 李待问,字存我,江南松江人,工书法,董玄宰尝泛滥于古帖,然气骨殊减,自蝇头及大额而外,便不令人嘉赏。待问傲然为独步,与玄宰争云间,然位不及,交游寡,其为攻苦不若。要之得意处有过董家者。

徐暗公孚远《钓璜堂存稿》一六《吾郡周勒卣夏彝仲李存我陈卧子何悫人皆席研友。勒卣独前没,四子俱蒙难,流落余生,每念昔者,便同隔世。各作十韵以志不忘。如得归郡兼示五家子姓》,其第三首"李存我"云:

> 李子多高韵,豁然尘世姿。兰风殊蕴藉,鹤步有威仪。不饮看人醉,能书任我痴。笑谈真绝倒,爽气入心脾。观国宁嫌早,释巾稍觉迟。螭头官眼豫,薇省使逶迤。将母方如意,滔天事岂知。凭城鼓角死,捐胆血毛摧。愧我数年长,依人万事悲。几时旋梓里,应得为刊碑。

王东溆应奎《柳南续笔》三"李存我书"条云:

> 云间李待问,字存我。工书法,自许出董宗伯〔其昌〕上。凡里中寺院有宗伯题额者,李辄另书,以列其旁,欲以示己之胜董也。宗伯闻而往观之,曰:"书果佳,但有杀气,恐不得其死耳。"后李果以起义阵亡,宗伯洵具眼矣。又,宗伯以存我之书若留于后世,必致掩己之名。乃阴使人以重价收买,得即焚之,故李书至今日殊不多见矣。(寅恪案:董玄宰所题衙宇寺院匾额,亦曾被人焚毁殆尽。见曹千里家驹《说梦》二"黑白传"条。)

又,钱础日肃润《南忠记》"中书李公"条云:

> 李待问,号存我,崇祯癸未进士。守城力战被杀。待问善法书,有石刻《九歌》,仿佛晋、唐人笔意。妾张氏,亦善书。人欲娶之,不从。(可参上海文物保管委员会藏顾云美自书诗稿《李存我中翰示余九歌图并小楷,余亦以隶书九歌索题(七律)》。)

寅恪案:河东君所与往来之名士中,李存我尤以上书著称。河东君之书法,当受存我之影响无疑。至王东溆所言,董玄宰购焚李书之事,未必可信。据王胜时沄《云间第宅志》云:

> 坦水桥南李中翰待问宅有"玉裕堂",董文敏其昌书。

是存我亦请香光题己宅之堂额。其钦服董书,可为一证。又,胜时《志》中所记如李耆卿之海闲堂,董景传宅之筑野堂,胜时先人宅之与书堂,李延亮宅之栖云馆,宋存标之四志堂等之堂额,及董尊闻宅内张氏之石坊"威豸德麟"四字,皆存我所书。可见李书之存于崇祯末年松江诸家者尚不少,且香光之声望及艺术远在存我之上,亦何至气量褊狭,畏忌乡里后辈如是耶?东溆欲推崇存我之书法，遂采摭流俗不根之说，重诬两贤，过矣！但东淑之言即就流俗之说，亦可推知当日存我书法享有盛名，迥非云间诸社友所能及也。寅恪尝谓河东君及其同时名姝，多善吟咏，工书画，与吴越党社胜流交游，以男女之情兼师友之谊，记载流传，今古乐道。推原其故，虽由于诸人天资明慧，虚心向学所使然。但亦因其非闺房之闭处，无礼法之拘牵，遂得从容与一时名士往来，受其影响，有以致之也。清初淄川蒲留仙松龄《聊斋志异》所纪诸狐女，大都妍质清言，风流放诞，盖留仙以齐鲁之文士，不满其社会环境之限制，遂发遐思，聊托灵怪以写其理想中之女性耳。实则自明季吴越胜流观之，此辈狐女，乃真实之人，且为篱壁间物，不待寓意游戏之文，于梦寐中以求之也。若河东君者，工吟善谑，往来飘忽，尤与留仙所述之物语仿佛近似，虽可发笑，然亦足借此窥见三百年前南北社会风气歧异之点矣。

河东君与宋辕文之关系，其初情感最为密好，终乃破裂不可挽回。宋氏怀其悔恨之心，转而集矢于牧斋。论其致此之由，不过褊狭妒嫉之意耳。其人品度量殊为可笑可鄙，较之卧子、存我殊不侔矣。兹先节录关于宋氏事迹之材料略加考释，后引宋氏诋諆牧斋之文并附朱长孺之驳正宋氏之语，以存公允之论焉。

嘉庆修《松江府志》五六《宋徵舆传》略云：

宋徵舆，字辕文，华亭人，顺治四年进士。〔仕至〕左副都御史。卒年五十。

吴骏公伟业《梅村家藏稿》四七《宋幼清墓志铭》略云：

崇祯十有三年，吾友云间宋辕生、辕文兄弟葬其先君幼清公偕配杨孺人、施孺人于黄歇浦之鹤泾。公讳懋澄，字幼清。同年白公正蒙精数学，能前知。尝为公言："我两人将先后亡，不出两岁。"具刻时日。公初娶杨孺人，继娶施孺人。

> 杨孺人之殁也，公在京师，不及见，为其留侍张太孺人也。张太孺人殁，公免丧后，复远游，所至必与施孺人偕。

同书二九《宋辕生诗序》云：

> 吾友宋子辕生，世为云间人。膏梁世族，风流籍甚，而能折节读书。

同书二八《宋直方〔徵舆〕林屋诗草序》云：

> 往余在京师，与陈大樽游，休沐之暇，相与论诗，大樽必取直方为称首，且索余言为之序。当是时大樽已成进士，负盛名，凡海内骚坛主盟，大樽睥睨其间无所让，而独推重直方，不惜以身下之。余乃以知直方之才，而大樽友道为不可及也已。于是言诗者辄首云间，而直方与大樽、舒章齐名。或曰陈、李，或曰陈、宋，盖不敢有所轩轾也。

王贻上士禛《池北偶谈》二二"宋孝廉数学"条云：

> 云间宋孝廉幼清，直方父也。精数学，直方生时，预书一纸，缄付夫人曰："是子中进士后，乃启视之。"至顺治丁亥捷南宫，开前缄，有字云："此儿三十年后当事新朝，官至三品，寿止五十。"后果于康熙丙午迁副宪，至三品。明年卒官，年正五十也。

寅恪案：《梅村集》中关于宋氏父子兄弟之材料颇多，今不悉引，即就上所录者观之，亦可略见宋氏为当日云间名门，而辕文之特以年少美材著称，尤为同辈所不能企及也。渔洋所记宋懋澄预知其子徵舆之官品及卒年事，甚为荒诞，自不必辨，当是由梅村《幼青墓志》中白正蒙预知幼青卒年一事，辗转傅会成此物语耳。但辕文卒于何年，志乘未载。据此物语，乃可补其阙遗，亦可谓废物利用矣。依渔洋所言，辕文卒于康熙六年丁未，年五十岁。然则辕文当崇祯四、五、六、七年之时,其年仅十四、五、六、七岁。实与河东君同庚,而大樽则十年以长,其他当日几社名士,年岁更较辕文长大。即此一端,可知河东君之于辕文最所属意。其初情好或较甚于存我、大樽,自非无因也。惟吾人今日广稽史料,尚未发见直接根据,足以证实钱肇鳌之说。然于间接材料中得有线索,可以知辕文在此时期实有为河东君而作之文字。此作品今已亡佚,但亦足明钱氏所言之非诬。据沈雄、江尚质编辑《古今词话·词话类(下)》云:

> 黄九烟曰:"兰陵邹祗谟、董以宁辈分十六艳等词,云间宋徵舆、李雯共拈春闺风雨诸什,遁浦沈雄亦合夋丹生、汪枚、张赤共仿玉台杂体。余数往来吴淞,间过之,欲作一法曲,弁言而未竟,殊为欠事。"

寅恪案:今检邹祗谟《丽农词(上)小令·惜分飞第二体·本意庚寅夏作十六首》皆为艳体。(中华书局《四部备要》孙默编《十五家词·丽农词》本,将此词所附诸家评语及邹氏原序删去。可参孙默编《十五家词》二七王士禛《衍波词(上)惜分飞第二体·程邨感事作惜分飞词五十阕为殿一章》。)后附王士禛评语云:

> 阮亭云:"名士悦倾城,由来佳话。才人嫁厮养,自昔同怜,程邨《惜分飞词》凡四十余阕,无不缠绵断绝,动魄惊心,事既必传,人斯不朽,正使续新咏于玉台,不必贮阿娇于金屋也。今录其最合作者十六首如右,俾方来览观者,虽复太上忘情,亦未免我见犹怜之叹尔。"

又,《序》略云:

> 仆本恨人,偶逢娇女。斯人也,四姓良家,三吴稚质。霍王

> 小女,母号净持。(阮亭评《惜分飞》第二首"却怪净持原老姬,生得霍王小女"云:"霍王小女,引喻极切。")邯郸才人,终归厮养。左徒弟子,空赋娇姿。

同集同卷《中调簇水·问侍儿月上花梢几许》附评语云:

> 阮亭云:邹、董诸子分赋十六艳诸词,率皆镂肠鈇胃之作。"花间""草堂"后,正不可少此一种。

寅恪案:邹氏《序》中"四姓"、"三吴"及"霍王小女"之语,知其情人为朱姓吴人,殆故明之宗室耶?今无暇详考。但必与河东君无关,可以决言。又观孙氏编《十五家词》二九董以宁《蓉渡词》,其中艳体触目皆是,尚未见有与邹氏《惜分飞十六首》相应者。然据阮亭"邹、董诸子分赋十六艳诸词"之言,则董氏必有十六艳之作无疑也。夒丹生词,则王昶《明词综》八所选录者,仅一首,殊难有所论证。沈雄词兹见于王氏《国朝词综》一四者,亦止《浣溪沙·梨花》两首。第一章末已移录论及之。至汪枚、张赤两人之词,则以未见,不敢置言。所可注意者,《陈忠裕全集·诗余》中有关涉春闺题目之词,虽前后分列,而其数亦不少,不能不疑其即是为河东君而作之"春令"。斯问题俟后详论,兹暂不涉及。今所欲论者,即关涉河东君与辕文之公案也。李雯《蓼斋集》三五《与卧子书》第二通略云:

> 春令之作,始于辕文。此是少年之事,而弟忽与之连类。犹之壮夫作优俳耳。我兄身在云端,昂首奋臆。太夫人病体殊减,兄之荣旋亦近,计日握手,不烦远怀。

寅恪案:舒章书云"我兄身在云端",又云"太夫人病体殊减,兄之荣旋亦近"。卧子《自撰年谱(上)》"崇祯十年丁丑"条略云:

> 榜发,予与彝仲俱得隽,而廷对则予与彝仲俱在丙科,当就

外吏。予观政刑部。季夏就选人,得惠州司李。抵瀛州,闻先妣唐宜人之讣。

然则舒章此书作于崇祯十年卧子选得惠州推官之后,唐宜人未卒以前也。舒章所谓"春令",当即卧子诗余中有关春闺艳词。舒章既言"春令之作,始于辕文。此是少年之事,而弟忽与之连类",则卧子此等艳词疑是与舒章同和辕文之作。今《辕文集》不可得见。《蓼斋集》中又少痕迹可寻,恐经删改。辕文既为"春令"之原作者,则此原始之"春令"当作于辕文与河东君情好关系最密之时,即自辕文白龙潭爱情考验以后,至河东君持刀斫琴以前之时。后来与辕文连类之友人,直接与河东君有关系之卧子及间接与河东君有关之舒章,皆仿辕文原始之作品继续赋咏,而辕文亦复相与酬和也。(今检顾贞观、成德同选《今词初集》宋辕文、李舒章两人之词,取河东君《戊寅草》及《众香集》所载并《陈忠裕全集》中同调或同题或同意者相参校,则宋、李词中似有为河东君而作者。但未有明证,不敢确言。姑列举可注意之词于下,以俟更考。此等词如辕文之《菩萨蛮》《忆秦娥·柳絮》《画堂春·秋柳》《柳梢青》《醉花阴》《虞美人》《青玉案》《千秋岁》,陈有。《南乡子》《江神子》,陈、柳俱有。舒章之《阮郎归》即《醉桃源》第一阕,《南歌子》即《南柯子》,《虞美人》《临江仙·春潮》,《蝶恋花》第一阕《落叶》及第二阕,《苏幕遮·枕》两阕,陈有。《少年游》第一阕或第二阕,《江神子》即《江城子》,陈、柳俱有等,皆是其例。)至黄氏所言邹、董、沈、吴诸人中,今唯考得董氏生于崇祯二年己巳,卒于康熙八年己酉,年四十一(见张维骧《毗陵名人疑年录》一)。其余诸人之生年及籍贯,与陈、宋、李三人,虽皆不远,(如邹氏《丽农词(上)苏幕遮第二体·丙戌过南曲作》。"丙戌"即顺治三年,可见程邨在此年所作已斐然可观矣。)然年龄资格究有距离,自不能参预卧子、舒章、辕文等文酒狭邪之游会。况据邹氏《惜分飞词序》,所指之人明是别一女性,与河东君无关涉耶。故邹、董等所赋艳词,与陈、李、宋之"春令"乃是两事。黄氏之意,本有分别。读者不可以其同为玉台之体,遂致牵混,目为一事。因特附辨之于此。

复次,辕文经白龙潭寒水浴之一度爱情考验以后,本可中选。意当日辕文尚未娶妻,其母施孺人不欲其子与河东君交好,乃事理所必然;而辕文年尚幼少,又未列名乡贡,在经济上亦必不能自立门户,故受母责怒,即与河东君稍疏也。钱肇鳌所言驱逐河东君之郡守,据嘉庆修《松江府志》三六《职官表》载:

方岳贡,谷城人,进士。崇祯元年至十四年,松江府知府。

同书四二《方岳贡传》略云:

方岳贡,字四长,谷城人。

同治修《谷城县志》五《耆旧门·方岳贡传》云:

方岳贡,字禹修,号四长,谷城人。

又,《陈忠裕全集》卷首《自撰年谱》"崇祯二年己巳"条云:

时相国谷城禹修方公守郡,有重名,称好士。试诸生,拔予为第一。

考之,知是方岳贡。方氏在崇祯六年、七年间,虽已极赏大樽,然未必深知辕文。河东君于此时已才艳噪于郡会,自必颇涉招摇,故禹修欲驱之出境。此驱逐流妓之事,亦为当日地方名宦所常行者,不足怪也。河东君之请辕文商决,其意当是欲与辕文结婚。若果成事实,则既为郡邑缙绅家属,自无被驱出境之理。否则亦欲辕文疏通郡守,为之缓颊,取消驱逐出境之令。殊不知辕文当时不能违反母意迎置河东君于家中，又不敢冒昧进言于不甚相知之郡守，于是遂不得不以"姑避其锋"之空言相搪塞，而第二度爱情之考验，辕文竟无法通过矣。以河东君之机敏，岂不知辕文此时处境之难？然爱之深者望之切，望断而恨生；更鄙辕文之怯懦不肯牺牲，出此激烈决绝之举亦事理所必至。辕文当时盖未能料及，因骇愕不知所措也。此事之发生，其可能之时间殊难确定。虽至早亦可在崇祯五年壬申，然此年之可能性不多，故可不计。就常情论，疑在崇祯六年癸酉，或七年甲戌。依上文所推测，河东君出自周家，流落松江，至早或在崇祯四年辛未，而最可能则在五年壬申。白龙潭寒水浴之考验，亦最可能在五年冬季举行。但辕文因第一次之考验及格，遂与河东君交好。自此时起至其母施孺人怒责，因而稍疏之时止，其间当有将及一年，或一年以上之时日，在此两时限之间，方四长必尚无驱逐河东君出境之令，故四长出令至早当在崇祯六年之秋，至迟则在崇祯七年也。若在崇祯六年秋间，恐与《陈忠裕全集》一五《陈李唱和集》中《秋夕沈雨，偕燕又让木集杨姬馆中。是夜姬自言愁病殊甚，而余三人者，皆有微病，不能饮也（七律）二首》之二云"已惊妖梦疑鹦鹉，莫遣离魂近杜鹃"有关。此两句诗意盖谓河东君在周家已如杨玉环之鹦鹉，几被杀而放逐。今则又不可如杜鹃之啼"不如归去"，而驱逐出松江之境，归去原籍吴江盛泽镇也。若禹修出令在崇祯七年，则或更与大樽《集》中崇祯八年春间及首夏为河东君所作诸诗词有关。此端俟下文考河东君与陈氏之关系时再详论之。至于方氏此令是否执行，今虽无以确知，然除上引沈虬《河东君传》所言，崇祯九年丙子河东君实居吴江盛泽镇外，其他时间就所确知者，如崇祯七年甲戌及九年丙子曾游嘉定，十二年己卯春间至十三年庚辰春间曾在杭州，是年又曾养疾嘉兴，复于冬间至十四年辛巳春间居常熟，则俱为短期旅行或暂时访问之性质,而河东君于崇祯十四年春间至仲夏六月七日与牧斋结缡以前,固住在松江。其时任松江知府者,仍是方岳贡。职此之故,颇疑驱逐之令未成事实,当由情人为之缓颊所致,而其间必有待发之覆,自无疑义也。

辕文自失爱于河东君后,终明之世,未能以科名仕进致身通显。明季南都倾覆,即中式乡会试,改事新朝,颇称得志,而河东君则已久归牧翁,《东山酬和集》之刊布,绛云楼之风流韵事,更流播区宇,遐迩俱闻矣。时移世改,事变至多,辕文居燕京,位列新朝之卿贰;牧斋隐琴水,乃故国之遗民,志趣殊途,绝无干涉。然辕文不自惭悔其少时失爱于河东君之由,反痛诋牧斋,以泄旧恨,可鄙可笑无过于此。兹节录《痛史》第二十种《国变难臣钞·纪牧斋遗事》附宋徵舆《上钱牧斋书》略云:

侧闻先生泛轻舠,驾华轩,惠然贲于敝邑。惟敝邑之二三子及不佞徵舆在远闻之,以为先生有岁时之事,信宿而已。日复一日,骊驹不歌。且闻诸从者曰,虽返,将数至焉。呜呼!以先生之密迩,曾不闻敝邑之病乎?敝邑狭小,有明之末,困于烦赋。顺治二年大兵攻焉,宿而守之,为之将者,若李若吴,皆叛帅也;其为郡守者,若张若卢,皆残吏也。(寅恪案:嘉庆修《松江府志》三六《职官表·武职》载:"李成栋,顺治二年,松江提督。吴胜兆,顺治三年,松江提督。马进宝,顺治十四年至十五年止,松江提督。"及同书三七《职官表·府秩》载:"张铫,偃师人,举人,顺治二年,松江知府。卢士俊,锦州人,监生,顺治五年至六年,知府。李正华,献县人,拔贡,有传,顺治十年至十三年,知府。郭起凤,锦州卫人,拔贡,顺治十四年,知府。祖承勋,汉军正黄旗人,贡生,顺治十四年至十六年,知府。"又,同书四三《名宦传·李正华传》略云:"李正华字茂先,献县人,精明强干,好弊一清。提督马进宝威悍莫与抗,独心惮正华。去之日,儿童妇女竞以束蔬尺布投其舟几满。")视民如仇,而慑之以军。十年以来,无岁不灾,无家不役。今郭以内,皆列伍也。郭以外,百金之家可籍而计也。江南诸郡,松难深矣。邀天之幸,获一廉守,鸠我残黎,而又以法去。(寅恪案:董含《莼乡赘笔》二略云:"吏兹土者,往往不能廉洁。有李正华者,小有才,矫廉饰诈。下车之日,行李萧然。及其归也,方舟不能载。"董氏所言与辕文书及《松江府志》违异。俟考。)今亦惟是新帅之纪律,新守之惠义,若时雨焉。(寅恪案:"新帅"指马进宝,"新守"指郭起凤或祖承勋。)小人闵闵皇皇耕其五谷,织其卉麻,以庶几供旦晚之命,如是而已,而何足以淹从者?且先生少怙隽才,壮而通显,所事者,万历、泰昌、天启、崇祯及弘光帝,以至今朝廷,历六君矣。自庚戌通籍,至于丁酉,四十八年矣,所变亦已广矣,所取亦已侈矣。丑于记而给于辨,游人文吏亦内服矣。宜乎动为人师,言为人则,而乃不能割帷薄之爱,负难受之声,忘其蘧蒢,而仿其谑浪。是以谤言流传,达于行路,使我三吴之荐绅言及变色,无以应四方之长者。先生虽不自爱,其若虞山之水何?呜呼!鬼神不吊,延先生以年,其将益其疾,而降之大罚耶?抑使先生自播其行,以戒我吴人耶?未可知也。然如先生者,可以归矣!可以休矣!南使之便,敬布腹心,惟先生加意焉!

寅恪案:《有学集》七《高会堂诗集·高会堂酒阑杂咏序》云:"不到云间,十有六载矣。"《序》末云:"丙申阳月十有一日,书于青浦舟中。"可知牧斋实于顺治十三年丙申冬季在松江。辕文作此书在顺治十四年丁酉任职北京时,故云"不佞徼舆,在远闻之","〔先生〕自庚戌通籍,至于丁酉,四十八年矣"及"南使之便,敬布腹心"也。(《松江府志》载马进宝顺治十四年始任松江提督,有误。金鹤冲《钱牧斋先生年谱》据《江南通志》载马进宝于顺治十三年升苏松提督,移镇松江,因定牧斋顺治十三年丙申游松江,甚确。)其实牧斋自顺治三年丙戌辞官自燕京南归后,即暗中继续不断进行复明之活动。是以频岁作吴越之游,往往借游览湖山,或访问朋旧为名,故意流播其赏玩景物、移情声乐之篇什。盖所以放布此烟幕弹耳。辕文方仕新朝,沾沾自喜。其痛诋牧斋出于私意,与吴越旧时党社胜流之不忘故国旧君者不可同日而语。观其书中"不能割帷薄之爱"一语,如见其肺肝。噫!自顺治十四年丁酉,辕文作此书之时,上溯至崇祯七年壬申,或六年癸酉,辕文与河东君决裂之时,其间已历二十五六年之久,何尚未忘情耶?夫辕文因己身与河东君之故,痛诋牧斋,固已可鄙,似犹有说,而王胜时以其师与河东君之故,复附和辕文集矢钱柳,(或疑《纪钱牧斋遗事》为王沄辈所作。俟考。)则殊可笑,实更无谓也。辕文书中又云"且闻诸从者曰,虽返,将数至焉",盖牧斋之至松江,实阴说提督马进宝,即辕文书中所谓"新帅",以响应国姓进攻崇明南都。此为牧斋复明活动之一端,俟后第五章详论之。或谓辕文于此中秘密似有所知,而尚未得确证,故未告诸清廷捕杀牧斋,以报其私怨也。鄙意此时清廷尚欲利用马进宝,揆之清初驾驭汉奸之常例,即使辕文言之于清廷,恐清廷不但不接受其告密,转而因此得罪。斯又怯懦之辕文所以虽知牧斋有所活动,而终不敢为告密之举欤?

又,蔡练江澄《鸡窗丛话》"古来文人失节修史"条,附录《宋辕文杂记》云:

娄东王冏伯,弇州长子也。家有一书,编辑先朝名公卿碑志表传,如焦氏《献征录》之类,而益以野史,搜讨精备,卷帙甚富。冏伯殁,牧斋购得之,攘为己有。乃更益以新碑及闻见所记，附会其中。喜述名贤隐过，每得一事，必为旁引曲证，如酷吏锻炼，使成狱而后已。以是捃摭十余年，漫题卷上曰《牧史》。书成之夕，其所居绛云楼灾，即编纂之地也。所谓《牧史》者，遂不可复见。乃取程孟阳所撰《列朝诗选》，于人名爵里下各立小传，就其烬余所有，及其记忆而得，差次成之。小传中将复及人隐过。或以鬼神事戒之，乃惧不敢。然笔端稍滥，则不能自禁。

吾邑张雪窗云：牧斋诗人小传，人多称之，而意见偏谬，则有如辕文所言者。近日顾芝岩序吾邑史氏《致身录》云：王褚下流，变乱黑白，不能自即于正，每力排正气，以为容身之地。呜呼！其不能逃于公论如此。人品如斯，何怪乎诗学之谬也。

寅恪案：辕文所记甚谬，朱长孺鹤龄尝辞而辟之矣。兹附录其《愚庵小稿》一〇《与吴梅村祭酒书》于后。至吴氏有无复书，今不可知。以意揣之，骏公与钱、宋两人交情俱极深厚，必难措词，当是置之不答也。朱《书》云：

忆先生昔年枉顾荒庐，每谈虞山公著作之盛，推重誊诿，不啻义山之叹韩碑。乃客有从云间来者，传示宋君新刻，于虞山公极口诟詈，且云其所选明诗，出于书佣程孟阳之手。（寅恪案：燕京重印本朱鹤龄《愚庵小集》"书"作"笔"，非。）所成《牧史》，乃掩取太仓王氏之书。愚阅之不觉喷饭。夫虞山公生平梗概，千秋自有定评，愚何敢置喙。若其高才博学，囊括古今，则夐乎卓绝一时矣。身居馆职，志在编摹，金匮之藏，名山之业，无不穷搜遍览。乱后悯默，乃取而部分之，自附唐韦述元危素之义。未及告成，爇于劫火，《牧史》之名何自而兴？夫古之撰文者，自司马迁、班固而下,如《新唐书》之修因于刘昫,《五代史》之修因于薛居正。凡载笔之家,莫不缀缉旧闻,增华加丽。(燕京本"丽"作"厉",非。)弇州藏史未定有无,即使果出前贤,采为蓝本,排缵成书,亦复何害?宋君乃用此为说说耶?鹊巢鸠居,厚诬宗匠,不足当识者之一粲。而愚敢斥言之于先生者,以其文援先生为口实也。先生夙重虞山公文章著作,岂有以郭象《庄解》,齐丘《化书》,轻致訾謷者?愚以知先生之必无是言也。先生诚无是言,当出一语自明,以间执谗慝之口。如其默默而已,恐此语荧惑见闻,好事之徒将遂以先生为口实。

又,同书一三《书王右丞集后》云:

王右丞为子美前辈,子美赠王中允诗,何等推重,且深为湔雪其陷贼之故,而《右丞集》中从无一诗及之,何也?岂有之而集中偶佚耶?"何为西庄王给事,柴门空闭锁松筠",说者以王给事即王右丞,未免有不足之意。然此语亦惜之,非讥之也。右丞与郑虔同污禄山伪命,乃子美诗皆无刺语,可见古人用心忠厚,非独以全交情也。今人于才名轧己者,必欲发其瘢垢,掊击不啻雠仇。解之者则曰:"文士相倾,自古而然。"呜呼!使诚为文士也,岂有相倾者耶?

可知朱氏自比少陵,不以王、郑受污禄山伪命,而与之绝交也。

上论述河东君与李存我、宋辕文之关系既竟,兹请言河东君与陈大樽之关系。杨、陈两人关系之史料,今日通常流布者,乃违反真相,绝不可信。究其所以致此之故,恐因有人故意撰造虚伪之材料,以乱真实,而卧子又以殉明死节之故,稽考胜国之遗闻,颇为新朝所忌恶也。今先略引通行以讹传讹之伪史料,然后详征杨、陈关系之真史料,以纠正旧日虚伪之传说,并附论杨、陈二人情好始终不渝之事实。但移录原文稍繁,亦有所不得已也。

《虞阳说苑》本《牧斋遗事》"柳尝之松江,以刺投陈卧子"条云:

> 柳尝之松江,以刺投陈卧子。陈性严厉,且视其名帖自称女弟,意滋不悦,竟不之答。柳恚,登门詈陈曰:"风尘中不辨物色,何足为天下名士?"

寅恪案:钮玉樵琇《觚賸》三《吴觚》"河东君"条,当是取材《牧斋遗事》此条。但删节河东君登卧子门相詈之语,而稍加润色。玉樵之文较佳,世人喜观之,故卧子严拒河东君之物语,遂流传于今日,莫有悟其与事实相违反者也。读者若检后列卧子所作诗词,自可知其虚伪。兹暂不辨证。又,"古学汇刊"本《牧斋遗事》及"香艳丛书"中《绛云楼俊语》(即《牧斋遗事》一书之改名),其校者将此条"女弟"二字易作"女弟子"三字,殆由浅人习闻袁枚、陈文述广收女弟子之事,因认陈大樽为随园碧城仙馆主一流人物。此端颇为可笑,而又不能不为之辨明。盖师弟尊卑殊等,旧日礼教不能有婚姻之关系,是以简斋云伯搜罗当日闺阁才媛,列诸门墙,不以为嫌。观河东君于崇祯十三年冬自常熟《致汪然明书》,尚自称为"弟"(《柳如是尺牍》逆数第二札)。考其时河东君年二十三,汪然明年六十四,(据《有学集》三二《新安汪然明合葬墓志铭》,然明生于万历丁丑即万历五年,至崇祯十三年庚辰,其年为六十四岁。)两人年龄相差逾四十岁,而河东君乃以兄弟平辈为称谓者,以歌筵酒坐,酬酢往还,若尊卑殊等,则于礼数不便,更无论男女情好,或至发生婚姻之关系也。兹先录卧子集中明显为河东君而作之诗,略加释证,然后再就其他最为可能为河东君而作之诗词,择录少数,稍为引申。若诗词中可疑为河东君作,而不能确定者,则择其重要者,列具篇目,以供参考,不复详论焉。

前已引《秋潭曲》及《集杨姬馆中》诗句,今再录其全文于下,以其明著河东君之姓,无复致辨之余地者也。

《陈忠裕全集》一〇《陈李倡和集·秋潭曲》(原注:"偕燕又、让木、杨姬集西潭舟中作")云:

> 鳞鳞西潭吹素波,明云织夜红纹多。凉雨牵丝向空绿,湖光頍滄寒青蛾。暝香湿度楼船暮,拟入圆蟾泛烟雾。银灯照水龙欲愁,倾杯不洒人间路。美人娇对参差风,斜抱秋心江影中。一幅五铢弄平碧,赤鲤拨剌芙蓉东。摘取霞文裁凤纸,春蚕小字投秋水。瑶瑟湘娥镜里声,同心夜夜巢莲子。

同书一五《秋夕沈雨,偕燕又让木集杨姬馆中。是夜姬自言愁病殊甚,而余三人皆有微病,不能饮也(七律)二首》云:

> 一夜凄风到绮疏,孤灯泄泄帐还虚。冷蛩啼雨停声后,寒蕊浮香见影初。有药未能仙弄玉,无情何得病相如?人间愁绪知多少,偏入秋来遣示余。

> 两处伤心一种怜,满城风雨妒婵娟。已惊妖梦疑鹦鹉,莫遣离魂近杜鹃。琥珀佩寒秋楚楚,芙蓉枕泪玉田田。无愁情尽陈王赋,曾到西陵泣翠钿。

寅恪案:此两题皆卧子在崇祯六年秋为河东君而作者,前已略论之矣。但检《陈忠裕全集》一五《几社稿》,崇祯庚午、辛未、壬申三年之间所作七律中,有《中秋风雨怀人》一题,其辞旨与《集杨姬馆中》二律颇相类似。诗中复包含"怜""影""云""婵娟"等河东君之名字,尤为可疑。初见此诗后第四题为卧子六月一日廿五岁《生日偶成》诗,以为此中秋乃崇祯四年之中秋,细绎之,此《中秋风雨怀人》诗之前第六题为《伤春》,中有"海滨烽迫鲁王宫"之句。据所附考证为"指山东孔有德事"。依《明史》二三

《庄烈帝本纪》所云"崇祯四年十一月丁卯,孔有德率师援辽,次吴桥反。五年春正月辛丑,孔有德陷登州",则《伤春》一题明是崇祯五年春季之作。故《中秋风雨怀人》一诗,亦不必定为崇祯五年所赋。盖诸诗排列先后未可拘泥也,或者此"中秋"乃五年中秋,甚至六年中秋,殊未可知。卧子全集中尚多类是者,详后所论。兹姑录此诗于后,以俟更考。《中秋风雨怀人(七律)》云:

谁将幽怨度华年?河汉蒙蒙月可怜。落叶黄飞妖梦后,轻绡红冷恨情边。青鸾湿路箫声歇,白蝶迷魂带影妍。惆怅卢家人定后,九秋云雨泣婵娟。

复次,据李雯《蓼斋集》三五《与卧子书》云:

孟冬分手,弟羁武林,兄便北上,已作骊歌,无由追送。弟薄岁除始返舍,即询知老年伯母尊体日佳。开春以来,见子服兄弟,益审动定。我兄可纵心场屋,了此区区,以慰弟辈之凉落矣。辕文言兄出门时,意气谐畅,颇滑稽为乐。张三作侠,中间乃大有合离。某某在云雾之中,怅怅不休。何物篱落间人,乃尔颠倒人意。弟辈正坐无聊,借此一鼓掌耳。今里巷之间,又盛传我兄意盼阿云。(寅恪案:李雯《蓼斋集》二二《除夕咏怀兼寄卧子》诗云:"闻君念窈娘。"舒章此诗作于崇祯六年癸酉除夕,正卧子在北京留待会试时。考窈娘事见孟棨《本事诗·情感类》。窈娘为乔知之家婢,艺色为当时第一,固适切河东君身份。又据河东君《戊寅草·〔崇祯六年〕寒食雨夜十绝句》其五云:"想到窈娘能舞处"及《陈忠裕全集》一九《陈李唱和集·清明(七绝)四首》之三云:"雨中独上窈娘坟"等语,故知舒章所言之"窈娘",即是阿云无疑矣。)不根之论,每使人妇家勃豀。兄正木强人,何意得尔馨颓荡。乃知才士易为口实,天下讹言若此,正复不恶。故弟为兄道之,千里之外,与让木燕又一笑。若彝仲,不可闻此语也。

舒章书中所谓"孟冬分手"者,当是崇祯六年孟冬。卧子《自撰年谱》"崇祯六年癸酉"条略云:

文史之暇,流连声酒,多与舒章倡和,今《陈李唱和集》是也。季秋,偕尚木诸子游京师。是岁纳妾蔡氏于家。

《陈忠裕全集》一五《陈李唱和集·留别舒章并酬见赠之作二首》其第一首结句云:"秋深碣石有飞鸿。"附录李雯《送卧子计偕北上》诗原作,其第一首云"北极云平秋气屯",其第二首云"翻然仗剑历秋城"等,可证卧子此次别舒章为深秋初冬之时。若卧子崇祯九年由松江赴北京会试,据卧子《自撰年谱》"崇祯九年丙子"条略云:

复当计偕,以先妣唐宜人久疾,予意不欲往。先妣以义勉之。冬尽,始克行。

则卧子崇祯九年北行在年杪,必非所言之"孟冬"明矣。然则卧子与河东君相遇,岂即在崇祯六年耶?鄙意在此年之前,亦有可能。何以言之?据《陈忠裕全集》一〇《属玉堂集·癸酉长安除夕》诗云:

岁云徂矣心内伤,我将击鼓君鼓簧。日月不知落何处?令人引领道路长。去年此夕旧乡县,红妆绮袖灯前见。(可参同书一三《几社稿·除夕(五律)》。此"除夕"即崇祯五年壬申除夕也。)梅花彻夜香云开,柳条欲系青丝缠。曾随侠少凤城阿,半拥寒星蔽春院。今年此夕长安中,拔剑起舞难为雄。汉家宫阙暖如雾,独有客子知凄风。椒盘兽炭皆异物,梦魂不来万里空。吾家江东倍惆怅,天下干戈日南向。鹤驭曾无缑岭游,虎头不见云台上。且酌旨酒银筝前,汝曹富贵无愚贤。明朝曈曈报日出,我与公等俱壮年。

此诗题既是《癸酉长安除夕》,而诗中又有"去年此夕旧乡县"及"今年此夕长安中"等句,则此"红妆绮袖灯前见"之人,必于崇祯五年壬申除夕与卧子相遇。此人虽未明著其为谁,但检卧子《集》中与此诗前后时间距离不甚久所作绮怀诸篇观之,则此人非河东君莫属。故卧子于崇祯五年壬申冬季即遇见河东君,殊为可能。更据《陈眉公集》首载其子梦莲所撰《年谱》"天启七年七十岁"条云:

是冬,(寅恪案:眉公生辰为十一月初七日。)远近介觞者,纨绮映带,竹肉韵生,此亦凤皇山未有之事也。

及《陈忠裕全集》卧子《自撰年谱(上)》"崇祯四年辛未"条略云:

试春官,罢归。四月抵里门,即从事古文词,间以诗酒自娱。是时意气甚盛,作书数万言,极论时政,拟上之。陈征君怪其切直,深以居下之义相戒而止。

于此两《年谱》可得两结论。一为陈眉公生日之时,祝寿客中亦必不少当日名姝如王修微辈。观前引宋让木《秋塘曲序》所述河东君寿眉公生日诗句,可为例证也。二为卧子会试不中式,牢骚愤慨,弃置八股时文,从事古文词。又作书数万言,极论时政。但同时复以诗酒自娱。此"诗酒"即放情声色之义。前代相传俗语云:"秀才家文章是自己的好,老婆是人家的好。"正卧子此时之谓也。检《陈忠裕全集》一三《几社稿》即崇祯五年壬申所作五律,其《除夕》诗之前,载《偕万年少李舒章宿陈眉公先生山房二首》，其第二首有"冰霜月起时"之句，是卧子于崇祯五年眉公生日相近之时，曾谒眉公并宿于其山房。并同集一九《几社稿》有《吴阊口号（七绝）十首》，亦为崇祯五年冬季所作。依下文寅恪所考证，其中三首乃为河东君而赋者。由此言之，卧子至迟于崇祯五年眉公生日不久以前，在苏州已得见河东君。或又返松江追踪河东君至佘山，于眉公生日时复相遇于祝寿宾客之中也。更取《几社稿》中其他绮怀诸作，如崇祯五年春季所作《柳枝词》之类参之，则河东君、卧子两人初次相遇，在崇祯五年春季，或竟早在四年冬季，亦未可知也。至于"曾随侠少凤城阿，半拥寒星蔽春院"之句，"凤城"依通常解释，自指京师而言。据卧子《自撰年谱》"崇祯三年庚午"条略云"予幸登贤书。冬月，偕计吏如京师"及"崇祯四年辛未"条云"试春官，罢归"，似亦可指崇祯三年庚午冬卧子第一次会试在京时事。然依诗中文气语意，此两句明是述崇祯五年除夕在松江情况。据嘉庆修《松江府志》七《山川志》有"凤凰山"。前引陈梦莲撰其父继儒《年谱》，亦有"凤皇山"之语。似松江府城亦可称"凤城"。若不然者，则卧子乃用典故，如《文选》二八所载陆士衡《长安有狭邪行》之类（可参《陈忠裕全集》四《陈李唱和集·长安有狭邪行》），惟易"长安"为"凤城"耳。（可参《陈忠裕全集》一三《几社稿·行乐词十首》。此词即崇祯五年所作也。）舒章书中所言之"子服兄弟"，当即指卧子妻张孺人之五弟中张子服宽及子退密（参《陈忠裕全集》王沄《续卧子年谱（下）》及后附胜时撰《三世苦节传》与《越游记》，并同书八《平露堂集·送子服之维阳兼讯子退以八月会淮南》诗题下案语，又，光绪修《金山县志》一九《张履端传》及弟轨端附子宽传等）。若张孺人之幼弟子函，则在顺治四年子龙被逮时，清吏见其年稚，诱以利害，使之尽言子龙亲知，遂以此被释（见《卧子年谱（下）》后王沄附录）。以此点推之,则其在崇祯七年舒章作书时,即使已生,当亦不过数岁。(张孺人之父轨端卒于崇祯十一年戊寅二月。见《陈忠裕全集》二九《张邵阳诔》。)舒章所指,必非此人无疑。又,张孺人别有弟处中,其名为宫,明代贡生(可参《陈忠裕全集》九《焚余草·同惠郎处中胜时分赋高士传》诗所附案语并《年谱(下)》"顺治三年丙戌"条及《松江府志》四六《选举表》)。张氏兄弟既为子龙至亲,故舒章得从其处探悉子龙家中动定。又,书中所述宋辕文之言,可与《陈忠裕全集》一〇《陈李唱和集·予偕让木北行矣。离情壮怀,百端杂出,诗以志慨》诗参证,俟后论之。至所言"张三作侠"之"张三",未敢确定其为何人,然必非张孺人之诸弟张宽、张密等。因子服兄弟向畏惮其姊之尊严,自不敢参预张门快婿陈孝廉纳宠之事也。或疑此"张三"即张昂之,斯说殊有理由。据《陈忠裕全集》一五《属玉堂集·送张冷石太守之任阆中(七律)》题下附案语云:"张昂之号冷石。"又据光绪修《金山县志》一九《张昂之传》略云:

> 张昂之,字匪激,天启二年进士。令庐陵时,魏珰禁伪学,檄毁天下书院。附阉者欲就建珰祠。昂之力持不可,卒坐夺职。崇祯初,起知保宁府,以功进川东道。寻告归,寄居郡北之息庵。又尝筑圃佘山,自称六头头陀云。

及王沄《续卧子年谱(下)》"顺治三年丙戌"条略云:

> 是岁,所与往来者,故人惟张冷石先生〔等〕而已。

又,"顺治四年丁亥"条略云:

> 五月十六日,往载〔先生〕尸。十七日,至张冷石先生斋,于其邻,贳得一棺。张冷石先生,则先生之执友且姻也。

故从社会气类、亲友情谊言之,舒章书中作侠之"张三",已有为张昂之之可能。又,冷石此时,以闲居好事之身,筑圃佘山。此山适为河东君卜居之地,其可能性更复增大也。但昂之是否行三,尚未发见有何证据。姑识所疑于此,以俟详考。

至河东君所以卜居佘山之故,要与陈眉公继儒、施子野绍莘诸名士直接或间接不无关系。其直接关于眉公者前已论及之矣,至于子野则亦有间接之关系。兹请略言之。或疑前所引李雯《蓼斋集》三五《与卧子书》中"张三作侠"之"张三"即施子野。所谓"张三"者,非排行次第之义,而是"张三影"(宋张子野先)之简称,实指施绍莘而言也。检施绍莘《花影集》四《乐府·南商调·二郎神》及《春云卷(舟次赠云儿)》,同书同卷《乐府·小令·南商调·玉胞(抱)肚(赠杨姬和彦容作)二首》,同书五《诗余·菩萨蛮(和彦容留别云姬)》及《代云答》。然则此"云儿""杨姬""云姬"岂即河东君耶?又考《青浦诗传》一二《施绍莘小传》略云:

> 施绍莘,字子野,少为华亭县学生。负隽才,跌宕不羁。初,筑丙舍于西佘之北,复构别业于南泖之西,自号峰泖浪仙。好声伎,与华亭沈友夔龙善,世称施沈。时陈继儒居东佘,诗场酒座常与招邀来往。工乐府,著《花影集》行世。早夭,无子。时共惜之。

及王昶《明词综》五《施绍莘小传》引《青浦诗传》略云:

> 子野作别业于泖上,又营精舍于西佘。时陈眉公居东佘,管弦书画,兼以名童妙妓,来往嬉游,故自号浪仙。亦慕宋张三影所作乐府,著《花影集》行世。(可参《花影集》首颜彦容乃《大序》云:"冉冉月来云破,不负张郎中之后身。"及顾石萍胤光《序》云:"云破月来之句,不负自许张三影后身。"又,同书一《泖上新居》后附彦容《跋》云:"斋曰三影。"同

书三《西佘山居记》云:"有斋两楹曰三影。予字子野,好为小词,故眉公先生以此名之。")

则以施子野之为人及其所居之地言之,更似与河东君直接有关涉者。但东海黄公所辑《瑶台片玉甲种(下)》载子野《舟次赠云儿》《决绝词》《有怀》等套曲。其《决绝词》自跋云"庚申月夕秋水庵重题","庚申"为万历四十八年。又,《花影集》五《菩萨蛮·代云答》词后第五首同调《雨中忆张冲如》词,《序》中有"天启改元,正月五日,得冲如靖州家报"之语,可知子野词中之"云"时代太早,与河东君居佘山之年月不合,而舒章书中所言崇祯六年癸酉之"张三"其非施子野亦甚明矣。然据《陈眉公集》所载《年谱》"万历三十五年丁未"条略云:

> 府君五十岁,得新壤于东佘。二月开土筑寿域,随告成。四月章工部公觐先生,割童山四亩相赠,遂构高斋,广植松杉。屋右移古梅百株,皆名种。后若徐若董,园囿相续。向有施公祠,亦一时效灵,而郡邑之礼香祭赛,并士女之游冶者,不之诸峰,而之东佘矣。

并子野《花影集》一《乐府·山园自述》自跋云:

> 余别业在西佘之阴,迩来倩女如云,绣弓窄窄。冶游儿乌帽黄衫,担花负酒,每至达旦酣歌,并日而醉。

及同书三《西佘山居记》云:

> 每值春时,为名姬闺秀斗草拾翠之地。

是佘山一隅乃文士名姝游赏之盛地。后来河东君又卜居其处,要非无因也。总之,舒章书中之"张三",甚难确指为施子野。但以子野与佘山有关,即间接与河东君卜居其地亦有关。故略论及之,以备一重公案云尔。

又，舒章此书所言诸点今难详知，然至少与卧子纳妾蔡氏一事必有关系。因卧子于《自撰年谱》此年言："文史之暇，流连声酒。"观其此年绮怀诸作，可以证其不虚。李舒章《蓼斋集》二五有《卧子纳宠于家身自北上复阅女广陵而不遇也寓书于予道其事因作此嘲之（七律）》一首。此诗后又载《怀卧子》诗一首，有句云"可怜一别青霜后"，则知蔡氏非卧子满意之人，故"纳宠于家，身自北上，复阅女广陵"也。卧子既不满意蔡氏，则纳以为妾，必出其妻张孺人之意。盖所以欲借此杜绝其夫在外"流连声酒"之行动。用心虽苦，终不生效，虽甚可笑，亦颇可怜。舒章所谓"使人妇家勃豀"乃事理所必至，自无足怪。"阿云"乃指河东君，详见第二章所考证。由此言之，凡《陈李唱和集》之大半及《属玉堂集》之一部分，所有绮怀诸诗，皆可认为与河东君有关，虽不中，亦不远也。

《秋潭曲》结句"同心夜夜巢莲子"之语，盖出《古今乐录·杨叛儿》第五首云：

> 欢欲见莲时，移湖安屋里。芙蓉绕床生，眠卧抱莲子。

卧子取河东君之姓氏与此歌名相结合，盖"杨叛儿"本亦作"杨伴儿"，歌之词意亦更相关联，颇为适切。"同心"二字尤情见乎辞矣（参《乐府诗集》四九"杨叛儿"题）。王胜时有《和董含拂水山庄吊河东君二绝句》（见董含《三冈识略》六"拂水山庄"条），其二云：

> 河畔青青尚几枝，迎风弄影碧参差。叛儿一去啼鸟散，赢得诗人绝妙辞。

亦用此歌第二首"暂出白门前，杨柳可藏乌"之句，而胜时诗意复与此歌第六首云：

杨叛西随曲,柳花经东阴。风流随远近,飘扬冈侬心。

相关,殊为轻薄刻毒,大异于其师也。

复次,《分类补注李太白诗》四《乐府·杨叛儿》云:

君歌杨叛儿,妾劝新丰酒。何许最关人,乌啼白门柳。乌啼隐杨花,君醉留妾家。博山炉中沉香火,双烟一气凌紫霞。

寅恪案:河东君后来易"杨"姓为"柳","影怜"名为"隐",或即受太白诗之影响耶?据沈虬《河东君传》所云:"余于舟中见之(指杨爱)。听其音,禾中人也。"然则河东君之乡音,固是"疑""泥"两母难辨者。其以音近之故,易"影怜"之"影"为隐遁之"隐",亦无足怪矣。至若隐遁之义,则当日名媛,颇喜取以为别号。如黄皆令之"离隐",张宛仙之"香隐",皆是例证。盖其时社会风气所致。故治史者,即于名字别号一端,亦可窥见社会风习与时代、地域、人事之关系,不可以其琐屑而忽视之也。

详绎卧子《集杨姬馆中》诗题之意,似陈、彭、宋三人之集于河东君寓所,本欲置酒痛饮,以遣其愁恨。三人皆以微病不能饮酒,而河东君亦然。据此河东君平日之善饮可以推见也。程嘉燧《耦耕堂存稿》诗中《朝云诗(七律)八首》,此诗亦为河东君而作者。其第二首云:

拣得露芽纤手瀹,悬知爱酒不嫌茶。

则河东君之善饮足以为证。又,《有学集》九《红豆诗初集·采花酿酒歌示河东君诗(并序)》略云:

戊戌中秋日,天酒告成,戏作《采花酿酒歌》一首,以诗代谱。其文烦,其辞错,将以贻世之有仙才具天福者。非是人也,则莫与知而好,好而解焉。

长干盛生贻片纸,上请仙客枕膝传。(遵王《注》本"请"作

"清"。)老夫捧持逾拱璧,快如渴羌得酒泉。归来夜发枕中秘,山妻按谱重注笺。却从古方出新意,溲和齐量频节宣。东风泛溢十指下,得其甘露非人间。("得其甘露",遵王《注》本作"得甘露灭"。)

《有学集》八《长干塔光集·金陵杂题绝句二十五首继乙未(丙申?)春留题之作》,其第二十首云:

面似桃花盛茂开,隐囊画筒日徘徊。郎君会造逡巡酒,数笔云山酒一杯。(自注云:"盛叟,字茂开,子丹亦善画。常酿百花仙酒以养叟。")

同书二〇《小山堂诗引》云:

比游钟山,遇异人,授百花仙酒方。采百花之精英以酿酒,不用曲蘖,自然盎溢。

陈伯雨作霖《金陵通传》一四《盛鸾传》附宗人盛胤昌传云:

宗人胤昌字茂开,工画。持身高洁,年几九十,行步如少壮时。胤昌子丹,字伯含,山水法黄筌,尝作《秋山萧寺图》,与弟琳《空山冒雨图》称二妙。琳字玉林,每当春日,酿百花酒以养亲。胤昌顾而乐之。

《有学集》一九归玄恭《恒轩集序》略云:

丙申闰五月,余与朱子长孺屏居田舍。余繙《般若经》,长孺笺《杜诗》,各有能事。归子玄恭俨然造焉。余好佛,玄恭不好佛;余不好酒,而玄恭好酒。两人若不相为谋者。玄恭作《普头陀传》,高自称许,把其本向长孺曰:"杜二衰晚腐儒,流落剑外,每过武侯祠屋,叹卧龙无首,用耿、邓自比。归玄恭身长七尺,面白如月,作《普头陀传》,胸中逼塞,未吐一二,遂惊倒世上人耶?"(寅恪案:同书五《绛云余烬集(下)冬夜假我堂文宴诗和归玄恭(七律)》一首后四句云:"何处青蛾俱乞食,几多红袖解怜才。后堂丝竹知无分,绛帐还应为尔开。"附自注云:"是日女郎欲至,戏以玄恭道学辞之。来诗以腐儒自解,故有斯答。"牧斋此诗作于顺治十一年甲午阳月二十八日,《恒轩集序》作于顺治十三年丙申闰五月,故序有"杜二腐儒"之语,乃指甲午冬假我堂文宴时事也。)

《牧斋外集》二五《题邓肯堂劝酒歌》(寅恪案:邓林梓字肯堂,常熟人。事迹见王应奎《柳南随笔》一及六有关邓肯堂等条)云:

东坡自言饮酒终日,不过五合,而谓天下之好饮,无在予上者。(可参《初学集》四《归田诗集(下)谢于润甫送酒》诗:"我饮不五合,颇知酒中味"之句。)后人掇拾《东坡全集》,以王无功《醉乡记》羼入其中,岂非以东坡慨慕东皋,庶几友其人于千载,其妙于酒德,有相似者欤?余酒户略似东坡,顷又以病耳戒酒,读肯堂诗,浩浩然,落落然,如与刘伶、毕卓辈执杯持耳,拍浮酒池中也。他时有编余诗者,将此首编入集中,余方醉眼模糊,仰天一笑,安知其非余作也。

《牧斋尺牍(上)与侯月鹭〔性〕四通》之二(寅恪案:侯性事迹见《小腆纪传》三六本传及《牧斋尺牍(上)与侯月鹭》诸札)云:

秋间欲得洞庭葡萄酿酒,苦不能得其熟候。彼时得多饷以酬润笔,知不厌其贪也。内子辱深念,并此驰谢。

然则河东君不仅善饮,更复善酿。河东君之"有仙才",自不待言。至于"具天福",则殊难言。据上引《题邓肯堂劝酒歌》、《恒轩集序》及《复侯月鹭札》,是牧斋不善饮,而河东君善饮。河东君之"具天福",或可言具此善饮之"天福"耶？若牧斋者,虽不具此善饮之"天福",但能与具此善饮之"天福"者相对终老,殆亦可谓具艳福之人矣。

复次,全谢山祖望《鲒埼亭外集》三三《钱尚书牧斋手迹跋》略云：

> 尚书手迹共十幅,在冯研祥家,皆与冯氏群彦往还者。第十幅云："春宵一刻,先令细君满引一杯,以助千金之兴。"细君指柳氏也。予闻之周郧山,谓牧斋年六十四,(寅恪案：当作"六十"。此误。)柳氏年二十四归之。客有访之者,柳氏出侑酒,依然旧日风流。观此笺并前索酒札,知柳氏固酒徒。黄忠烈公见诸弟子有与女校书诗者,辄戒之。牧斋跌荡乃至于此,宜其有"浪子燕青"之诮。

寅恪案：冯研祥者,冯开之梦祯孙文昌之字。冯氏一家与牧斋交谊深厚,研祥又为牧斋弟子,故其关系尤为密切。(见《初学集》一五《南京国子监冯公墓志铭》,并可参《牧斋尺牍》一《与冯秋水札》云："西浙俊髦,无如冯〔文昌〕、范〔骧〕。研祥落落竹箭,文白亭亭明玕。"又,葛万里《牧斋先生年谱》"顺治七年庚寅"条云："同行有冯范研祥。"误以"冯范"为一人。殊不知"冯"固为文昌之姓,"范"则指浙江海宁范骧字文白号默庵之人而言也。文白事迹见光绪修《杭州府志》一四五《范骧传》、杜登春《社事本末》、吴修昭代《名人尺牍小传》七及震钧《国朝书人辑略》一等。)《有学集》四六《跋酒经》云：

> 《酒经》一册,乃绛云楼未焚之书。五车四部,尽为六丁下取,独留此《经》,天殆纵余终老醉乡,故以此转授遵王,令勿远求罗浮铁桥下耶？余已得修罗采花法,酿仙家烛夜酒,将以法传之遵王。此《经》又似余杭老媪家油囊俗谱矣。

《有学集》一〇《红豆二集·酒逢知己歌赠冯生研祥》云：

> 老夫老夫嗟龙钟，(遵王《注》本"大"作"夫"。)绿章促数笺天公。天公怜我扶我老，《酒经》一卷搜取修罗宫。山妻按谱自溲和，瓶盎泛溢回东风。世人醹糟歠醨百不解，南邻酒伴谁与同？昔年尝酒别劲正，南薰独数松圆翁。("薰"误。《注》本作"董"，是。)此翁骑鲸捉月去我久，憪薱四顾折简呼小冯。(下略。)

此跋作于顺治七年庚寅十月初二夜以后，此诗作于顺治十六年己亥，可与上引前一年，即顺治十五年戊戌所赋之《采花酿酒歌示河东君》诗相参证。据此，颇疑冯研祥家牧斋手迹《索酒札》即此第十幅，乃顺治十六年己亥所作也。周郧山即周容，事迹见《鲒埼亭外集》六《周征君墓幢铭》。其人与牧斋往来颇密，可参《有学集》四四《叹誉赠俞次寅》，(寅恪案：牧斋此文作"周茂山"。)及郧山所著《春酒堂诗话》关涉牧斋诸条。夫河东君之善饮，不独其天性使然，其环境实有以致之。盖歌筵绮席，酬酢周旋，若不善饮，岂能成欢？此乃事非得已，情尤可伤，而谢山转执闺门礼法之条，以相绳责，殆未免失之过泥矣。黄忠烈公即黄道周。"忠烈"者，明唐王所予谥也。(见《黄漳浦集》卷首洪思撰《黄子传》及《文明夫人行状》。清乾隆四十一年追谥道周为"忠端"，陈子龙则追谥"忠裕"，皆是专谥。若李待问则谥为通谥之"忠节"。谢山卒于乾隆二十年，自不及知"忠端"之谥。然揆以明代殉国诸人之心理，岂能甘受清廷之谥号？谢山称之为忠烈，甚合漳浦平生志业。至王兰泉编《卧子全集》，其取今名者，盖所以避忌讳、免嫌疑，亦有不得已也。)卧子会试中式，实出石斋之门(见卧子《自撰年谱(上)》"崇祯十年丁丑"条)。卧子平生之诗为女校书如河东君而作者，亦甚不少，安能不为其师所戒乎？由此言之,卧子应与牧斋同科,谢山举此以讥牧斋,又未免失之过偏矣。

今日吾人幸得窥见河东君《戊寅草》,因取他种材料参证,遂得约略推定其中篇什作成之年月,并相与有关之人。复更取《陈忠裕全集》中《几社稿》、《陈李唱和集》、《属玉堂集》、《平露堂集》、《白云草》、《湘真阁稿》及《诗余》等,综合推计之,则论陈、杨两人之关系,其同在苏州及松江者,最早约自崇祯五年壬申起,最迟至崇祯八年乙亥秋深止,约可分为三时期。第一期自崇祯五年至崇祯七年冬,此期卧子与河东君情感虽甚挚,似尚未达到成熟程度。第二期为崇祯八年春季并首夏一部分之时,此期两人实已同居。第三期自崇祯八年首夏河东君不与卧子同居后,仍寓松江之时,至是年秋深离去松江移居盛泽止。盖陈、杨两人在此时期内虽不同居,关系依旧密切。凡卧子在崇祯八年首夏后、秋深前所作诸篇,皆是与河东君同在松江往还酬和之作。若在此年秋深以后所作,可别视为一时期。虽皆眷恋旧情,丝连藕断,但今不复计入此三期之内也。兹选录陈、杨两人此三时期中最有关之作品原文,互相证发。其他最有关诸作,则仅录其题,以供参考。至《秋潭曲》、《集杨姬馆中二首》、《霜月行》第三首及《癸酉长安除夕》等篇,前已载其全文,不复移录焉。

复次,王氏编辑《陈忠裕全集·凡例》第二则略云：

> 诗文次序先后,关乎生平梗概。如《采山堂》《几社稿》之作于庚午、辛未、壬申,《陈李唱和集》之作于癸酉、甲戌,《平露堂集》之作于乙亥、丙子,《白云草》《湘真阁稿》之作于丑、寅、卯、辰,《焚余草》即《丙戌遗草》之作于乙酉至丁亥,按之《年谱》,了如指掌。至各集原本,古今体诗或分或不分。今汇为全集,概行分体,而仍标各集之名,以存其旧。虽其中次序,间有淆乱,然亦不甚悬隔也。

及第四则云：

> 公词有《湘真阁》《江篱槛》两种。国朝王阮亭〔士禛〕、邹程邨〔祗谟〕诸先生极为推许。又曾选入《棣萼香词》《幽兰草》《四家词》，俱未之见。今录公高弟王胜时沄所辑《焚余草》，益以散见别本者数阕，汇成一卷，并略采前人评语附之。俾读者知公乐府亦为填词家正宗，如宋广平赋《梅花》，不碍铁石心肠也。

寅恪案：王氏虽明知"诗文次序先后，关乎生平梗概"，但其"汇为全集，概行分体"则不免"其中次序，间有淆乱"，故今据每篇题目及篇中词旨，以推计时日，则王氏所云某集作于某年者，虽"不甚悬隔"，然今日欲考河东君与大樽之关系，于此区区时日之间隔，实为重要。兹录下列诸诗，大体固依王氏原编次序。若发见题目或词旨有未安者，亦以鄙意改定，不尽同于王氏原编次序也。详绎王氏所编《全集》中诗文，其次序先后，实如其所言"不甚悬隔"。独诗余一类，则兰泉因未见原本，仅从王沄所辑《焚余草》略附散见别本之数阕编成一卷。《焚余草》中之词，虽是乙酉至丁亥（即顺治二年乙酉至四年丁亥）三年中所作，其间当无与河东君有关者。但散见他本之词，则必应有涉及河东君之作。盖大樽诗余，摹拟《花间集》《淮海词》，缘情托意，绮丽缠绵。观兰泉辑本，其中故国故君之思见于语句者不计外，尚有不少艳情绮怀之作。然则此类诗余似不止兰泉所言"散见别本者数阕"而已。岂胜时所辑之《焚余草》，其中亦羼入其师乙酉以前之旧作而稍稍窜改，使人不觉其为河东君而作者耶？今日大樽词原本不得窥见，若仅就兰泉裒集残余之本，以考卧子与河东君之关系，实为不易也。又绎兰泉所编《卧子诗余》，其先后次序之排列，悉依字数多少而定，与作成时代绝无关系。如《二郎神《唐多令》为卧子绝笔,(据王沄《续卧子年谱》"顺治四年丁亥"条云:"三月会葬夏考功,赋诗二章。又作《寒食》《清明》二词,先生绝笔也。")今王氏辑本《二郎神》其次序为倒数第二首,至《唐多令》则为倒数第二十四首,即是例证。职此之故,兹所选录卧子《诗余》,其编列先后,乃依据河东君《戊寅草》所载诸篇什作成时间,参以鄙意考定。不若所录卧子之诗,其排列时代之先后,尚是约略依据王氏辑本也。

周铭《林下词选·柳隐小传》云:

> 柳隐,字如是,归虞山钱宗伯牧斋。所著有《戊寅草》,云间陈大樽为之序。

徐树敏、钱岳《众香词书集(云队)柳是小传》略云:

> 初,为云间陈大樽赏识,序其词问世。虞山(钱牧斋)百计纳为小星,称河东夫人。遗有《我闻堂(室)鸳鸯楼词》。

寅恪案:周氏谓陈大樽为河东君《戊寅草》作序。徐、钱两氏谓大樽序河东君词,当即指《鸳鸯楼词》。今日得见河东君《戊寅草》钞本,其中有诗、词、赋三类,首载陈子龙《序》。《序》中所言者为诗,而不及词。不知是否别有《鸳鸯楼词》刊本,而大樽为之序,未敢断定,尚待详考。然取《林下词选》与《众香词》对勘,则徐、钱两氏所选六首,较周《选》多《垂杨碧》一阕,其排列次序亦有不同,而文字更有差异。今取河东君《戊寅草》参校,则周《选》排列次第及文字皆与《戊寅草》符合,而《戊寅草》亦无《垂杨碧》一阕。可证周氏实选自《戊寅草》。徐、钱两氏之选本不同于《戊寅草》及周《选》者,其所依据,或即《鸳鸯楼》之单刊本耶?至《垂杨碧》一阕,其出处尚待考索,未能确言。其词云:

> 空回首,筠管榴笺依旧。裂却紫箫愁最陡,颠倒鸾钗久。

羡杀枝头豆蔻,闷杀风前杨柳。一夜金沟催叶走,细腰空自守。

今绎其词意,与《金明池·咏寒柳》词略同,恐是河东君离去卧子以后所赋,似非《鸳鸯楼词》中原有之作,殆为徐、钱两氏从他本补入者。总而言之,无论《鸳鸯楼词》是否别有刊本,兹可推定者,《戊寅草》中所收之词必包括《鸳鸯楼词》全部或绝大部分在内。因《戊寅草》中诸词,皆是与卧子关系密切时所作。卧子于崇祯八年所赋诸诗,目为"属玉堂集",河东君之以"鸳鸯楼"名其词,正是两人此时情景之反映也。

复次,考卧子平生文学,本属李、王一派,故深鄙宋诗。但于词则宗尚五代、北宋。兹不欲辨其是非,仅择录其有关论词之文,略见梗概。

陈卧子先生《安雅堂稿》三《三子诗余序》云:

诗余始于唐末,而婉畅秾逸极于北宋。然斯时也,并律诗亦亡。是则诗余者,匪独庄士之所当疾,抑亦风人之所宜戒也。然亦有不可废者。夫《风》《骚》之旨,皆本言情。言情之作,必托于闺襜之际。代有新声,而想穷拟议。于是以温厚之篇,含蓄之旨,未足以写哀而宣志也。思极于追琢,而纤刻之辞来;情深于柔靡,而婉娈之趣合;志溺于燕婧,而妍绮之境出;态趋于荡逸,而流畅之调生。是以镂裁至巧,而若出自然;警露已深,而意含未尽:虽曰小道,工之实难。不然,何以世之才人,每濡首而不辞也?

同书同卷《王介人诗余序》(寅恪案:王翃字介人。见《明诗综》二二及《明词综》九小传。此《序》可参沈雄、江尚质编辑《古今词话·词品(上)原起门》所引陈大樽语)云:

宋人不知诗而强作诗。其为诗也,言理而不言情,故终宋之世无诗焉。然宋人亦不免于有情也,故凡其欢愉愁怨之致,动于中而不能抑者,类发于诗余。故其所造独工,非后世可及。盖以沉至之思,而出之必浅近。使读之者骤遇,如在耳目之表,久诵而得沉永之趣,则用意难也。以嬛利之词,而制之实工炼,使篇无累句,句无累字,圆润明密,言如贯珠,则铸调难也。其为体也纤弱,所谓明珠翠羽,尚嫌其重,何况龙鸾? 必有鲜妍之姿,而不藉粉泽,则设色难也。其为境也婉媚,虽以警露取妍,实贵含蓄,有余不尽,时在低回唱叹之际,则命篇难也。惟宋人专力事之,篇什既多,触景皆会,天机所启,若出自然。虽高谈大雅,而亦觉其不可废。何则? 物有独至,小道可观也。

同书五《幽兰草词序》云:

自金陵二主以至靖康,代有作者:或秾纤婉丽,极哀艳之情;或流畅澹逸,穷盼倩之趣。然皆境繇情生,辞随意启,天机偶发,元音自成,繁促之中尚存高浑,斯为最盛也。南渡以还,此声遂渺,寄慨者亢率而近于伧武,谐俗者鄙浅而入于优伶。以视周、李诸君,即有"彼都人士"之叹。元滥填辞,兹无论已。

寅恪案:所可注意者,一为卧子言"北宋律诗亦亡"及"终宋之世无诗焉",可见其鄙薄北宋之诗至于此极。二为《幽兰草》乃集录李舒章、宋辕文及卧子三人唱和之词。颇疑几社诸名士为河东君而作之小令,即载是集中,惜今日未得见也。

又,今检《陈忠裕全集》及陈卧子《安雅堂稿》,不见有《戊寅草序》或《鸳鸯楼词序》。此殆为收辑卧子著作之人,如王沄辈早已删弃不录,遂使此两书皆未载。若今日吾人不得见《戊寅草》者,则卧子此《序》天壤间竟致失传矣。故全录之。

卧子《戊寅草序》云：

余览诗上自汉魏，放乎六季，下猎三唐。其间铭烟萝土之奇，湖雁芙蓉之藻，固已人人殊，而其翼虚以造景，缘情以趋质，则未尝不叹神明之均也。故读《石城》《京岘》《采菱》《秋散》之篇，与《宁墅》《麻源》《富春》之咏，是致莫长于鲍、谢矣。观《白马》《浮萍》《瑟调》《怨歌》之作，是情莫深于陈思矣。至巉岩骏发，波动云委，有君父之思，具黯怨之志，是文莫盛于杜矣。后之作者，或短于言情之绮靡，或浅于咏物之窅昧。惟其惑于形似也，故外易而内伤；惟其务于侈靡也，故貌丽而神竭。此无论唐山班蔡之所不逮，即河朔汉南之才，雕思而多蒙密之失，深谋而益拟议之病，亦罕有兼者焉。故有媛远之略，而失在于整栗，此其流逸之患矣。有割曳之姿，而失在于壮溟，此其轻脱之患矣。夫言必诡以肆，气必傲以骋，文必奔腾而涌浏，义必澄泓而取寂，此皆非其至也。然可语于学士大夫之作，不可论于闺襟之什焉。乃今柳子之诗，(寅恪案：影宋本《白氏文集》三五及《全唐诗》第七函白居易三五《春尽日宴罢感事独吟》云："春随樊子一时归。"卧子称河东君为"柳子"，盖本于此。冯应榴《苏文忠公诗合注》三八《朝云诗引》，亦作"樊子"。其他白集或他书所引，有作"樊素"者，误也。)抑何其凌清而睄远，宏达而微怼与！夫柳子非有雄妙窅丽之观，修灵浩荡之事，可以发其超旷冥搜之好者也。其所见不过草木之华，眺望亦不出百里之内，若鱼鸟之冲照，驳霞之明瑟，严花肃月之绣染，与夫凌波盘涡，轻岚昼日，蒹葭菰米，冻浦岩庵烟火之袅袅，此则柳子居山之所得者耳。然余读其诸诗，远而恻荣枯之变，悼萧壮之势，则有旻(曼)衍漓槭之思；细而饰情于湝者蜿者，林木之芜荡，山雪之修阻，则有寒澹高凉之趣，大都备沉雄之致,进乎华骋之作者焉。盖余自髫年,即好作诗,其所见于天下之变亦多矣。要皆屑屑,未必有远旨也。至若北地创其室,济南诸君子入其奥,温雅之义盛,而入神之制始作,然未有放情暄妍,即房帷亦能之矣。迨至我地,人不逾数家,而作者或取要眇,柳子遂一起青琐之中,(寅恪案:《世说新语·惑溺篇》"韩寿美姿容"条云:"贾女于青琐中看,见寿。"卧子以"青琐"代"青楼",借以掩饰河东君之社会地位。遣辞巧妙,用心良苦。特标出之,以告读者。余详第四章论《有美诗》节引《戊寅草序》文中鄙注。)不谋而与我辈之诗竟深有合者,是岂非难哉?是岂非难哉?因是而欲以水竹之渺蒙,庭阶之荟蔚,遂可以伏匿其声援,而震怵其意气,此实非矣。庶几石林涂舍之寂,桂栋药房之艳,天姥玉女、海上诸神山之侈以巨,使柳子游而不出焉者可也。夫灵矫绝世之人,非有以束之,固不可。苟天下有以束之,亦非处子最高之致也。则意者挟沧溟之奇,而坚孤栖之气乎?夫道之不兼,斯遇之不两得者也。故舍飙驰而就淡漠,亦取其善者而已。使繇是焉,寰中之趣,其亦可眇然而不睹也夫。陈子龙题。

寅恪案:卧子推重河东君之诗,举北地济南诸家为说,引之以为同调。可知河东君之诗,其初本属明代前后七子之宗派,应亦同于卧子深鄙宋代之诗者。但后来赋《寒柳词》实用东坡七律之语,至其《与汪然明尺牍》亦引用苏诗,皆属北宋诗之范围,更无论矣。据此推之,足征河东君虽先深受卧子之影响,后来亦渐能脱离其宗派教条主义也。

第 一 期

前录卧子《癸酉长安除夕》诗,依据"去年此夕旧乡县,红妆绮袖灯前见"等句推论卧子至迟在崇祯五年除夕,已遇见河东君。但在崇祯五年除夕以前,似更有其他诗词为河东君而作者,今详检《陈忠裕全集》,颇有可能为河东君而作之篇什。然终嫌证据未甚充分,不敢确定。兹姑择其最有关之作,略论之如下。

卧子崇祯五年壬申春间所作如《春昼独坐感怀》(《陈忠裕全集》六《几社稿》)及《柳枝词(七绝)四首》(同书一九《几社稿》),夏间所作如《生日偶成(七律)二首》(同书一五《几社稿》),皆有为河东君而作之可能。《春昼独坐感怀》诗中"白云过我居"及"谢客翻倒屣"等句,颇有可疑。《柳枝词》第二首"吴阊荡雨湿三眠",第三首"淡引西陵风雨条",第四首"妖鬟十五倚身轻"等句,亦与河东君当时情事适合,甚可注意。《生日偶成二首》之二云:"闭门投辖吾家事,与客且醉吴姬楼。"此"吴姬"岂即指河东君而言耶?但以皆无明显证据,姑附记题目及可疑之语句,以待将来之发覆耳。惟崇祯五年冬季卧子所赋《吴阊口号十首》之中,其最后三首实不能不疑其为河东君而作。兹择录六首分别论之。

此十首诗可注意者有两点。一为所咏之女性,非止一人。除河东君外,其所咏之人必与万寿祺有关。今所见万年少《集》,皆无此时期之作品,故甚难考定。二为此十首诗作于崇祯五年冬季,大约是十月间。其时卧子与年少俱在苏州为狭邪之游,而卧子意中之人则不久将离苏他适也。

其一云:

衰柳寒鸦天四垂,严霜纤月滞归期。已无茂苑千金笑,不许伤春有所思。

其五云：

远视红酣滟滟扶，近看无复掌中娱。楚王官里原难入，检点腰肢必减厨。

其七云：

万子风流自不群，卢家织锦已纷纭。可怜宋玉方愁绝，徒为襄王赋楚云。（原注："万子谓年少也。"）

其八云：

何妨放诞太多情，已幸曾无国可倾。却信五湖西子去，春风空满阖闾城。

其九云：

传闻夜醮蔡经家，能降乘鸾萼绿华。莫似红颜同易散，馆娃宫外尽烟霞。

其十云：

各有伤心两未知，尝疑玉女不相思。芝田馆里应惆怅，枉恨明珠入梦迟。

寅恪案：第一首"已无茂苑千金笑，不许伤春有所思"与第八首"却信五湖西子去，春风空满阖闾城"及第九首"莫似红颜同易散，馆娃宫外尽烟霞"等句，实同一意。盖谓美人将去苏州，即《世说新语·政事类》"王丞相拜扬州"条"君出，临海便无复人"之旨。此美人必非第五首所咏杨玉环式之人。此肥女当是年少所眷念者，而与顾云美《河东君传》"结束俏利"者迥异也。第八、九、十，三首皆为河东君而作。"放诞多情"乃河东君本色，自不待言。第十首即最后一首，为卧子作《吴阊口号》主旨所在。此首第二句与下两句，从《文选》一五张平子《思玄赋》"载太华之玉女兮，召洛浦之宓妃"之语蝉蜕而来。"玉女"依李善《注》，即《列仙传（下）》字玉姜之毛女，与宓妃同指一人。而诗语上、下二段，脉络贯通，不独足以见卧子之才华，并可推知其于《昭明选》理，固所熟精也。"芝田馆里应惆怅，枉恨明珠入梦迟"两句，乃用尤袤本《文选》一九曹子建《洛神赋》"秣驷乎芝田""或采明珠"及李善《注》引《记》曰"〔曹〕植还，度轘辕，少许时，将息洛水上，〔甄后〕遣人献珠于王。王答以玉佩"；并同书二九张平子《四愁诗》之三"美人赠我貂襜褕，何以报之明月珠"之句，（"美人"二字暗指河东君之名。）又参以同书一九宋玉《神女赋》"寐而梦之""复见所梦"等，为第一出典。《李义山诗集（上）可叹（七律）》"宓妃愁坐芝田馆，用尽陈王八斗才"等句，为第二出典。《温庭筠诗集》七《偶题》云"欲将红锦段，因梦寄江淹"等句，为第三出典。颇疑此时河东君以诗篇投赠卧子，而卧子深赏之也。"入梦"之"明珠"，即"因梦寄江淹"之"红锦段"也（可参前论宋徵璧《秋塘曲》"因梦向愁红锦段"句）。此"洛神"自是卧子所属意者，与第五首所咏难入楚宫之女非同一人，辞旨甚明。故可依此决定卧子此十首所咏不止一人也。又有可注意者，即第九首中言及此美人所以将离苏他去之理由。此诗上两句"传闻夜醮蔡经家，能降乘鸾萼绿华"之典故，乃用葛洪《神仙传》七《麻姑传》及陶弘景《真诰》一《运象篇》"萼绿华"事，并《文选》一九宋玉《高唐赋》"醮诸神"语。本极寻常，似无深意。但下接"莫似红颜同易散，馆娃宫外尽烟霞"两句，则是此仙女因往"蔡经"家之故，遂离去苏州也。据此可见"蔡经"之家，必不在苏州，而在苏州之近旁。然则此"蔡经"果为何人耶？前论宋让木《秋塘曲序》中河东君寿陈眉公诗，曾及眉公生日时，祝寿客中多有当时名姝。又论卧子《癸酉长安除夕》

诗,引陈梦莲撰其父眉公《年谱》,谓天启七年眉公七十生日时,"远近介觞者,纨绮映带,竹肉韵生"。据此可以推见眉公平时生日祝寿客中之成分。卧子作《吴阊口号十首》约在崇祯五年十月,眉公生日在十一月初七日,意者卧子赋诗之时距眉公生日不远,河东君将离苏州前往松江之佘山即眉公所居,祝其七十五岁生日。遂卜居佘山,不返苏州。故卧子有王茂弘"临海无复人"之感也。《陈忠裕全集》二〇《诗余·乳燕飞》云:

> 琼树红云滤,彩虹低,护花梢泻,腻凉香浴。珊枕柔乡凝豆蔻,款款半推情慼。更小语不明深曲,解语夜舒莲是药,生憎人梦醒皆相属。凤箫歇,停红玉。　娇莺啼破东风独,移来三起阊门柳,馆娃遗绿。栽近妆台郎记取,年年双燕来逐。云鬟沉滑藏雅足。漫折樱桃背人立,倚肩低问麝衾馥。浑不应,强他续。

则此词中人乃"移来三起阊门柳,馆娃遗绿",故原是从苏州迁来松江者。故颇疑河东君崇祯五年冬自苏州往松江祝陈眉公之寿,因留居其地。前引钱肇鳌之书,谓河东君见逐周氏鬻于娼家,但未言娼家在何处。今以吴江、苏州地域邻接,及崇祯四年、五年时间连续之关系推之,则河东君被鬻之娼家恐当在苏州也。卧子《诗余》中又有《玉蝴蝶·咏美人》一阕,其中有"才过十三春浅"之语,疑亦是河东君自苏迁松不久时所赋,当是崇祯六年春间也。因附录于下:

> 才过十三春浅,珠帘开也,一段云轻。愁绝腻香温玉,弱不胜情。绿波泻,月华清晓;红露滴,花睡初醒。理银筝。纤芽半掩,风送流莺。　娉婷,小屏深处,海棠微雨,杨柳新晴。自笑无端,近来憔悴为谁生?假娇憨,戏揉芳草;暗伤感,泪点春冰。且消停。萧郎归去,莫怨飘零。

崇祯六年卧子为河东君所作诸诗,其重要者如《秋潭曲》《集杨姬馆中》及《癸酉长安除夕》等篇,前已移录全文并附考证外,兹再录此年所作关系河东君重要之诗数首于下。

《陈忠裕全集》一〇《陈李唱和集·予偕卧木北行矣,离情壮怀,百端杂出,诗以志慨(七古)》云:

> 高秋九月露为霜,翻然黄鹄双翱翔。云途窈窕星苍茫,下有江水清淮长。嗟予远行涉冀方,嵯峨宫阙高神乡。良朋徘徊望河梁,美人赠我酒满觞。欲行不行结中肠,何年解佩酬明珰。高文陆离吐凤凰,江南群秀谁芬芳?河干薄暮吹红裳,纫以芍药羞青棠。何为弃此永不忘,日月逝矣心飞扬。旌旗交横莽大荒,圣人劳劳在未央。欲持中诚依末光,不然奋身击胡羌。勒功金石何辉光,我其行也无彷徨,感君意气成文章。

寅恪案:顾氏文房小说本《古今注(下)问答释义第八》略云:

> 牛亨问曰:"将离别,相赠以芍药者何?"答曰:"芍药一名可离。"故将别以赠之。欲蠲人之忿,则赠之青堂。(寅恪案:《本草纲目》三五下《木之二》"合欢"条,引《古今注》作"青裳"。自是误字。"青堂"亦难通。今《佩文韵府》作"青棠",疑是《韵府群玉》原本如此,"棠"字较合理,卧子遂依之耳。)青堂一名合欢,合欢则忘忿。

又,卧子此首七言古诗,可与上引舒章致卧子书参证。诗中之"美人"自是河东君,不待多论。卧子之"离情壮怀,百端杂出"之离情,即为河东君而发。"壮怀"则卧子指其胸中经世之志略。此当日东南党社诸名士所同具之抱负,匪独卧子一人如是也。假使卧子此次北行,往应崇祯七年甲戌之会试而中式者,则后来与河东君之关系或能善终。因卧子崇祯七年会试失意而归,虽于次年春间得与河东君短时同居,然卒以家庭复杂及经济困难之关系,不得不割爱离去。故今日吾人读此诗,始知相传世俗小说中,才子佳人、状元宰相之鄙恶结构,固极可厌可笑,但亦颇能反映当日社会之一部分真象也。

又,河东君《戊寅草·送别》,其一云:

念子久无际,兼时离思侵。不自识愁量,何期得澹心。要语临歧发,行波托体沉。从今互为意,结想自然深。

其二云:

大道固绵丽,郁为共一身。言时宜不尽,别绪岂成真?众草欣有在,高木何须因。纷纷多远思,游侠几时论。

寅恪案:此两诗依据《戊寅草》排列先后推计,当是崇祯六年之作。此题又列在《初夏感怀四首》之后,《听钟鸣》及《落叶》两题之前,故疑河东君此《送别》诗乃崇祯六年癸酉秋间送卧子北行会试之作。杨之"要语临歧发",即陈之"何年解佩酬明珰";杨之"游侠几时论",即陈之"不然奋身击胡羌"。其他两人诗句中辞意互相证发者不一而足,无待详举。然则卧子获读此送别之作,焉得不"离情壮怀,百端杂出"耶?

抑更有可论者,《陈忠裕全集》七《属玉堂集》载《录别(五古)四首》。虽据卧子《自撰年谱》"崇祯八年乙亥"条末云"是岁有《属玉堂集》",但此诗题下自注云:"计偕别友吴中作四首。"其第二首有"九月霜雁急"之句。又据卧子《自撰年谱》"六年癸酉"条云:"季秋偕尚木诸子游京师。"及"崇祯九年丙子"条略云:"复当计偕。冬尽始克行。"故知此《录别》诗乃是六年,而非九年所作也。

卧子之《录别》诗,殆即答河东君《送别》诗者。兹录其全文于下。读者详绎诗中辞旨,益知卧子此次北行,其离情壮怀之所在矣。其一云：

> 悠悠江海间，结交在良时。意气一相假，羽翼无乖离。胡为有远别，徘徊临路歧。庭前连理树，生平念华滋。一朝去万里，芬芳终不移。所思日遥远，形影互相悲。出门皆兄弟，令德还故知。我欲扬清音，世俗当告谁？同心多异路，永为皓首期。

其二云：

> 揽袪临大道，浩浩趋江湖。九月霜雁急，云物变须臾。非不执君手，情短无欢娱！送我以朔风，中肠日夜孤。万里一长叹，流光催贱躯。往路日以积，来者犹未殊。晨风转秋落，怀哉在根株。猛虎依松柏，锦衾恋名姝。苟执心所尚，在物犹区区。眷焉山川路，巧笑谁能俱？

其三云：

> 黄鹄怨晨风，吹君天一方。别时仅咫尺，谁知归路长？行役惨徒御，霜落沾衣裳。迢迢斗与牛，望望成他乡。锦衾与角枕，不复扬辉光。岂无盛年子？云路相翱翔。明月知我心，兰蕙知我芳。难忘心所欢，他物徒悲伤！

其四云：

> 今日逝将别，慷慨为一言。豫章生高冈，枝叶相婵媛。一朝各辞去，雕饰为君门。良材背空谷，慰彼盘石根。我行一何悲，所务难具论。非慕要路津，亮怀在飞翻。含意苟不渝，万里无寒温。勖君长相思，努力爱兰荪。常使馨香发，驰光来梦魂。

复次，崇祯六年癸酉春间卧子作品中，颇多有为河东君而作之痕迹。盖河东君已于崇祯五年壬申冬,由苏州迁至松江矣。兹不欲多所移写,惟录此年春间最有关之两题,并取其他诸首中语句,略论之如下。

《陈忠裕全集》一五《陈李唱和集·补成梦中新柳诗(七律)》云:

> 春光一曲夕阳残,金缕墙东小苑寒。十样纤眉新斗恨,三眠轶女正工欢。无端轻薄莺窥幕,大抵风流人倚栏。(自注:"二语梦作。")太觉多情身不定,莫将心事赠征鞍。

寅恪案:卧子此诗乃为河东君而作,自无疑义。今唯唤起读者注意一事,即后来河东君于崇祯十三年庚辰十二月二十六日迎春日与牧斋泛舟东郊后,所作之《春日我闻室作呈牧翁(七律)》(见《东山酬和集》一)"此去柳花如梦里"及"东风取次一凭栏"等句与卧子此诗有关,俟后详论。卧子此时眷恋河东君如此,岂所谓"求之不得,寤寐思服"者耶?

《陈忠裕全集》一九《属玉堂集·青楼怨(七绝)二首》云:

> 灯下鸣筝帘影斜,酒寒香薄有惊鸦。含情不语春宵事,月露微微尚落花。
>
> 紫玉红绡暖翠帷,夜深犹绾绿云丝。独怜唱尽金缕曲,寄与春风总不知。

寅恪案:此题虽列在《属玉堂集》中,然其后第七题为《渡江》,有"落叶纷纷到玉京"及"北雁背人南去尽"之句,第八题为《江都绝句同让木赋》,故知《青楼怨》乃在崇祯六年癸酉九月卧子偕宋徵璧赴京会试以前,大约是六年春季所赋。此题二首虽是摹拟王龙标之体,然第一首有"影"字,第二首有"怜"字,则其为河东君而作可无疑也。《陈忠裕全集》一五《陈李唱和集》又有《春游(七律)八首》,其中多有"云"字,又有"杨""影"等字,此八首既是绮怀之作品,复载河东君之姓名,则卧子此时之情绪可以想见也。同书一九《陈李唱和集·清明(七绝)四首》之三云"今日伤心何处最,雨中独上窈娘坟",可与河东君《戊寅草·寒食夜雨十绝句》之五云"想到窈娘能舞处,红颜就手更谁知"互相证发,则其为河东君而作,抑又可知。前论宋让木《秋塘曲》时,已及之矣。又,《陈忠裕全集》一五《属玉堂集·梦中吹箫》云"鄂君添得兰桡恨,近过扬州明月桥",及《至后三首》之三云"梦回午夜人如玉,春到江东花满城",并同书一〇《属玉堂集·寒夜行兼忆舒章(七古)》云"颇思归拥春风眠,十三雁柱秦筝前"等句,皆卧子崇祯六年往北京会试途中及抵京所作。其在扬州阅女而不当意,(李雯《蓼斋集》二五有《卧子纳宠于家身自北上复阅女广陵而不遇也寓书于予道其事因作此嘲之(七律)》云:"茂陵不与临邛并,更语相如莫浪求。"寅恪案:舒章诗用《西京杂记》三"〔司马〕相如将聘茂陵人女为妾,卓文君作《白头吟》以自绝,相如乃止"之故实,可以参证。此临邛即卓文君,殆目河东君而言。若指张孺人,则恐过于唐突矣。)故尤眷想河东君不去于怀,即前引舒章诗所谓"知君念窈娘"者也。

复次,六年冬更有可注意之诗一篇,移录于后。

《陈忠裕全集》七《属玉堂集·寒日卧邸中让木忽缄腊梅花一朵相示此江南篱落间植耳都下珍为异产矣感而赋之(五古)》云:

天寒岁方晏,朔土风无时。有客驰缄素,中更尺一辞。室迩人则远,何以寄乖离?启缄灿孤英,炯然见寒姿。问谁植此卉?戚里扬葳蕤。温室张锦幕,玉手云所私。常因清风发,怀佩慰朝饥。紫萼摘玄鬓,金屋分香褵。我家大江南,落树冰霜枝。缅想山中人,日暮对樊篱。丰容貌丘壑,冉冉羞华滋。一朝媚帝里,婉娈先春期。微物欣所托,令人长相思。

寅恪案：此篇前一题为《杂感》。其第二首有"仲冬日易晦"之句。知此篇乃崇祯六年冬卧子偕宋徵璧旅居京师，待应次年春会试之时所作。篇中所言，大约因宋氏缄示帝里之腊梅为玉手所私、金屋所分者，遂忆及江南故乡，感物怀人，不觉形诸吟咏耳。殊可注意者，此篇之后即接以《旅病》一题。综观卧子《集》中，凡关涉河东君离情别绪之作，其后往往有愁病之什，俟后论之。兹即此一端而论，亦足见卧子乃"琅邪王伯舆，终当为情死"者（见《世说新语·任诞类》"王长史登茅山"条）。然陈、杨因缘卒不善终，谁实为之，孰令致之，悲夫！

今检河东君《戊寅草》，崇祯六年所作之诗词颇不少，其与卧子有关者，古诗、乐府及词，则俟后论之；诗则有明显证据如《寒食雨夜十绝句》与卧子《陈李唱和集》中《清明四绝句》之关系等，前已论及，兹不复赘。其他诸诗，读者可取两人所作，其时间及题目约略相近及类似者详绎之，中间相互之影响，亦能窥见也。

崇祯七年甲戌春卧子会试下第归乡后，既不得志，自更致力于文字。据卧子《自撰年谱（上）》"崇祯七年甲戌"条云：

春，复下第罢归。予既再不得志于春官，不能无少悒悒，归则杜门谢客，寡宴饮，专志于学矣。是岁作古诗、乐府百余章。

但检卧子此年所作其绮怀之篇什，明显为河东君而作者颇多。又取河东君《戊寅草》中古诗、乐府与卧子此年所作，其题目相同者亦复不少。然则卧子之古诗、乐府仍是与河东君有关也。兹略论述之于下。

卧子《属玉堂集·拟古诗十九首》（《陈忠裕全集》七），河东君《戊寅草》首载《拟古诗十九首》。今检《戊寅草》诸诗排列次序,大抵依作成之时间先后。河东君崇祯六年后所作诗,反列于《拟古诗十九首》之后者。盖自昔相传《古诗十九首》为枚乘所作。《昭明文选》亦因袭旧说,列之于李陵之上。其意实推之为五言之祖(参《文选》二九《古诗十九首》李善《注》)。《河东君集》首载《拟古诗十九首》者殆即斯旨,非以作成之时间在崇祯六年以前。然则陈、杨两人《集》中,同有此题,明是同时所作,即崇祯七年所作也。此外可决定两人乐府、古诗皆在七年所作者,有《长歌行》《剑术行》。兹择录卧子《长歌行》与河东君《剑术行》于后,聊见两人酬咏相互之关系云尔。

卧子《长歌行》(《陈忠裕全集》四《属玉堂集》)云:

绮绮庭中树,春至发华滋。迟我羲和驾,念子好容姿。秋风不能待,仍随众草衰。托身时运中,一往各成悲。亮怀千秋志,盛名我所师。

仙人餐沆瀣,肌体何馨香。手持五岳行,下袭素霓裳。携手同一游,尘世三千霜。弱龄好辞翰,宛转不能忘。时诵宝鸿(鸿宝)书,谐戏群真乡。忘言违至道,罚我守东厢。

白云横仲秋,昭昭明月心。清光袭素衣,徘徊露已深。明灯鉴遥夜,宿鸟惊前林。所思日万里,临风为哀吟。河梁一闲之,在远不能寻。摘我琼瑶佩,绕以双南金。常恐馨香歇,无时寄清音。畴昔一长叹,使我悲至今。

河东君《长歌行》(《戊寅草》)云:

变瀷谷中翩,霄房有余依。念子秋岩际,炫炫西山微(薇)。绥鸟悲不回,愍草狎轻葳。盛时弄芳色,陷势无音徽。我思抱悈人,翻与幽虫微。

仙人太皎练,华髻何翩然。混遁东蒙文,光策招神渊。登此玄陇朔,读此秘宝篇。玄台拔嗜欲,握固丹陵坚。何心乘白麟,吹妙璃凤烟。灵飞在北烛,八琅弹我前。

凤昔媚华盛,明月琅玕苍。鳞枝发翠羽,双镜芙蓉光。自谓坚绸缪,翔协如笙簧。至今扬玉质,更逐秋云长。蕤蕤杂花凤,皎皎照绮鸶。朱弦勿复理,林鸟悲金塘。怅矣霜露逼,灵药无馨香。望望西南星,独我感乐方。

杨、陈两人崇祯七年所作近体诗之有相互关系者,择录数题于下。

河东君《五日雨中》(《戊寅草》)云:

苍茫倚啸有危楼,独我相思楼上头。下杜昔为走马地,阿童今作斗鸡游。(自注云:"时我郡龙舟久不作矣。")兰皋不夜应犹艳,明月为丸何所投。家近芙蓉昌歜处,怜予无事不多愁。

卧子《五日》(《陈忠裕全集》一五《属玉堂集》)云:

液池漫漫晓风吹,昌歜芙蓉绿满枝。三殿近臣齐赐扇,六宫侍女尽联丝。采虫玉树黄娥媚,斗草金铺红药宜。莫忆长安歌舞地,独携樽酒吊江蓠。

吴天五月水悠悠,极目烟云静不收。拾翠有人卢女艳,弄潮几部阿童游。珠帘枕簟芙蓉浦,画桨琴筝舴艋舟。拟向龙楼窥殿脚,可怜江北海西头。

卧子《平露堂集》又有《五日(七律)二首》(《陈忠裕全集》一六)云:

繁香杂彩未曾收,五月清晖碧玉楼。丽树浓荫宜斗草,疏帘宿雨戏藏钩。王孙条达紫金缕,小妾轻罗染石榴。自有新妆添不得,可无双燕在钗头。

画槛芙蓉一夜生,吴城雨过百花明。兰香珠幌通人远,麝粉金盘入手成。清暑殿颁纨扇丽,避风台试绛绡轻。遥传烟火回中急,更赐灵符号辟兵。

若取河东君之作与卧子《属玉堂集(中)五日》第二首相较,则两人之诗所用之韵同,所用之辞语如"阿童游"及"芙蓉昌歜"等亦同,似为两人同时所作。至卧子《平露堂集(中)五日二首》,第一首"疏帘宿雨戏藏钩"及第二首"吴城雨过百花明"等句,虽与河东君《五日雨中》之题有所符合,但仍疑是卧子崇祯八年之作品。盖"五日"天气往往有雨,或者七年、八年五日皆有雨,而七年特甚耳。牧斋《有学集》一三《东涧诗集(下)病榻消寒杂咏四十六首》之十三云:

纱縠禅衣召见新,至尊自贺得贤臣。都将柱地擎天事,付与搔头拭舌人。内苑御舟思匼匝,上尊法酒赐逡巡。按图休问卢龙塞,万里山河博易频。(自注:"壬午五日鹅笼公有龙舟御席之宠。")

寅恪案:牧斋卒于康熙三年甲辰五月二十四日。此诗当为此年五日病中感忆旧事而作,距卒前仅二十日耳。夫牧斋平生最快意之事,莫过于遇河东君。故有《病榻消寒杂咏四十六》之三十四《追忆庚辰冬半野堂文宴旧事》之作。其最不快之事,则为与温、周争宰相而不得,故亦有此作。卧子《五日》之诗言及当日京朝之事,牧斋此诗亦复如此,虽所咏有异,时代前后尤不相同。然三百年前士大夫心目中之人事恩仇、国家治乱之观念,亦可借以推见一斑矣。因并附录于此。

崇祯七年甲戌陈、杨两人作品之互有关系者,除前所论述诸篇外,卧子此年所赋诗中,其为河东君而作者亦颇不少。如《陈忠裕全集》一〇《甲戌除夕(七古)》略云"去年犹作长安客,是时颇忆江南春。惟应与客乘轻舟,单衫红袖春江水"等,即是其例。兹更录数篇,借此可见卧子钟情河东君,一至于此也。

《陈忠裕全集》一五《属玉堂集·水仙花(七律)》云:

小院微香压锦茵,数枝独秀转伤神。仙家瑶草银河近,侍女冰绡月殿新。捣玉自侵寒栗栗,弄珠不动水粼粼。虚怜流盼芝田馆,莫忆陈王赋里人。

寅恪案:此首后有《孟冬之晦,忆去年方于张湾从陆入都二首》。故知此《水仙花(七律)》乃七年冬所作。末二句可与前引五年冬《吴阊口号(七绝)》第十首后二句"芝田馆里应惆怅,枉恨明珠入梦迟"相参证也。

《陈忠裕全集》一五《属玉堂集·腊日暖甚,过舒章园亭,观诸艳作,并谈游冶二首》云:

清晖脉脉水粼粼,腊日芳园意气新。岂有冰盘堆绛雪,偏浮玉蕊动香尘。鸳鸯自病溪云暖,翡翠先巢海树春。今日剪刀应不冷,吴绫初换画楼人。

五陵旧侣重倾城,淑景年年倚恨生。紫萼不愁寒月影,红笺先赋早春行。蒯缑虚拟黄金事,班管俱怜白凤情。已近艳阳留一曲,东风枝上和流莺。

寅恪案:此题自是为河东君而作,不待多论。所可注意者,即卧子过舒章横云山别墅时,疑河东君亦与之偕游。其所观诸艳作中,河东君之作品当在其内也。第一首第七句用《才调集》五元稹《咏手》诗"因把剪刀嫌道冷,泥人呵了弄人髩"之语。余可参后论卧子《蝶恋花·春晓》词"故脱余绵,忍耐寒时节"及牧斋《有美诗》"轻寒未折绵"等句,兹暂不详论。通常寒冷节候,河东君尚不之畏,何况此年冬暖之时耶?斯乃卧子描写河东君特性之笔,未可以泛语视之。第二首第二联上句出杜子美《咏梅》诗"紫萼扶千蕊"句(见仇兆鳌《杜诗详注》一一《花底》及《柳边》两诗注),自与卧子此题后《早梅》一诗有关。下句之"早春行",当即指卧子"早春行"而言(见《陈忠裕全集》八《平露堂集》)。第三联上句出《战国策》四《齐策》及《史记》七五《孟尝君传》"冯骧"事。"黄金事"当谓藏娇之黄金屋耳。下句"白凤"用《西京杂记》二"司马相如初与卓文君还成都,居贫愁懑,以所服鹔鹴裘就市人阳昌贳酒,与文君为欢"事。前引钱肇鳌《质直谈耳》七"柳如之轶事"条,谓河东君在云间得徐三公子金钱,以供宋辕文、李存我、陈卧子三人游赏之费。是说虽未必确实,但卧子家贫,而与河东君游冶,当时赋诗固应有此种感慨。七、八两句则谓与河东君相唱酬事,其和曲即指所观诸艳作之类也。

《陈忠裕全集》一五《属玉堂集·早梅》云:

垂垂不动早春间,尽日青冥发满山。昨岁相思题朔漠,(自注:"去年在幽州也。")此时留恨在江关。干戈绕地多愁眼,草木当风且破颜。念尔凌寒难独立,莫辞冰雪更追攀。

寅恪案:卧子此诗之佳读者自知,其为河东君而作更不待言。第三句之"昨岁",指崇祯六年冬留北京候会试之时。"相思"之语,亦可与前引《寒日卧邸中让木忽缄腊梅花一朵相示(五古)》"微物欣所托,令人长相思"之结语相参证也。兹有一事可注意者,郑鹤声《近世中西史日对照表》所载,崇祯六年癸酉无立春。七年甲戌正月六日立春。十二月十七日又立春。郑《表》七年正月之立春,应列于六年十二月。其误不待言(可参后论河东君嘉定之游节)。《陈忠裕全集》将卧子此诗编为《属玉堂集·七律》最后一题。陈《集》次卷《平露堂集·七律》第一题为《乙亥元日》。由此言之,卧子《早梅》诗,当作于崇祯七年甲戌十二月立春相近之时,而在除夕以前。故卧子此诗所谓"早春"之

"春",乃指郑氏《表》中此年十二月之立春节候,并非指《表》中此年正月立春之节候而言明矣。

《陈忠裕全集》一九《属玉堂集·朝来曲二首》之一云:

晓日垂杨里,云鬟锁绛纱。自怜颜色好,不带碧桃花。

又,《古意二首》其一云:

日暮吹罗衣,玉闺未遑入。非矜体自香,本爱当风立。

其二云:

移兰玉窗里,朝暮傍红裳。同有当春念,开时他自香。

又,《长乐少年行二首》之二云:

问妾门前花,殷勤为郎起。欲攀第几枝,宛转春风里。

又,《丽人曲》云:

自觉红颜异,深闺闭晓春。只愁帘影动,恐有断肠人。

寅恪案:以上所录绝句五首,虽不能确定为何年之诗,然仍疑是崇祯七年所作。盖卧子《自撰年谱(上)》"崇祯八年乙亥"条,虽云"是岁有《属玉堂集》",若依前论《属玉堂集》中《录别》及《青楼怨》实作于崇祯六年,《水仙花》实作于崇祯七年等例观之,则卧子所谓崇祯八年有"属玉堂集"之语,亦不过崇祯八年编定《属玉堂集》之意耳。未可拘此以概《属玉堂》之诗,悉是崇祯八年所作也。兹姑附此绝句五首于七年,俟后详考。卧子此类玉台体诗可与权载之竞美,洵可谓才子矣。诗中所描写之女性,其姿态动作如"自怜颜色好,不带碧桃花"、"非矜体自香,本爱当风立"及"殷勤为郎起"、"宛转春风里"诸句,皆能为河东君写真传神者也。

《陈忠裕全集》七《属玉堂集·秋闺曲(五古)三首》之

三云：

> 非关秋易恨，惟近月为家。灭烛凝妆坐，临风抱影斜。自怜能倾国，常是傍霜华。

寅恪案：此诗前一首为《七夕》，《七夕》前逆数第三题为《录别》。前论《录别》一题实作于崇祯六年，若依诗题排列之次序而言，似此《秋闺曲》亦作于六年秋者。但《录别》一题，本卧子后来所补录而插入七年所作诗中者，未可泥是遂谓《秋闺曲》亦作于六年也。故今仍认此曲为七年之作。其诗"临风抱影斜"及"自怜能倾国"等句中，藏有"影怜"之名，自是为河东君而作无疑也。

《陈忠裕全集》一九《属玉堂集·何处（七绝）》云：

> 何处萧娘云锦章，殷勤犹自赠青棠。谁知近日多憔悴，欲傍春风恐断肠。

寅恪案：此首之前为《中秋逢闰二首》。此首后二首为《仲冬之望泛月西湖得三绝句》。考崇祯七年闰八月，故知《何处》一首乃七年所作。此可与上引《偕让木北行志慨（七古）》参证。当崇祯六年秋卧子由松江北行会试，河东君必有赠行之篇什，疑即是《戊寅草》中《送别（五律）二首》。前已论及，兹不复赘。若所推测者不误，则河东君《送别》之诗，其辞意与世俗小说中佳人送才子赴京求名时之语言有天渊之别。河东君之深情卓识，迥异流俗，于此可见一斑。由是言之，此才子虽是科不得列于状头之选，然亦不至因此而以辜负佳人之期望为恨也。卧子此诗下二句殆用元微之《莺莺传》中杨巨源《崔娘诗》所云"风流才子多春思，肠断萧娘一纸书"之语，而微易其意。或者卧子此时重睹河东君《送别》之诗，因感去秋之情意，遂赋此篇耶？俟考。

复次，今日综合河东君作品之遗存者观之，其中最可注意而有趣味者,莫如《男洛神赋》一篇。此文虽多传写讹误之处,尚未能一一校正。然以其关系重要,故姑移录之于下,并略加考论,以俟通识君子教订。

吴县潘景郑君藏河东君《戊寅草》钞本,载诗八首,《别赋》及《男洛神赋》二篇。其《男洛神赋》之文云:

友人感神沧溟,役思妍丽,称以辨服群智,约术芳鉴,非止过于所为,盖虑求其至者也。偶来寒溆,苍茫微堕,出水窈然,殆将惑其流逸,会其妙散。因思古人征端于虚无空洞者,未必有若斯之真者也。引属其事,渝失者或非矣。况重其请,遂为之赋。格日景之轶绎,荡回风之渙远。綷溁然而变匿,意纷讹而鳞衡。望嫫娟以熠耀,粲黝绮于疏陈。横上下而仄隐,实澹流之感纯。识清显之所处,俾上客其逶轮。(寅恪案:《文选》一二木玄虚《海赋》云:"于廓灵海,长为委输。"疑"逶轮"乃"委输"之讹写。)水溹溹而高衍,舟冥冥以伏深。虽藻纨之可思,竟隆杰而飞文。骋孝绰之早辩,服阳夏之妍声。于是征合神契,曲泽婉引。揽愉乐之韬映,撷凝幎而难捐。四寂寥以不返,惟玄旨之系挛。听坠危之落叶,(寅恪案:《文选》一六江文通《恨赋》云:"或有孤臣危涕,孽子坠心。"同书一七陆士衡《文赋》云:"悲落叶于劲秋。")既萍浮而无涯。(寅恪案:《海赋》云:"浮天无岸。"又云:"或乃萍流而浮转。")临泛岁之萌薀,多潋滴于肆掩。况乎浩觞之猗靡,初无伤于吾道;羊吾之吟咏,更奚病其曼连。善悽栗之近心,吹寒帷之过降。乃瞻星汉,溯河梁。云驭嶙而不敷,波窘杂以并烺。凄思内旷,撅理妙观。消曛崒于戾疾,承辉堮之微芳。伊苍傫之莫记,惟隽郎之忽忘。惊淑美之轻堕,怅肃川之混茫。因四顾之速援,始嫚嫚之近旁。何煸耀之绝殊,更妙鄢之去俗。(寅恪案:"鄢"疑当作"嫣"。)匪褕袘之嬛柔,具灵矫之烂眇。水气酷而上芳,严威沆以窈窕。尚结风之栖冶,刻丹楹之纤笑。纵鸿削而难加,纷琬琰其无睹。兔雁感而上腾,潾灏回而争就。方的砾而齐弛,邃禩暖以私纵。尔乃色愉神授,和体饰芬。启奋迅之逸姿,信婉嘉之特立。群妩媚而悉举,无幽丽而勿臻。懭乎缈兮,斯因不得而夷者也。至于浑摅自然之涂,恋怀俯仰之内;景容与以不息,质奇焕以相依。庶纷郁之可登,建艳蕤之非易。愧翠羽之炫宣,乏琅玕而迭委。即灌妙之相进,亦速流之诡词。欲乘时以极泓,聿鼓琴而意垂。播江皋之灵润,何瑰异之可欺。协玄响于湘娥,匹匏瓜于织女。(寅恪案:《文选》一二郭景纯《江赋》云:"乃协灵爽于湘娥。"同书一九曹子建《洛神赋》云:"叹匏瓜之无匹兮,咏牵牛之独处。"又,李善《注》引阮瑀《止欲赋》云:"伤匏瓜之无偶,悲织女之独勤。""汉魏六朝百三名家集"《陈思王集》一《九咏》云:"感汉广兮羡游女,扬激楚兮咏湘娥。临回风兮浮汉渚,目牵牛兮眺织女。")斯盘桓以丧忧,□凋疏而取志。微扬娥之为愆,案长眉之矈色。非仿佛者之所尽,岂漠通者之可测。自鲜缭绕之才,足以穷此澜漾之态矣。

寅恪案:关于此赋有二问题。(一)此赋实为谁而作?(二)此赋作成在何年?

(一)葛昌楣《蘼芜纪闻(上)》载王士禄《宫闺氏籍艺文考》略引《神释堂诗话》云:

〔柳〕如是当(尝)作《男洛神赋》,不知所指为谁?其殆自矜八斗,欲作女中陈思耶?文虽总(?)杂,题目颇新,亦足传诸好事者。

据此可见昔人虽深赏此赋之奇妙,而实不能确定其所指为何人也。细绎此赋命题所以如此者,当由于与河东君交好之男性名士,先有称誉河东君为"洛神"及其他水仙之语言篇什,然后河东君始有戏作此赋以相酬报之可能。(寅恪偶检《石头记》四三《不了情暂撮土为香》回,以水仙庵所供者为洛神。其三十八回为《林潇湘魁夺菊花诗》。盖由作者受《东坡集》一五《书林逋诗后(七古)》"不然配食水仙王,一盏寒泉荐秋菊"句之影响。至卧子则深鄙苏诗,所赋《水仙花》诗与此无涉,固不待辨。但《文选》一九曹子建《洛神赋》题下李善《注》云:"《汉书音义》:'如淳曰:宓妃,宓羲氏之女,溺洛水为神。'"卧子或有取于此,而以"水仙花"目河东君,亦未可知也。俟考。)考当时文人目河东君为洛神者多矣。如前引卧子《吴阊口号十首》之十云"芝田馆里应惆怅,枉恨明珠入梦迟"及《水仙花(七律)》云"虚怜流盼芝田馆,莫忆陈王赋里人",又,汪然明汝谦《春星堂诗集》三《游草》中为河东君而作之《无题》云"美女如君是洛神"等,可为例证。若河东君戏作此赋,乃是因誉己为"洛神"之男性名士而发者,则依下所考证,然明赋《无题》诗在崇祯十一年戊寅。此年然明已六十二岁。暮齿衰颜,必无"神光离合,乍阴乍阳"之姿态。故其诗亦云"老奴愧我非温峤",殊有自知之明。河东君所指之"男洛神",其非然明,固不待辨。至卧子赋《吴阊口号》,在崇祯五年壬申,年二十五岁;赋《水仙花》诗,在崇祯七年甲戌,年二十七岁。此数年间,卧子与河东君情好笃挚,来往频繁。卧子正当少壮之年,才高气盛,子建赋"神光"之句,自是适当之形容。况复其为河东君心中最理想之人耶?宜其有"男洛神"之目也。自河东君当日出此戏言之后,历三百年,迄于今日,戏剧电影中乃有"雪北香南"之"男洛神",亦可谓预言竟验者矣。呵呵!

(二)据汪然明《无题》诗"美女如君是洛神"之句,知然明赋诗时必已先见《男洛神赋》,然后始能作此语。汪诗既作于崇祯十一年秋季,则此赋作成之时间自当在此以前无疑。此赋序中有"偶来寒淑"之语,则当作于秋冬之时。河东君于崇祯八年春间与卧子同居,是年首夏离卧子别居;秋深去松江,往盛泽归家院。故八年秋冬以后数年,河东君之心境皆在忧苦中。其间虽有遇见卧子之机会,当亦无闲情逸致作此雅谑之文以戏卧子。由此言之,此赋应作于八年以前,即七年秋冬之时也。又,赋序有"友人感神沧溟",赋中有"协玄响于湘娥,匹匏瓜于织女"等语,颇疑河东君此赋乃酬答卧子《湘娥赋》之作。检《陈忠裕全集》载《湘娥赋》之前二首为《为友人悼亡赋》,其序略云:

> 同郡宋子建娶妇徐妙,不幸数月忽焉陨谢。宋子悲不自胜,命予为赋以吊之。

及同书一九《平露堂集》载《送宋子建应试金陵随至海州成婚(五言排律)》一首。考宋存标此次应试,乃应崇祯九年丙子科江南乡试。其在海州成婚,疑当在是年秋。其妻徐妙婚后数月即逝,时间至迟亦不能超过十年春间。可知卧子为子建作赋,当在崇祯十年也。若依此推论,则《湘娥赋》似为十年以后所作。但《为友人悼亡赋》之前为《琴心赋》(同书同卷),《琴心赋》之前为《秋兴赋》(同书一),其《序》略云:

> 潘安仁春秋三十有二,作《秋兴赋》。余年与之齐,援笔续赋。

又,卧子《自撰年谱(上)》"崇祯十二年己卯"条略云:

> 是岁,予春秋三十二矣。感安仁二毛之悲,遂作《秋兴赋》。

则是崇祯十二年之作品,列于崇祯十年作品之前。今《陈忠裕全集》所载诸赋,其作成之年月实不能依卷册及篇章排列之先后而推定。故《湘娥赋》虽列于《为友人悼亡赋》之后,亦不可拘此认其为崇祯十年以后之作品。殊有作于崇祯八年以前,即七年秋冬间之可能也。今以此赋作成时间无确定年月可考,姑依河东君与卧子关系之一般情势推测,附录于崇祯七年甲戌之后。尚待他日详考,殊未敢自信也。此赋传写既有讹脱,复惭俭腹,无以探作者选学之渊深,除就字句之可疑者及出处之可知者,略著鄙意,附注于原文之下外,兹举此赋辞语之可注意者,稍述论之于下。赋云:

骋孝绰之早辩,服阳夏之妍声。

寅恪案:河东君以"孝绰"及"阳夏"比"感神沧溟"之"友人"。检《梁书》三三《刘孝绰传》(参《南史》三九《刘孝绰传》)略云:

孝绰幼聪敏,七岁能属文。舅齐中书郎王融深赏异之。常与同载适亲友,号曰神童。〔父〕绘齐世掌诏诰,孝绰年未志学,绘常使代草之。

《宋书》六七《谢灵运传》(参《南史》一九《谢灵运传》)略云:

谢灵运,陈郡阳夏人也。幼便颖悟。少好学,博览群书。文章之美,江左莫逮。

同书五三《谢方明传》附惠连传(参《南史》一九《谢方明传》附子惠连传)云:

子惠连,幼而聪敏。年十岁能属文。

《南齐书》四七《谢朓传》(参《南史》一九《谢裕传》附朓传)云:

谢朓,字玄晖,陈郡阳夏人也。少好学,有美名。文章清丽。

然则河东君心目中之刘、谢为何人耶?见卧子《自撰年谱(上)》"万历四十六年戊午"(寅恪案:是年卧子年十岁)条云:

先君(寅恪案:卧子父名所闻)教以《春秋三传》《庄》《列》《管》《韩》《战国》短长之书,意气差广矣。时予初见举子业,私撰《伯夷叔齐饿于首阳之下》及《尧以天下与舜》二篇。先君甚喜之。

同书"天启元年辛酉"条略云:

先君得刑部郎,改工部郎。每有都下信,予辄上所为文于邸中,先君手为评驳以归。择其善者以示所亲或同舍郎。是时,颇籍籍,以先君为有子矣。

《明史》二七七《陈子龙传》云:

生有异才。工举子业,兼治诗赋古文,取法魏晋,骈体尤精。

故河东君取刘、谢以方卧子,殊为适当。后来河东君于崇祯十三年《与汪然明书》(《柳如是尺牍》第二十五通。见下所论)称誉卧子云:

间悟遏地。有观机曹子,切劘以文。其人邺下逸才,江左罕俪。

又可与此赋所比配者参证也。夫卧子以才子而兼神童,河东君以才女而兼神女。才同神同,其因缘遇合,殊非偶然者矣。论者或疑宋辕文亦云间世胄,年少美才,与河东君复有一段寒水浴之佳话。此"出水芙蓉"(可参《文选》一九曹子建《洛神赋》"灼若芙蕖出渌波"句)足当男洛神之目而无愧。但此赋序云"友人感神沧溟",赋中又有"协幺响于湘娥,匹匏瓜于织女"之语。今卧子《集》内实有《湘娥赋》一篇,与河东君所言者相符应。而辕文作品中,尚未发见与《男洛神赋》有关之文。职是之故,仍以男洛神属之卧子,而不以之目辕文也。噫!卧子抗建州而死节,辕文谀曼殊以荣身。孔子曰:"不有祝鮀之佞,而有宋朝之美,难乎免于今之世矣。"(《论语·雍也篇》)岂不诚然哉？岂不诚然哉？

又，此赋云：

听坠危之落叶，既萍浮而无涯。

寅恪案：此两句出处，已于上录此赋原文句下标出，不待更论。盖河东君取材于江、陆《赋》语，自比于孤臣孽子，萍流浮转。《男洛神》一赋，其措辞用典，出诸昭明之书，似此者尚多，不遑详举。由此言之，河东君受卧子辈几社名士选学影响之深，于此亦可窥见一斑矣。复检《戊寅草》中有《听钟鸣》及《悲落叶》二诗，绎其排列次序，似为崇祯六年癸酉所作。若推测不误，则此赋之语亦与《悲落叶》诗有关，此两诗实为河东君自抒其身世之感者，其辞旨尤为凄恻动人。故移录之于下，当世好事者，可并取参读之也。

《听钟鸣(并序)》云：

钟鸣叶落，古人所叹。余也行危坐戚，恨此形骨久矣。况乎恻恻者难忘，幽幽者易会。因仿世谦之意，为作二词焉。

听钟鸣，鸣何深。妖栏妍梦轻。不续流苏翠羽郁清曲，乌啼正照青枫根。一枫两枫啼不足，鹍弦烦激犹未明。凄凄朒朒伤人心。惊妾思，动妾情。妾思纵陈海唱弯弧，君不得相思树下多明星。(寅恪案："动妾情"下疑有脱误，未能补正。)用力独弹杨柳恨，尽情啼破芙蓉行。月已西，星已沉。霜未息，露未倾。妾心知已乱，君思未全生。情有异，愁仍多。昔何密，今何疏。对此徒下泪，听我鸣钟歌。

《悲落叶》云：

悲落叶，重叠复相失。相失有时尽，连翩去不息。鞞歌桂树徒盛时。乱条一去谁能知？谁能知，复谁惜？昔时荣盛凌春风，今日飒黄委秋日。凌春风，委秋日。朝花夕蕊不相识。悲落叶，落叶难飞扬。短枝亦已折，高枝不复将。愿得针与丝，一针一丝引意长。针与丝，亦可量。不畏根本谢，所畏秋风寒。秋风催（摧？）人颜，落叶催（摧？）人肝。眷言彼姝子，落叶诚难看。

寅恪案：世谦者，南北朝人兰陵萧综之字。其所作《听钟鸣》及《悲落叶》两词，见《梁书》五五《豫章王综传》。关于综之事迹，可参《南史》五三《梁武帝诸子传·豫章王综传》、《魏书》五九《萧宝夤传》附宝夤兄子赞传、《北史》二九《萧宝夤传》附赞传及《洛阳伽蓝记》二"城东龙华寺"条。至河东君之以世谦自比，是否仅限于身世飘零、羁旅孤危之感，抑或其出生本末更有类似德文者，则未能详考，亦不敢多所揣测也。

复次，上论河东君之《男洛神赋》为酬答卧子之《湘娥赋》而作。若此假定不误，可知《男洛神赋》中"协玄响于湘娥，匹匏瓜于织女"之句乃此赋要旨所在。即陆士衡所谓"立片言而居要，乃一篇之警策"者也（见《文选》一七陆士衡《文赋》）。然则《男洛神》一赋，实河东君自述其身世归宿之微意，应视为誓愿之文、伤心之语。当时后世，竟以佻侻游戏之作品目之，诚肤浅至极矣。特标出之，以告今之读此赋者。

附：河东君嘉定之游

此期河东君与卧子之关系，已如上述。兹附论河东君此期嘉定之游。就所见材料言之，河东君嘉定之游，前后共有二次。一为崇祯七年甲戌暮春至初秋。二为崇祯九年丙子正月初至二月末。今依次论述之。虽论述之时间，其次序排列先后有所颠倒，然以材料运用之便利，姑作如此结构，亦足见寅恪使事属文之拙也。

河东君第一次所以作嘉定之游者，疑与谢三宾所刊之《嘉定四君集》有关。其中程嘉燧《松圆浪淘集》首谢三宾《序》后附记云：

庚午春日，莆阳宋穀书于垫巾楼中。

及马元调为谢氏重刻《容斋随笔》卷首《纪事一》略云：

去年春，明府勾章谢公刻子柔先生等集，工匠稿不应手，屡欲散去。元调实董较勘，始谋翻刻，以寓羁縻。崇祯三年三月朔，嘉定马元调书于僦居之纸窗竹屋。

据此《嘉定四君集》刻成在崇祯三年春季，崇祯七年河东君在松江，其所居之地距嘉定不远，经过四五年之时日，此集必已流布于几社诸名士之间，河东君自能见及之。如《列朝诗集》丁一三所选娄贡士坚诗，其中有《秋日赴友人席修微有作同赋》一题，足证嘉定四先生颇喜与当日名姝酬酢往还，河东君得睹此类篇什必然心动，亦思仿效草衣道人之所为。揆以河东君平生之性格及当日之情势，则除其常所往来之几社少年外，更欲纳交于行辈较先之胜流，以为标榜，增其身价，并可从之传受文艺。斯复自然之理，无待详论者也。至若嘉定李宜之与王微之关系，可参赵郡西园老人(寅恪案:此乃上海李延昰之别号)《南吴旧话录》二四《闺彦门》"王修微"条及附注,兹不详引。又检《有学集》二〇李缁仲《诗序》所言"青楼红粉,未免作有情痴"及申论伶玄"淫乎色,非慧男子不至"之说,疑即暗指李、王一段因缘。牧斋于王修微本末多所隐饰。如《列朝诗集》闰四《草衣道人王微小传》,不言其曾适茅元仪及后适许誉卿复不终之事实。(见《明诗综》九八妓女门《王微小传》。)盖为挚友名姝讳。其作缁仲《诗序》亦同斯旨也。

河东君第一次作嘉定之游,虽应有介绍之人,然今既不易考知,亦不必详究。但其作第二次之游则疑与第一次有别,即除共嘉定耆宿商讨文艺之外,更具有"观涛"之旨趣(见后论河东君《与汪然明尺牍》第二十五通)。故就河东君择婿程序之地域与年月之关系约略言之,崇祯八年秋晚以前,为松江时期。八年秋晚以后至九年再游嘉定复返盛泽归家院,为嘉定盛泽间时期。十一年至十三年十一月,为杭州嘉兴时期。此后则至虞山,访牧斋于半野堂,遂为一生之归宿。风尘憔悴,奔走于吴越之间,几达十年之久。中间离合悲欢,极人生之痛苦。然终于天壤间得值牧斋,可谓不幸中之幸矣。古人有言:"士为知己者死,女为悦己者容。"(见《战国策》六《赵策》、《史记》八六《刺客传·豫让传》、《汉书》六二《司马迁传》及《文选》四一司马子长《报任少卿书》等。)河东君以儒士(见《牧斋遗事》"国朝录用前期耆旧"条所述牧斋戏称河东君为柳儒士事)而兼侠女,其杀身以殉牧斋,复何足异哉?

河东君首次嘉定之游,今仅从程松圆诗中得知其梗概。唐叔达时升虽亦有关涉此事之诗,但《嘉定四君集》刻成于崇祯三年春季,故唐氏所赋之诗未能收入,殊为可惜。更俟他日详检旧籍,倘获见唐氏诸诗,亦可弥补缺陷也。

上海合众图书馆藏《耦耕堂存稿》诗钞本上、中、下三卷。其中卷载有《朝云诗八首》,(孟阳之婿孙石甫介藏钞本,题作《艳诗》。刻本钞补题作《朝云诗》。此原钞本,本题《朝云诗》,旁用朱笔涂改"伎席"二字。孙石甫事迹可参光绪修《嘉定县志》一八《金望传》,及同书一九《金献士传》并《有学集》一八《耦耕堂集序》等。)《列朝诗集》丁一三《松圆诗老程嘉燧诗》,虽选《朝云诗》,但止《耦耕堂存稿》诗此题之前五首,而无后三首。兹全录《耦耕堂存稿》诗中此题八首,略就其作成时间及河东君寓居地点,并与河东君共相往来酬和诸人,分别考述之于下。

今综合松圆在崇祯七年甲戌一年内所作诸诗排列次序考之,《朝云诗八首》殊有问题。此题之前诸题,自《甲戌元日闻鸡警悟》,即《朝云诗》前第十五题,为崇祯七年所赋第一诗。其他诸题如《朝云诗》前第十二题为《花朝谭文学载酒看梅,复邀泛舟,夜归即事》,前第九题为《三月晦日过张子石留宿,同茂初兄作》,前第六题为《四月二日过鲁生家作》。此皆注明月日,与诗题排列次序先后符合,甚为正确,绝无疑义。但《朝云诗》前第二首《送侯豫章之南吏部》,(寅恪案:"章"应作"瞻"。)据《侯忠节公〔峒曾〕集》首附其子所编《年谱》"崇祯七年甲戌"条云"是冬十一月之官南中",《朝云诗》前第一题为《和韵送国碁汪幼清同侯铨曹入京,先柬所知》中有"归装岁暮停"之句。又,《朝云诗》后第三题《邹二水知郡,枉访有赠》,题下自注云:"南皋公孙,由汝上,流寓京口。"据《耦耕堂存稿》诗自序云:"甲戌冬,余展闵氏妹墓于京口五州山下。"初视之,似《朝云诗八首》乃崇祯七年冬季所作。细绎之,诗中所言景物不与冬季相合。《耦耕堂存稿》诗钞本《朝云诗》第七首上有朱笔眉批云:"八诗自晚春叙及初秋,时序历历可想。"此批虽不知出自何人之手,但即就此题第一首第一句"买断铅红为送春"及第七首第一句"针楼巧席夜纷纷"之语观之，可证其言正确，不必详察其余诗句也。然则此题诸诗必非一时所赋，乃前后陆续作成者。岂此题诸诗作成之后复加修改，迟至冬季始告完毕，遂编列于崇祯七年冬季耶？更有可注意者，此题八首诗中，前五首与后三首，虽时节气候相连续，然此后三首中所述款待河东君之主人，皆在其城内寓所。主人固非一人，但直接及间接与唐叔达有关。颇疑此题前五首为前一组，此题后三首为后一组。此后一组与此题八首后一题之《今夕行》，复有密切相互之关系。牧斋编选《列朝诗集》，择录《朝云诗》前五首，而遗去《朝云诗》后三首及《今夕行》。何以不为孟阳讳转为叔达讳，其故今未敢臆测。然《朝云诗》后三首及《今夕行》，与《朝云诗》前五首所赋咏者有别，亦可据此以推知矣。

今欲考此次河东君嘉定之游，所居住游宴之地，必先就程孟阳嘉燧、唐叔达时升、张鲁生崇儒、张子石鸿磐、李茂初元芳、孙火东元化诸人居宅或别墅所在，约略推定，然后松圆为河东君此次游练川所作绮怀诸诗，始能通解也。

程松圆嘉燧《耦耕堂集自序》云：

天启〔五年〕乙丑五月由新安至嘉定，居香浮阁。宋比玉〔万历四十八年〕庚申度岁于此，梅花时所题也。〔崇祯三年〕庚午四月，携琴书至拂水，比玉适偕，钱受之属宋作八分书"耦耕堂"，自为之记。〔崇祯五年〕壬申春，二子移居西城。余偶归，而唐兄叔达适至，因取杜诗"相逢成二老，来往亦风流"之句颜西斋曰"成老亭"。先是〔崇祯四年〕辛未冬娄兄物故，已不及见移居。〔崇祯七年〕甲戌冬，余展闵氏妹墓于京口五州山下，过江还则已逼除，因感老成之无几相见，遂留此，日夕与唐兄寻花问柳东邻西圃，如是者二年,而唐兄亦仙去。

光绪修《嘉定县志》三〇《第宅园亭门》云:

> 垫巾楼,辅文山后,积谷仓前。员外郎汪明际辟,为程嘉燧、宋珏辈觞咏之所。

同书一九《汪明际传》略云:

> 汪明际,字无际,一字雪庵。弱冠名籍甚,精易学,工诗画。万历戊午举于乡,选寿昌教谕。(寅恪案:乾隆修《严州府志》一〇《官师表》,载明崇祯间寿昌县教谕,有"汪无际,嘉定人"。)读书魏万山房,倡导古学。迁国子学录,历都察院司务,营缮司主事,晋员外郎。督修京仓,以疾告归。给谏邹士楷遗书劝驾,拟特疏荐举,辞。后以同官接管误工,拜杖死。子彦随,字子肩,工画。崇祯〔六年〕癸酉副榜。痛父冤殁,终身庐墓。

徐沁明《画录》五云:

> 汪明际,字无际,余姚人,占籍华亭。登乡荐。画山水,苍凉历落,笔致秀逸,以士气居胜。

寅恪案:孟阳以新安人侨寓嘉定,虽早欲买田宅于练川,而未能成。(见《松圆浪淘集·总目》"蓬户卷四"目下注云:"〔万历二十三年〕乙未正月葬毕还吴,同孙三履和至梁宋间。〔二十四年〕丙申,〔二十五年〕丁酉,皆闲居,日从丘〔子成集〕、张〔茂仁应武〕二丈,唐〔叔达时升〕、娄〔子柔坚〕二兄晤言,有《蓬户诗》。买田城南未成。"及《空斋卷五》载《买田宅未成戏为俚体》诗,首二句云:"城南水竹称幽情,几念还乡买未成。")故在崇祯五年春,移居西城以前,往往寄居友人别业。其在嘉定寓居之垫巾楼,亦略同于常熟拂水山庄之耦耕堂。耦耕堂之得名,已详载于《初学集》四五《耦耕堂记》。垫巾楼之名亦与此相同,实出孟阳友人所题,而非松圆所自名也。《后汉书·列传》五八《党锢传·郭太传》云:

> 尝于陈梁间行,遇雨,巾一角垫。时人乃故折巾一角,以为林宗巾。其见慕如此。

盖孟阳以山人处士之身份,故可借林宗之故事以相比。若孟阳本人,似不应以此名自夸。至于汪无际后来由乡荐,(寅恪案:光绪修《嘉定县志》一四《选举志·科贡门》"举人"栏,万历四十六年戊午载有汪明际之名。)仕至员外郎,其在孟阳僦居之前,尚希用世,更不宜即以处士终身之林宗自况,亦甚明矣。然则此楼之名,岂汪氏特为松圆而命耶?俟考。

复次,取《松圆浪淘集·总目》"春帆卷十三"下注略云:"〔万历四十年〕壬子秋僦居城南垫巾楼,与唐子孟先同舍并居。〔四十一年〕癸丑冬宋比玉〔珏〕至。"并《春帆集》中《移居城南送李缁仲〔宜之〕乡试并寄〔龚〕仲和〔方中〕》《垫巾楼中宋比玉对雪鼓琴》两题,及《松寥卷十四·元日同唐孟先垫巾楼晏坐》,又,前引《浪淘集》首谢三宾《序》后附"庚午春日,莆阳宋毂书于垫巾楼中"及孟阳《耦耕堂集自序》"〔崇祯五年〕壬申春,二子移居西城"等语,综合观之,则知孟阳自万历四十年秋至崇祯五年春,二十年间,其在嘉定,乃寄居汪无际城南之垫巾楼,而与崇祯五年春间以后所移居之西城寓所非同一地,自与河东君嘉定之游不相关涉者也。盖昔人"城南"一词,习指城墙以外之南方而言,如《辛氏三秦记》"城南韦杜,去天尺五"及孟棨《本事诗·情感类》"博陵崔护"条"清明日,独游都城南,得居人庄"等,可为例证。孟阳习于旧籍成语,自故用此界说。至其所谓西城,则指城内之西部。由是言之,"城南"与"西城",其间实有城墙之隔离也。此点似无足关轻重，但以与河东君在嘉定居住游宴之问题有关，且孟阳诗中屡见"垫巾楼"之名，易致淆混，遂不避烦琐，先辨之如此。余可参下论唐时升园囿条等。

《列朝诗集》丁一三上《唐处士时升小传》略云：

时升，字叔达，嘉定人。少有异才，未三十谢去举子业，读书汲古。通达世务，居恒笑张空拳、开横口者，如木骝泥龙，不适于用。酒酣耳热，往往捋须大言曰："当世有用我者，决胜千里之外，吾其为李文饶?!"太原公（寅恪案：指王锡爵）执政，叔达偕其子辰玉读书邸中。（寅恪案：辰玉者，指王锡爵之子衡。见《明史》二一八《王锡爵传》。）天下渐多事，上言利病者纷如。叔达私议，某得某失，兵农钱谷，具言其始终沿革，若数一二。东西构兵万里外，羽书旁午，独逆断其情形虚实，将帅成败，已而果然。先帝即位，余以詹事召还。叔达为文赠余，备陈有生以来所见闻兵革之事，谓今日聚四方之武勇，转九州之税敛，与一县之众角，已十年而不得其要领。国初所以收群策群力定乱略致太平，公之所详也，其可为明主尽言乎！或谓广厦细旃，非论兵之地，则汉之贾谊，唐之李泌、陆贽、李绛，独何人哉？余未几罪废，不克副其望，而叔达之穷老忧国为何如也！家贫好施予，锄舍后两畦地，剪韭种菘。晚年时闭门止酒，味庄列之微言，以养生尽年。语及国事，盱衡抵掌，所谓精悍之色犹著见于眉间也。

黄世祚等修《嘉定续志》附前志一九《人物志·文学门·唐时升传》考证云：

时升工山水。有《西隐寺纳凉册》六幅，随意挥洒，颇得云林天趣。自题云："余不善画，亦不工书。〔万历十九年〕辛卯长夏,避暑西隐之竺林院。山窗无事,用遣岑寂,非敢与前人计争巧拙也。留与元老禅兄一笑。"程庭鹭、施锡卫皆有跋。又,宋道南曾见先生画幅,石摹子久,树仿云林,颇神似。

光绪修《嘉定县志》三〇《第宅园亭门》"处士唐时升宅"条云:"北城。"其后附张鹏翀(寅恪案:鹏翀嘉定人。事迹见《嘉定县志》一六《宦迹门》及《清史稿》五〇九《艺术传》等。又,《嘉定县志》二七《艺文志·别集类》载:"《南华山人诗钞》十六卷,张鹏翀著。")《过叔达先生故居》云:

> 吾乡四先生,程、李、娄与唐。阅世未百年,遗迹多苍茫。惟有唐翁居,犹在北郭旁。今朝好风日,邻曲春酒香。招呼共娱乐,醉步校猎场(寅恪案:"校猎场"谓演武场也)。回桥俯清溪,新柳三两行。宛然幽人姿,疏梅出颓墙。叩门伫立久,春风为低昂。入门抚奇树,云已百岁强。念此手泽存,剪拜毋敢伤。更有古桂花,四时自芬芳。先生手摩挲,黄雪名其堂。庭之枣纂纂,河之水洋洋。灌园足自给,不藉耕与桑。(下略。)

同书同卷"唐氏园"条云:

> 演武场西。中有梅庵,娱晖亭。有土阜名紫萱冈。架石为读书台,亦名琴台。唐时升辟。

同书二《官署门》"演武场"条云:

> 旧在西门外,高僧桥西。今在西城七图。基地三十三亩七分三厘九毫。明正统二年,巡抚周忱建广储库,贮官布。嘉靖十五年,知县李资坤改演武场。二十三年,知县张重增筑外垣,建讲武堂。垣与堂久废。国朝因之。(寅恪案:《嘉

定县志》三〇《古迹门》"城头"条附张陈典《寻疁城故址》诗云:"有元于此地,曾设演武场。"可知嘉定县之演武场乃元代所建,本在城外。明嘉靖十五年改西城内之广储库为演武场。故今《嘉定县志》卷首县城图所绘演武场,即在城内。唐氏园东之演武场,自应在城内。恐读者误解,特附识于此。又,《嘉定县志》三二《轶事门》载崇祯中诸生王绂《同朱介繁观演武场团练》诗,并可参阅,以资谈助。)

同书三一《寺观门·县城》"西隐寺"条略云:

西城七图。元泰定元年僧悦可建。明万历十八年僧存仁修。徐学谟、张其廉增创竺林院藏经阁。

《列朝诗集》丁一三唐处士时升《园中十首》,其二云:

自为灌园子,职在耒耨间。秋来耕耨罢,独往仍独还。河水清且涟,紫蓼被其湾。踌躇落日下,聊用娱心颜。瓠叶黄以萎,其下生茅菅。遂恐穿堤岸,嘉蔬受扳援。丁宁戒僮仆,耰锄当宿闲。宴安不可为,古称稼穑艰。

其六云:

昔我游京华,达者日晤言。著书三公第,开宴七贵园。中心既无营,澹若蓬荜门。归来治环堵,无计以自温。批葱疏平圃,种薤满高原。不辞筋力尽,所苦人事繁。虽有方丈食,不如一壶餐。非力不自食,大哉此道尊。

同书同卷《题娱晖亭四首》(《嘉定四君集》中《三易集》,此题原为八首)云:

负郭家家水竹,残春处处烟花。开尊欲栖鸟雀,举网频得鱼虾。

> 春霁耰锄札札,昼长棋局登登。行就南邻酒伴,立谈北寺归僧。(寅恪案:"北寺"当指西隐寺。)
> 风拗藤丝脱树,雨余柳絮为萍。闲居莫来莫往,小酌半醉半醒。
> 鹊喜携尊新客,鱼迎散食小僮。冈腰暮霭凝碧,(寅恪案:此指紫萱冈。)水面残阳漾红。

《耦耕堂存稿》诗卷中《赠西邻唐隐君诗》云:

> 西家清池贯长薄,中垒岑隅望青郭。仲长岂羡帝王门,樊须自习丘园乐。春前土菘美如玉,雨后露茄甘胜酪。邻翁拾果换金钱,溪鸟衔鱼佐杯勺。君家老兄山泽儒,诗文咳唾成玑珠。长篇短句杂谣咏,名(如?)君乐事世所无。山中旧业今乌有,十年衣食常奔走。归来虽曰耦耕人,儿女东西不糊口。茅斋稻畦村巷东,花时招我邻舍翁。今年春秋富佳日,药阑芰沼连桂丛。安得逐君种鱼蓺韭仍披葱,不愿吹竽列鼎兼鸣钟。

寅恪案:牧斋言叔达"锄舍后两畦地,剪韭种菘",可知其园圃与居舍相连接,实为一地。其地乃位于嘉定县城内之西北区。《嘉定县志》所载"唐时升宅"条,谓在北城。张抑斋诗谓在"北郭旁"。但同书"演武场"条及"西隐寺"条谓演武场及西隐寺俱在西城。盖唐氏宅圃之位置,实在城内之西北区,故可言在北城,亦可言在西城也。孟阳崇祯五年春以后移居西城,作叔达兄弟之东邻。(此据松圆崇祯七年甲戌所赋《赠西邻唐隐君》诗,假定唐隐君为叔达之兄弟行,因而推得之结论。如唐隐君非叔达之兄弟行,则须更考也。又,前引孟阳《耦耕堂集自序》云:"日夕与唐兄寻花问柳东邻西圃,如是者二年。""东邻"孟阳自指,"西圃"指叔达。斯亦孟阳所居实在叔达园圃东之一旁证也。又,孟阳《序》中所谓"寻花问柳"疑别有含义耶?一笑!)又据孟阳《今夕行》"南邻玉盘过(送)八珍"(见下引此诗全文并附论),则孟阳所居复在叔达宅囿之北,若详确言之,则叔达实为孟阳之西南邻,不过孟阳省去"西"字耳。昔人赋咏中涉及方位地望者,以文字、声律、字句之关系,往往省略一字,如《三国志》五四《吴书》九《周瑜传》裴《注》引《江表传》述黄盖诈降曹操事云:"时东南风急。"《全唐诗》第八函杜牧四《赤壁(七绝)》云:"东风不与周郎便,铜雀春深锁二乔。"盖牧之赋七言诗,以字数之限制,不得不省"东南风"为"东风"。实则当时曹军在江北,孙军在江南,"东"字可省,而"南"字不可略。今俚俗"借东风"之语,已成口头禅,殊不知若止借东风,则何能烧走曹军?倘更是东北风者,则公瑾、公覆转如东坡《念奴娇·赤壁怀古》词所谓"灰飞烟灭",而阿瞒大可锁闭二乔于铜雀台矣。一笑!兹因考定孟阳与叔达居宅所在,附辨流俗之误于此。博识通人或不以支蔓见讥耶?

光绪修《嘉定县志》三〇《第宅园亭门》"逦园"条(参张承先《南翔镇志》一一《园亭门》"逦园"条)云:

> 鹤槎山西,张崇儒辟。为程嘉燧、宋珏辈觞咏之所。亭名"招隐"。植桂数十株。(《南翔镇志》作"老桂四十株"。)宝珠山茶,百余年物。
> 程嘉燧诗:"秋月当门秋水深,岸花寂历野虫吟。西窗旧事人谁在,溪雨梧风夜罢琴。"(寅恪案:此诗见《松圆浪淘集春帆十三》,题作《八月夜过鲁生题扇》。)

张承先《南翔镇志》六《文学门·张廷械传》略云:

> 张廷械,字子薪,兵部郎楸族子。工诗文,与李孝廉流芳、程山人嘉燧为友。族孙崇儒字鲁生,筑招隐亭,名流多过从觞

咏,风致可想见云。

同书一一《园亭门》"薖园"条附杨世清《薖园耆英会诗序》略云:

> 溪北三里张氏薖园在焉。中有招隐亭,植桂数十本,间以梅杏,环以翠筱,真幽人之居也。昔长琴山人雅与松园(圆)诗老长蕍先生辈善,时时过从,觞咏弗绝。所谓数十株者,固已干霄合抱,偃蹇连蜷。花时一林黄雪,香闻数里。予时一寓目,窃叹前辈宴游,未觏此盛。予屡欲偕耆年过之,每届花时,辄以他阻。〔康熙三十年〕己未秋闰乃得邀〔柯〕集庵〔时〕萍庵诸老偿宿愿焉。

光绪修《嘉定县志》三〇《第宅园亭门》"孙中丞元化宅"条云:

> 西城拱六图,天香桥。
> 孙致弥《友人见访不识敝居》诗:"平桥丛桂近诸天,小巷垂杨记隐仙。雨过清池常贮月,云深乔木不知年。抱琴人立香花外,洗砚僮归草色边。迟尔清尊同啸咏,莫因兴尽又回船。"
> 原注:"桥因薖园丛桂得名,西有法华庵。"据此,则隐仙巷别有薖园,未详谁筑。

同书一六《宦迹门·孙致弥传》略云:

> 孙致弥,初名翔,字恺似,一字松坪。明登莱巡抚元化孙。父和斗,字九野,一字锺陵。笃于孝友,埋名著述,不与世故。元化旧部曲多贵显,讽之仕,不应。尝经理侯峒曾家事,计脱陈子龙遗孤,有古人风。致弥才思藻逸,书法逼似董文敏,诗词跌宕流逸。总纂《佩文韵府》,书垂成而卒,年六十八。(寅恪案:《佩文韵府》首载清圣祖《序》云:"〔康

熙〕五十年十月全书告成。"又,孙和斗计脱陈子龙遗孤事,可参杨陆荣编《三藩纪事本末》四《杂乱门》"顺治四年丁亥四月松江提督吴兆胜据城以叛"条。其文云:"二十四日大兵至松江,执子龙于广富林。子龙乘间赴水死。出其尸戮之。子特陈方五岁,亦论杀。"据《陈忠裕全集》王沄续《卧子年谱》及沄撰《张孺人三世苦节传》,卧子之子名巃,字孝岐,生于崇祯十七年甲申冬。今杨氏书以特陈为子龙子之名,又谓顺治四年其年"方五岁",皆与王氏所言不同,自是讹误。《三世苦节传》又云:"〔张孺人〕抱孤儿,变姓氏,毁容羸服,远避山野,如是者累岁,巃始成立。孺人乃还故乡。"则疑张孺人实避居嘉定,而九野乃保存陈氏孤儿之人。特胜时作《传》时,有所忌讳,不欲显言之耳。《志传》言九野父之旧部曲多贵显,讽之仕,终不应。盖火东旧部如孔有德、耿仲明等,皆为辽东人于明末降清者,且初阳官登莱巡抚,以用辽人之故,遂有孔、耿之叛,竟坐此弃市。及建州入关,此辈辽人降将在新朝为显贵。九野虽不仕清,当亦可间接借其势力以庇护陈氏遗孤也。复据《清史稿》二四〇《耿仲明传》,仲明以部卒匿逃人,畏罪自经死。然则清初法制严酷如此,王氏隐讳保存陈氏遗孤者之姓名,更有不得已之苦衷也。检《初学集》五一有《都察院右副都御史巡抚山东徐公墓志铭》,其文略云:"公姓徐氏,嘉兴海盐人也,讳从治,字仲华。崇祯四年辛未起山东武德道兵备,及淮,而孔有德叛,攻陷济南六邑。倍道宵征赴监军之命于莱。无何拜都察院右副都御史,巡抚山东。二月朔与莱抚谢公琏同日受事,即日贼已抵城下。四月十六日〔贼徒〕架〔孙〕元化所遗西洋大炮,攒击城西南隅,势甚厉。公方简阅丁壮,指麾出战,炮中颡额,身仆血胔中。莱抚驰而抚之,绝矣。"考牧斋此文,乃据方拱乾所撰《仲华行状》而作,与管葛山人,即海盐彭孙贻之《山中闻见录·徐从治传》,俱出一源,惟骏孙作《传》,兼采钱氏之文,故微有不同耳。仲华主剿,初阳主抚,旨趣大异,于此姑不置论。所可注意者,则徐氏之死实因孙氏所遗之大炮所致一事也。又,初阳用辽丁三千驻防登州之本末,可参《嘉定县志》三二《轶事门》关于"孙中丞元化"诸条。其中引赵俞之言曰:"火攻之法,用有奇效。我之所长,转为厉阶。"此数语实为明清兴亡之一大关键,以其越出本文范围,兹不具论。至满洲语所以称"汉军"为"乌珍超哈",而不称为"尼堪超哈"者,推原其故,盖清初夺取明室守御辽东边城之仿制西洋火炮,并用降将管领使用,所以有此名号。此点可参清《文献通考》七七《职官考》及一七九《兵考》。《清史列传》四《佟养性传》及七八《祝世昌传》。《清史稿》二三七《佟养性传》及二四五《祝世昌传》。并《茶余客话》六"红衣袍"条等。倘读者复取《儿女英雄传》第四十回中,安老爷以"乌珍"之名命长姐儿之叙述互证之,则更于民族兴亡之大事及家庭琐屑之末节,皆能通解矣。又偶检《梅村家藏稿》二八《宋直方〔徵舆〕林屋诗草序》,其中以嵇康比陈卧子,山涛比宋辕文,自比向秀、阮籍。据此推知,辕文当有暗中协助卧子遗孤之事。王胜时与辕文关系颇密,宋氏协助之事,或由王氏间接为之耶?"

同书一三《寺观门·县城》"西隐寺"条云:

西城七图。

同书二《街巷门》"隐仙巷"条云:

西隐寺西南。

同书同卷《津梁门》"天香桥"条云：

> 演武场西南。跨清镜塘。

又，"听莺桥"条云：

> 西隐寺前跨东库泾，名宝莲。元僧悦可建。明僧秉厚重建。程嘉燧更今名。

同书三〇《古迹门》"鹤槎山"条云：

> 南翔北三里。韩世忠所筑烽墩。建炎四年世忠由平江移军海上县境中，营势联络，故多遗迹。土人掘地得瓶，名"韩瓶"，云是军中酒器。黄渡朱家村旁新河底尤多。

同书同卷同门"城头"条云：

> 龚志云，在县南二十里，周围二顷。中有殿址，旧传风雨之夕，尝闻音乐，或见仙女环走，未详何人所筑。今俗呼"城头"。

《列朝诗集》丁一三唐处士时升《田家即事四首》之一云：

> 江村女儿喜行舟，江上人家吉贝秋。缘岸荻花三四里，石桥南去见城头。

《嘉定县志》一《市镇门》"南境南翔镇"条略云：

> 县治南二十四里，宋元间创，以寺名。东西五里，南北三里。布商辏集，富甲诸镇。其地有上槎、中槎、下槎三浦，故又名槎溪。或言张骞乘槎至此，附会之说也。

《松圆浪淘集》"雪江十五"《八月过邁斋留宿》云：

> 江浅潮仍涨，城南放舸轻。园林长偃卧，水竹自逢迎。桂满华轮缺，眭香白露盈。酒阑闻曲后，愁绝独沾缨。

《耦耕堂存稿》诗中《〔崇祯七年甲戌〕四月二日过鲁生家作》云：

> 多年不复到南村，水木依然竹亚门。剩客旧题留几阁，故人兼味具盘飧。莺啼乔木知春晚，蜂绕藤花得日暄。同上小航重笑语，前溪纤月正黄昏。

同书下《〔崇祯十二年己卯〕四月同潘方儒郑彦逸再过鲁生蔺斋》（寅恪案：此题前第五题为《元旦和牧斋韵》，前第四题为《同泰和季公惜别用前韵》，前第二题为《瞿稼轩五十》，前第一题为《送别萧伯玉》。检《初学集·丙舍诗集（上）》，牧斋皆有与孟阳此四题相关之作。故知崇祯十二年己卯春间孟阳亦在常熟，是年首夏则已返嘉定矣）云：

> 经过已是数年余，又值清和四月初。小艇渔湾浑昔梦，空梁歌馆半成墟。孤怀自怯看遗画，老眼犹甘强细书。他日村酤不须设，只尝林果摘园蔬。

《嘉定县志》三〇《第宅园亭门》"嘉隐园"条云：

> 鹤槎山北，刑部郎张景韶辟。

同书一六《宦迹门·张任传》附景韶传略云：

> 景韶，字公绍，以荫授南太仆典簿。〔仕至〕刑部云南司郎中。崇祯〔六年〕癸酉以公事牵连下狱。久之，放归。邑漕永折与有力焉。

同书一九《文学门·张凝元传》略云：

> 张凝元，字抚五，一字桐山，居南翔。明刑部郎景韶子。诸生。幼嗜学，为侯、黄两忠节所器重。覃精古籍，日事校雠。诗出入唐、宋，尤神似范、陆。癸亥卒，年六十五。

同书三〇《第宅园亭门》"张氏园"条云:

> 南门外西南。太学生张士懋辟。士懋,字实甫,参政恒子。(寅恪案:恒事迹见《嘉定县志》一六《宦迹门·张恒传》。)

《耦耕堂存稿》诗中《三月晦日过张子石留宿,同茂初兄作》云:

> 晓雨看消巷陌尘,茶香次第酒清醇。深房散帙仍留宿,秉烛为欢又送春。凭仗风流皤腹客,料量诗酒白头人。明朝更逐东园会,蔬笋盘筵不厌频。

《嘉定县志》三〇《第宅园亭门》"杞园"条云:

> 南翔镇,诸生张鸿磐辟。中有只鹤亭、芳讯阁。枸杞树大,可数围,故名。

同书一九《文学门·张鸿磐传》云:

> 张鸿磐,字子石,侍郎任从孙。诸生。书法苍劲,诗古文词有乡先正典型。游浙闽,与范景文、黄道周酬唱。道周和诗有"圣朝何日下干旌"句。(寅恪案:依《南翔镇志》六《张鸿磐传》所附道周和诗,"干旌"当作"旌竿"。盖鸿磐原诗本是"竿"字韵脚也。)性好义,天启末,前邑令胡士容以不拜珰祠被逮,拟重辟。鸿磐鸠千金,赴京营救,得免。崇祯末,部议复邑漕。鸿磐与侯汸、申荃芳伏阙上书,得永折。刑部尚书徐石麒以人才荐,固辞。乙酉后,冒万死周旋侯氏家难,尤人所难。康熙间举乡饮大宾。戊午卒,年八十六。(《南翔镇志》六《文学门·张鸿磐传》略云:"康熙间,举乡饮大宾。年八十七。"与此微异。又可参《松圆浪淘集》"雪江十五"《寿张子石母夫人》诗,《有学集》一九《张子石西楼诗序》,同书四六《书张子石临兰亭卷》,同书二三及《牧斋外集》一〇《嘉定张子石六十序》并《外集》二五《题张子

石湘游篇小引》等。)

《初学集》五三《嘉定张君墓志铭》略云：

> 崇祯六年十二月，嘉定张鸿磐合葬其父母于南翔龚家浜之新阡，泣而乞铭于余曰："鸿磐之先世自祥符徙松江，国初居南翔。嘉靖中有名任者，起家，官开府，而其从弟以军功授泾阳驿丞，以卑官自著称者，吾祖也。"

《南翔镇志》一二《轶事门》云：

> 张征君〔鸿磐〕书法妙天下。在本邑方驾娄〔坚〕、李〔流芳〕。真迹流布，人多藏弆，而其精神团结，最为遒劲者，则云翔寺楹间两联。尝有客过之，瞻仰良久曰："此颜鲁公得意之笔也。"翌日又视之，曰："笔力更过鲁公矣。"抠衣再拜，低佪不能去。此客不知何如人，意必具法眼藏者。

光绪修《嘉定县志》三〇《第宅园亭门》"张中丞任宅"条云：

> 一在南翔镇南街。堂曰"承庆""嘉庆""具庆"。任曾祖清建。一在城隍祠东，任官知府时筑。

同书同卷同门"檀园"条云：

> 南翔金黄桥南，举人李流芳辟。有泡庵、萝壑、剑蜕斋、慎娱室、次醉、翏翏亭、春雨廊、山雨楼、宝尊堂、芙蓉畔。

同书同卷同门"猗园"条略云：

> 南翔镇，通判闵士籍辟。位置树石，出朱三松手。后归李宜之。中有丰乐亭，合祠檀园（李流芳）、缁仲（李宜之）、子石（张鸿磐）三先生。

同书同卷同门"三老园"条云：

南翔镇,赠公李文邦辟。以枫、柏、桂为三老。曾孙宜之作《三园记》。三园者,三老园及檀园、猗园也。

同书一九《文学门·李流芳传》略云:

李流芳,字茂宰,一字长蘅。伯兄元芳,字茂初,诸生。工七言长句。卒年七十余(并可参《列朝诗集》丁一三《李先辈流芳小传》所附元芳事迹)。仲兄名芳,字茂材。幼负异材,顷刻千言,宏丽无比。万历壬辰进士,改庶吉士,卒年二十九。流芳万历丙午举人,画得董、巨神髓,纵横酣适,自饶真趣。书法奇伟,一扫寻丈,结构自极谨严。诗文雍容典雅,至性溢楮墨间。崇祯己巳卒,年五十五。论者谓四先生诗文书画,照映海内,要皆经明行修,学有根柢,而唐〔时升〕以文掩,娄〔坚〕以书掩,程〔嘉燧〕以诗掩,李〔长蘅〕以画掩云。

同书同卷同门《李宜之传》略云:

李宜之,字缁仲,诸生,居南翔,庶常名芳子。三岁孤。长负异才,博综今古。遭变,家破子殀。(寅恪案:同书三二《轶事门》略云:"甲申六月逆奴变起。南翔李氏罹其祸。"《传》文所谓"遭变"即指此。)时宜之客金陵,归寓侯氏东园。世祖曾于海淀览其参定《秣陵春》曲。问寓园主人何姓名。祭酒吴伟业以嘉定生员李宜之对,而宜之已前卒。(寅恪案:今武进董氏所刊《梅村家藏稿》后附《梅邨先生乐府三种》。其中《秣陵春》题灌园主人编次,寓园居士参定。)

《有学集》二〇《李缁仲诗序》略云:

缁仲故多风人之致,青楼红粉,未免作有情痴。孟阳每呵余:"缁仲以父兄事兄,而兄不以子弟畜缁仲,狭邪冶游,不少沮止,顾洋洋有喜色者,何也?"余曰:"不然。伶玄不云乎,淫于色,非慧男子不至也。"今孟阳仙游十年所,余年逾七十,缁仲亦冉冉老矣。余衰晚病废,刻心禅诵。见缁仲近刻,为之戚戚心动,追思与孟阳绪言,因牵连书其后。

《嘉定县志》一八《孝义门·李杭之传》略云:

李杭之,字僧筏。举人流芳子。诗文书画有父风。性放旷,甫强仕即弃诸生,放浪山水间。乙酉死难。

寅恪案:前论《朝云诗八首》,以诗中女主人寓居处所,先后有所不同,故可分为两组。兹请略考第一组,即前五首,河东君于崇祯七年暮春至初秋寓居嘉定之处所。依通常惯例言之,以河东君在当日社会之身份,寄居一地与当地诸名士游宴,自宜暂寓别墅名园,如杭州汪氏之横山别墅、嘉兴吴氏之勺园,皆足为例证。至若崇祯十三年庚辰仲冬至常熟,访牧斋于半野堂,先留居舟中而不寓拂水山庄,后径移入牧斋常熟城中之住宅,与前此不同者,则因此次实为其最后归宿之举动,未可拘平日常例以相比拟也。由是言之,河东君崇祯七年暮春至初秋之时间,其游嘉定当寄居某一别墅名园无疑。据《朝云诗》第五首第一句云"城晚舟回一水香",及第七、八两句云"谁能载妓随波去,长醉佳人锦瑟傍",则河东君当时必寓嘉定城外某别墅名园。又据《朝云诗》第二首前四句云"城头片雨浥朝霞,一径茅堂四面花。十日西园无忌约,千金南曲莫愁家",则河东君当时所居之别墅名园与城头之地极近。今就《嘉定县志》所载当日士大夫之别墅名园,其与城头相近者,仅有张公绍之嘉隐园及张鲁生之遗园。若张实甫之张氏园,虽屡见于《松圆浪淘集》中,如"涉江一"《同张二丈唐兄饮张氏园》及"蓬户四"《秋晚同张二丈唐四兄步屧城南张氏园》等,然《县志》止言在"南门外西南",是否距城头甚近,未敢臆断，兹姑不论。若南翔镇，亦多名园别墅，如李长蘅之檀园等，但南翔去城头三里，似距离稍远。孟阳赋诗不宜泛指，且此次与河东君游宴酬酢诸名士中，有长蘅之长兄茂初，即元芳。当时檀园李氏少年，如僧筏即杭之，及缁仲即宜之等，俱是风流文采，好事之徒。然皆茂初之侄，倘河东君此时若寄寓檀园者，恐与白头之老伯父及唐、程诸老世丈互有所不便，观牧斋《序缁仲诗集》引孟阳呵责之语，足证缁仲兄弟必未参预河东君嘉定游宴酬唱之会。至牧斋之不阻止缁仲为狭邪之游，且洋洋有喜色者，当指缁仲其他与河东君无涉之狭邪游宴，否则牧斋必不致洋洋有喜色，而转为郁郁有忧色矣。一笑！由是言之，河东君此次所居当非南翔之檀园，可以推知。其与城头甚近，即在鹤槎山傍之园亭仅有张公绍之嘉隐园及张鲁生之薖园两处，嘉隐园何时所辟，《嘉定县志》及《南翔镇志》未详载，假定崇祯七年以前公绍已有此园。据《嘉定县志·张景韶传》仅载公绍"崇祯〔六年〕癸酉以公事牵连下狱。久之，放还"，未详言其何时由北京返嘉定。检松圆此时著作与河东君游宴唱酬诸人中，并无公绍在内，恐其时公绍尚留京未返。其子抚五固少为名流所重，考崇祯七年，其年仅十六岁，即使未随父至京，可暂代其父为园主人，然方值家难，若留当日之名姝于其寓园居住而非偶一游览者，则为事理所不可，舆论所不容也。职是之故，依递减方法，则舍张鲁生之薖园外，别无适合此时河东君寄寓之别墅名园。据《嘉定县志》所载，薖园在鹤槎山西。鹤槎山在南翔北三里，南翔在县治南二十四里，城头在县南二十里。综合计之，则鹤槎山即在薖园近旁，距县治南二十一里，城头距县南二十里。两处实相连接。松圆"城头"之句所指为"薖园"，此无可致疑者也。《朝云诗》第二首第一联即用《才调集》三韦庄《忆昔》诗："西园公子名无忌，南国佳人号莫愁。"其易"南国"为"南曲"者，乃参用

《李娃传》及《北里志》之文（见俞正燮《癸巳存稿》一四"李娃传"条）。盖河东君此时所居之逈园,位于嘉定之城南故也。韦端己"西园公子名无忌"之句,本综合《史记》七九《范雎传》及《文选》二〇曹子建《公宴》诗,而以战国四公子中之信陵君魏无忌,代平原君赵胜与"莫愁"为对文,词人用典固可不拘,至松圆诗中之"无忌",果指何人虽未能确言,然当是张鲁生、张子石辈。两张似不与公子之称适合,但张公子之称,自《汉书·外戚传·赵孝成皇后传》以来,诗人往往用以目张姓。且据松圆《过张子石留宿诗》以"风流皤腹客",即以"形模弥勒一布袋"之张耒目子石。（见《山谷内集》一四《病起荆江亭即事十首》之八。任《注》云："〔张〕文潜素肥,晚益甚。《传灯录》：明州布袋和尚,形裁腲脮,蹙额皤腹,盖弥勒化身也。"又,庄季裕《鸡肋编》中"昔四明有异僧"条云"张耒文潜学士,人谓其状貌与僧相肖",陈无己诗止云"张侯便便腹如鼓",至鲁直遂云"形模弥勒一布袋,文字江河万古流",可互参。）盖约松圆"出饮空床动涉旬"之人（见《朝云诗》第一首第八句）,即此张姓。然则鲁生、子石辈是否合称"公子",又可不必过泥也。读者倘取松圆所作崇祯七年首夏《过鲁生家》诗与崇祯十二年四月《再过鲁生逈园》诗相参较,则前诗之"同上小航重笑语"句,与后诗之"小艇渔湾浑昔梦"句有关,自不待言。《朝云诗》第四首第六句"助情弦管斗玲珑",又可印证后诗之"空梁歌馆半成墟"句。《朝云诗》第二首第七、第八两句"拣得露芽纤手瀹,悬知爱酒不嫌茶"及第四首第五句"送喜鲵船飞凿落"等语,复与后诗"他日村酤不须设,只尝林果摘园蔬"两句互相钩牵。松圆后一诗作于匆匆五年之后,旧侣重来,同一节候,同一园林,而世事顿殊,人去馆空,其惆怅之情溢于词表,益可据此推知河东君于崇祯七年暮春至首夏,实寄寓张鲁生之逈园无疑也。又逈园即在鹤槎山近旁,此山即韩蕲王所筑烽墩遗迹。河东君之游嘉定,寄寓其地,殊不偶然。盖其平生雅好谈兵,以梁红玉自比。吊古思今,感伤身世,当日之情怀,吾人尤可想象得知也。此次游嚁,所与酬酢之胜流中,似唯有唐叔达一叟尚可共论兵事。孟阳少年时曾一度学"一人敌"之剑未成(见《列朝诗集》丁一三《松圆诗老程嘉燧小传》),自不能与精通"万人敌"之兵法如"真安国夫人"之河东君及"假赞皇太尉"之唐处士相颉颃。至其余"走觅南邻爱酒伴,经旬出饮独空床"及"诗酒尚堪驱使在,未须料理白头人"之诸老(见《杜工部集》一〇《江畔独步寻花七绝句》第一、第二两首),虽多精于诗文、音乐、字画,但当唐四翁"酒酣耳热,捋须大言,决胜千里之外"之时,此辈未必敢置一喙。其能相与上下议论者,亦恐舍河东君外别无他客矣。后来河东君与牧斋共访梁、韩遗迹事,俟于第四章详述之,兹暂不论。

又,《嘉定县志》编撰者见孙致弥《友人见访不识敝居》诗及其自注,遂怀隐仙巷别有薖园之疑问。寅恪于此点,颇具不同之解释。请略言之,以求通人之教正。鄙意西隐寺前之桥,初以"宝莲"为名与佛教有关,本极自然。松圆忽改旧称,易以"听莺",当别有深意。其命此新名在何时,今虽难考知,似在崇祯十年以后,与天香桥及隐仙巷同为孟阳于同一时间,或稍先后所命之名,皆所以纪念河东君者也。河东君于崇祯九年、十年间,由吴江盛泽镇来游嘉定,故《缁云诗》第二首有"听莺桥下波仍绿"之句,以纪念其所从来之地。可参下论《缁云诗》节。又,河东君之以"隐"为名,至迟在崇祯十一年,详见第二章所论。至若"仙"字之义,则寅恪于拙著《元白诗笺证稿》第四章所附《读莺莺传》一文中已考释之,读者可取参阅也。松坪诗之"平桥"指"天香桥","诸天"指"法华庵"。其自注谓"桥因薖园丛桂得名",此"丛桂"即《县志》"薖园"条及康熙三十年杨世清所作

《耆英会诗序》所言"植桂数十株",并《南翔镇志》"蘦园"条所云"老桂四十株"者。夫孙元化、张崇儒为同时同邑之人,两氏之园相距又不过二十余里。纵令同以"蘦"为称,亦不应同有如许著称之老桂。况"蘦园"之名,实出《诗经·卫风·考槃篇》"考槃之阿,硕人之蘦"之典,乃隐处之意(见孔颖达《毛诗正义》及朱熹《诗经集传》)。孙元化仕至登莱巡抚,岂可取义于《考槃》之诗以名其园?故松坪诗自注中之"蘦园",实指张鲁生之蘦园,"天香桥"亦因鲁生园中之桂而得名,此无可致疑者。"隐仙巷"亦可因张氏蘦园有招隐亭而得名。但玩味松坪"小巷垂杨记隐仙"之句,则疑"杨"乃河东君之本姓,"隐"亦河东君之改名,"记"则今语所谓"纪念"。盖如宝莲桥改为听莺桥之例,皆所以纪念河东君所从来之地。当崇祯七年暮春至初秋之时间,河东君虽寄寓城外鲁生之蘦园,但亦应游赏城内之园亭,若孙氏园之类。《朝云诗》第五首"城晚舟回一水香"之句,可以为证。由是言之,松圆诗老或其他好事胜流,自河东君离去嘉定后,眷恋不忘,非仅形诸吟咏,更取其寓瞩最久园中亭树之名以为其香车经游园巷之称,殆有似世俗德政碑、去思碑之类,亦即《诗经·召南·甘棠篇》思人爱树之别解耶?一笑!松坪生于崇祯之末,乡里旧闻,耆老轶载,自必谙悉。桥巷命名之由,当心知其意,特不欲显言之耳。又,《佩文韵府》二三上《八庚生韵》(增)"萍生"下及同书九三下《四质茁韵》(韵藻)(增)"雷茁"下,皆引程嘉燧《缃云诗》。同书四下《四支韵》(增)"画史痴"下,引程嘉燧"送老生涯画史痴"句。检此句在《耦耕堂存稿》诗中,其题为《正月同李茂初沈彦深郊游,次茂初韵》,核其内容,亦是与河东君有关之作。夫松坪为主纂《佩文韵府》之人。松圆《缃云诗》及《郊游诗》之增入,尤足证孙氏于河东君之来游嘉定,其珍闻逸事,夙所留意,而隐仙巷之名实与河东君有关也。《嘉定县志》修撰者,竟拘执松坪此诗自注,以为同时同地有两邁园,何疏舛至是欤? 假定寅恪所揣测者不误,则河东君嘉定之游,影响之大,复可据此推知矣。又,寅恪昔尝读钱肇鳌所著《质直谈耳》一书(参光绪修《嘉定县志》二六《艺文志·杂家类》),颇不解钝夫子河东君游嘉定后百五十年(钱书载其从兄大昕《序》。《序》末题"旃蒙大荒落如月",即乾隆五十年乙巳二月),何以尚能传述其轶事如与徐三公子、宋辕文等之关系,猥琐详悉一至若此。迨检方志,始知巷陌旧名,风流佳话,劫灰之后犹有未尽磨灭者。故钝夫以邑子之资格,得托诸梦寐(见竹汀《序》中所记钝夫自述之语),留布天壤间也。

崇祯七年暮春至首夏之时间,河东君游嘉定之地及往来酬酢之人既已约略考定,兹再移录《朝云诗》前五首全文,并分别论证之。盖此五首所赋咏者,即河东君在此时间之本事也。

程孟阳《耦耕堂存稿》诗中《朝云诗八首》,其一云:

买断铅红为送春,殷勤料理白头人。蔷薇开遍东山下,芍药携将南浦津。香泽暗霏罗袂解,(《列朝诗集》"霏"作"菲"。)歌梁声揭翠眉颦。颠狂真被寻花恼,出饮空床动涉旬。

寅恪案:松圆赋《朝云诗》,与杜少陵《江畔独步寻花七绝句》(见《杜工部集》一二)关系至为密切。读者取《杜集》参之自见,不须征引原诗于此也。松圆所用杜句甚多,颇有生吞活剥之嫌,其所最注意之辞语为《朝云诗八首》之主旨者,即杜诗原题中"寻花"二字。松圆《耦耕堂集自序》云:

〔崇祯七年〕甲戌冬,余展闵氏妹墓于京口五州山下,过江还则已逼除,因感老成之无几相见,遂留此,日夕与唐兄寻花问柳东邻西圃,如是者二年,而唐兄亦仙去。(前已引,今重录。）

孟阳虽云崇祯七年冬展闵氏妹墓后，感老成之无几相见，因留居嘉定与叔达诸叟日夕游宴，固有部分理由。窃疑河东君于崇祯七年暮春至初秋之时间来游嘉定，程、唐诸老颠狂倾倒一至于此，临别时必与河东君预定重游练川之约。后来河东君于崇祯九年丙子正月初至二月末，再作嘉定之游，即践其前此之宿诺者也。前论《朝云诗八首》实完成于七年冬间。故松圆此时，怀人感事之愁思必更加甚，遂决意留嶨，希望得与新相知重相见，岂仅为老成如叔达辈之无几相见而已哉？《耦耕堂存稿》诗中《〔崇祯七年〕四月二日过鲁生家作》前一题为《春晖园灯下看牡丹即事》。检《才调集》一白居易《秦中吟·牡丹》一题，《白氏文集》二作《买花》，此诗首句"买断铅红"之语，必与春晖堂看牡丹事有思想之联系。时既春尽，人间花事已了，而天上仙葩忽来，春光犹在，故言"为送春"也。少陵《江畔独步寻花七绝句》之二云，"未须料理白头人"，松圆易"未须"为"殷勤"，固是反其意，但亦道其实。盖杜公之寻花不过偶然漫兴，优游闲适，而程、唐、李诸老则奔走酬酢，力尽精疲。此辈白头人之需殷勤料理，自与杜公迥异也。此诗第一联上句，其古典为李太白《忆东山二首》之一"不向东山久，蔷薇几度花"（见《分类补注李白诗》三三）。其今典则"蔷薇"乃四五月开放之花（见《本草纲目》一八上《草部》"营实墙薇"条）。"东山"谓鹤槎山，盖邁园在鹤槎山西，据邁园之方位言之，此山可称"东山"。且暗用《谢安石东山记》之故事及李翰林诗语。下句之"芍药"，自用《诗经·郑风·溱洧篇》"赠之以芍药"之语，"南浦"乃指槎溪，即"上槎、中槎、下槎三浦"，以其在嘉定城南之故，且兼用王子安《滕王阁》诗"画栋朝飞南浦云"及《楚辞·九歌·河伯》"送美人兮南浦"之出典，暗寓"朝云"及"美人"之辞，以此两者，皆河东君之字与号也。第二联上句用《史记》一二六《滑稽传·淳于髡传》，其文云：

  日暮酒阑，合尊促坐，男女同席，履舄交错，杯盘狼藉。堂上烛灭，主人留髡而送客，罗襦襟解，微闻芗泽，当此之时，髡心最欢，能饮一石。

  松圆易"罗襦襟解，微闻芗泽"之"襟"为"袂"，盖《广韵·侵韵》"襟"字下云："袍襦前袂。""襟"为平声，"袂"为去声，松圆易平为去，所以协音调也。又，松圆用《太史公书》此《传》之典，其"男女同席，履舄交错"等语，固是当时实况之描写，然"堂上烛灭，主人留髡而送客"，则松圆于此大有野心，独不畏唐、李诸老之见妒耶？夫河东君以妙龄之交际名花来游嘉定，其特垂青眼于此穷老之山人，必非有所眷恋，自不待言。但使之"颠狂真被寻花恼，出饮空床动涉旬"者，当亦别有其故。《列朝诗集》丁一三《松圆诗老程嘉燧小传》云：

  谙晓音律，分刌合度，老师歌叟，一曲动人，灯残月落，必传其点拍而后已。善画山水，兼工写生，酒阑歌罢，兴酣落笔，尺蹄便面，笔墨飞动。

及《嘉定县志》二〇《侨寓门·程嘉燧传》略云：

  善画山水，笔墨飞动。书法清劲拔俗，时复散朗生姿。

  然则河东君于歌曲点拍，必就孟阳，有所承受。至其书法，顾云美《河东君传》虽云为陈卧子所教，然卧子笔迹，寅恪未见，无从证实。河东君"楷法瘦劲"（见《耦耕堂存稿》诗下《次牧老韵再赠河东君用柳原韵》诗孟阳自注），是否更受松圆作书"清劲拔俗，时复散朗生姿"之影响，以无确据，亦未敢臆断也。

  其二云：

城头片雨浥朝霞,一径茅堂四面花。十日西园无忌约,千金南曲莫愁家。林藏红药香留蝶,门对垂杨暮洗鸦。拣得露芽纤手瀹,悬知爱酒不嫌茶。

寅恪案:此诗前四句,上已论证,兹不复赘。后四句"垂杨"之"杨"及"爱酒"之"爱",是否暗指河东君姓名而言,姑不必考辨,唯七、八两句则应是当时当地之本事也。《本草纲目》三六"山茶"条云:"〔李〕时珍曰:其叶类茗,又可作饮,故得茶名。"又引《格古论》云:"花有数种,宝珠者,花簇如珠,最胜。"及周宪王《救荒本草》云:"山茶嫩叶炸熟水淘可食,亦可蒸晒作饮。"可与前引《嘉定县志》"邁园"条云"宝珠山茶,百余年物"互相参证。斯尤足为河东君此次游嘉定寄寓邁园之确据,并得借是窥见当日河东君之闲情逸致矣。至河东君爱酒一端,详见前论卧子《集杨姬馆中诗》,于此可不具论。

其三云:

林风却立小楼边,红烛邀迎暮雨前。潦倒玉山人似月,低迷金缕黛如烟。欢心酒面元相合,笑靥歌聱各自怜。数日共寻花底约,晓霞初旭看新莲。

寅恪案:此首乃述河东君檀园游宴之实况也。"小楼"当指檀园中之"山雨楼"。此楼之命名,当取义于许用晦"山雨欲来风满楼"之句(见《才调集》七许浑《咸阳城东楼(七律)》)。松圆"林风""暮雨"等语,足为旁证。第一联上句与第二联上句相关,言河东君之醉酒。第一联下句与第二联下句相关,言河东君之唱曲,且暗以杜秋娘目河东君。盖"花开堪折直须折,莫待无花空折枝"乃《金缕衣》曲辞中之语,与"低迷"、"黛烟"及"歌聱"诸辞相证发也。七、八两句乃指松圆等早起与河东君共看檀园芙蓉畔中新荷之本事。《南翔镇志》一一《园亭门》"檀园"条附李元芳《清晨独过檀园观荷(七律)》云：

> 新荷当昼便含光,要看全开及早凉。带露爱红兼爱绿,迎风怜影亦怜香。林深鸟宿声还寂,水涨鱼游队各忙。

寅恪案:茂初此诗题中之"清晨"并诗中之"新荷""迎风",及"爱红""爱绿""怜影""怜香"等辞,皆可与松圆诗语及河东君之名相印证。茂初此律似即为松圆此诗同时之作。但茂初诗题中"独过"二字,不知是否指诸老及河东君"数日共寻花底约"外之别一次,抑或实与诸老及河东君共同游赏,而于僧筏、缁仲诸侄辈有所不便,特标出一"独"字,以免老伯父风流本事之嫌耶？观孟阳此诗所述,乃诸老与河东君在檀园山雨楼中晚宴,酣饮达旦,如《史记》六六《滑稽传·淳于髡传》所谓"长夜之饮"者。次日清晨诗老名姝彻夜不寐,余兴未阑,同赏楼前畔中之新荷,亦极自然之理,不过此为一次之事。既得新荷宜于侵晨观赏之经验,故遂有数日共寻之约欤？夫老人少寐,侵晨即起,乃生理情况所致,本不足异。但妙龄少女如当日年仅十七岁之河东君,转不似玉谿生所谓"无端嫁得金龟婿,辜负香衾事早朝"者(见《李义山诗集(上)为有(七绝)》),则由其生性若是,非勉强早起,追逐诸老作此游赏也。关于河东君特喜早起一端,可参散见前后论述卧子诗词中涉及河东君早起诸条,兹不更赘。

其四云：

> 邀得佳人秉烛同,清冰寒映玉壶空。春心省识千金夜,皓齿看生四座风。送喜鹢船飞凿落,(《列朝诗集》"凿"作"错"。)助情弦管斗玲珑。(《列朝诗集》"情"作"清"。)天魔似欲窥禅悦,乱散诸华丈室中。

寅恪案:此首第一句及七、八两句,足以证明是诗乃松圆自述邀约河东君夜饮于其所居之处,极歌唱酣醉之乐也。盖河东君当日之游嘉定,程、唐、李辈必轮次递作主人,以宴此神仙之宾客,斯乃白头地主认为吴郡陆机对于钱塘苏小所应尽之责任,如天经地义之不可逃避者。考孟阳此时其家实在嘉定西城。昔日惯例,城门夜必扃闭,时间过晚,非有特许,颇难通行。此首既无如第五首"城晚舟回一水香"之句,复无第六首"严城银钥莫相催"之语,则此次孟阳邀宴河东君夜饮,必不在其城内之寓所,可以推知。若在城外,恐舍张子石之杞园莫属。亦即孟阳《过张子石留宿诗》及《朝云诗》第一首"出饮空床动涉旬"句等,所指言之事之地也。然此诗中无显著之痕迹,姑记所疑,以俟更考。此首第一联上句可参《缃云诗》第四首"方信春宵一刻争"句,其出处皆为东坡"春宵一刻值千金"之语(见《东坡续集》二《春夜(七绝)》)。玩味松圆语意,应指河东君而言。但当时珍惜春宵之心者,恐只是孟阳而非河东君。松圆竟作此语,何太不自量耶?下句则颇为实录,前引宋让木《秋塘曲序》云:"坐有校书,新从吴江故相家,流落人间,凡所叙述,感慨激昂,绝不类闺房语。"据此可知河东君往往于歌筵绮席,议论风生,四座惊叹。故吾人今日犹可想见是夕杞园之宴,程、唐、李、张诸人对如花之美女,听说剑之雄词,心已醉而身欲死矣。

又,《列朝诗集》丁一三《松圆诗老程嘉燧小传》云:

孟阳读书不务博涉,精研简练,采掇菁英。晚尤深《老》《庄》《荀》《列》《楞严》诸书,钩纂穿穴,以为能得其用。其诗以唐人为宗,熟精李、杜二家,深悟剽贼比拟之缪。七言今体约而之随州。七言古诗放而之眉山。此其大略也。

寅恪案:牧斋于孟阳推崇太过,招致当时及后世之不满。兹以不欲广涉,故不具论。但谓松圆晚年尤深于《楞严》及熟精李、杜二家,深悟剽贼比拟之缪,则于此不得不置一言。观《朝云诗》

及《今夕行》其剽贼比拟杜少陵之《江畔独步寻花七绝句》及《丽人行》，可谓至矣。牧斋何能逃阿私所好之讥乎？独此诗第七、八两句，乃混合《楞严》及《维摩诘》两经之辞义，以《楞严》之"天魔"为《维摩》之"天女"，造语构思，殊觉巧切。牧斋谓其晚深《楞严》，钩纂穿穴，以为能得其用者，似或可信欤？全祖望《鲒埼亭外集》三三《钱尚书牧斋手迹跋》云：

> 第二幅云："劫灰之后，归心佛乘，急欲请书本《藏经》，以供检阅。闻霍鲁斋作守道，（寅恪案：《清史列传》七八《贰臣传·霍达传》略云："霍达，陕西武功人。顺治八年授浙江嘉湖道，十年迁太仆寺少卿。"及商务重印李卫嵇、曾筠等修《浙江通志》一二一"分巡嘉湖道"栏载："霍达字鲁斋，陕西人。顺治八年、九年任。"故牧斋作此书之时间，得以约略推知。又，王昶《明词综》一〇录鲁斋《意难忘·雨夜》词一首，可供参证。）此好机缘，春夏间欲往访之。兄过嘉禾，幸为商地主，不至栖栖旅人也。内典可更为一搜访。"呜呼！望尘干索，禅力何在？不觉为之一笑。

寅恪案：牧斋之禅力，固不能当河东君之魔力；孟阳之禅力，恐亦较其老友所差无几。吾人今日读松圆此诗并谢山此跋，虽所据论者有别，然亦不觉为之一笑也。至《楞严经》，寅恪十余岁时，已读牧斋所作之《蒙钞》，后数年又于绍氏见一旧本《蒙钞》，上钤牧斋印记，亦莫辨其真伪。近数十年来，中外学人考论此《经》者多矣。大抵认为伪作。寅恪曩时与钢和泰君共取古今中外有关此《经》之著述及乾隆时满蒙藏文译本参校推绎，尤注意其咒文，是否复元后，合于梵文之文法及意义。因此得一结论，即此《经》梵文音译之咒心，实非华人所能伪造。然其前后诸品，则此土文士撷取开元以前关于阿难、摩登伽女故事译文，融会而成。故咒心前后之文，实为伪造，非有梵文原本。譬如一名画手卷，画虽是真，而前后题跋皆为伪造。由是言之，谓此《经》全真者，固非；谓其全伪者，亦未谛也。当寅恪与钢君共读此《经》之时，并偶观尚小云君演《摩登伽女》戏剧。今涉笔及此，回思前事，又不觉为之一叹也。

复有可注意者，此诗第六句，若果如《列朝诗集》作"助清"，则亦可通。《才调集》三韦庄《忆昔》诗云：

昔年曾向五陵游，子夜歌清月满楼。银烛树前长似昼，露桃花里不知秋。西园公子名无忌，南国佳人号莫愁。今日乱离俱是梦，夕阳唯见水东流。

然则端己"子夜歌清月满楼"句，即孟阳"助清弦管斗玲珑"句之出典注脚也。今姑不论松圆之诗本何字，但读者苟取孟阳并端己所作两诗连贯诵之，则别有惊心动魄之感焉。盖河东君此次嘉定之游，在崇祯七年甲戌暮春至初秋之时间，升平歌舞，犹是开元全盛之日。越十年而为弘光元年乙酉，其所宴游往来之地、酬酢接对之人，多已荒芜焚毁、亡死流离，往事回思，真如隔世矣。兹不广征旧籍，止略引《痛史》第十一种朱九初《嘉定县乙酉纪事》之文于下，以见一斑。

朱子素《嘉定县乙酉纪事》略云：

〔弘光元年乙酉闰六月二十一日，〕南翔镇获〔须〕明征妻子，斩割屠裂，一如明征，而南翔复有李氏之祸。李氏自世庙以来，蝉联不绝。其裔孙贡士李陟年少有隽才，知名当世。就镇中纠合义旅，号"匡定军"，未就，里儿忌之，声言李氏潜通清兵，因群拥至门。陟与其族杭之等自恃无他肠，对众嫚骂自若。市人素畏李氏，恐事定后，陟等必正其罪，佯言搜得奸细。李氏无少长皆杀之，投尸义冢，纵犬食其肉,惨酷备至。〔七月初四日,〕城之初破,〔李〕成栋尚在城外小武当庙中。辰刻乃开门入,下令屠城。约闻一炮,即封刀。时日暑正长,日入后,始发炮,兵丁遂得肆其杀掠。家至户到,虽小街僻巷,无不穷搜。刀声砉砉然,达于远迩。乞命之声嘈杂如市,所杀不可数计。其悬梁者,投井者,断肢者,血面者,被斫未死手足犹动者,狼藉路旁,弥望皆是。投河死者,亦不下数千百人。三日后,自西关至葛隆镇,浮胔满河,舟行无下篙处。白膏浮于水面,盆起数分。妇女寝陋者,一见辄杀。大家闺秀及民间妇有美色者,掳入民居,白昼当众奸淫,恬不知愧。疁俗雅重妇节,其惨死者无数。然乱军中,姓氏不传矣。

初六日成栋还兵太仓。成栋拘集民船,装载金帛子女及牛马豕等物三百余艘而去。

二十七日,太仓贼浦嶂以土兵入县,再屠其城,城内外死者无算。嶂日夜与兵丁共分财物,并括取民间美色及机榻屏障等物,满载归娄东,于是疁中贫富悉尽。

是役也,城内外死者约凡二万余人。其时孝子慈孙,贞夫烈妇,才子佳人,横罹锋镝,尚不可胜纪。谓非设县以来,绝无仅有之异变哉!

呜呼!后金入关渡江,其杀戮最惨之地,扬州而外,似应推嘉定。鲍明远《芜城赋》(见《文选》一一)在《文选》中,列于《游览》一类。河东君之于嘉定,亦可谓之游览也。其平生与几社胜流交好,精通选学。弘光乙酉嘉定屠城之役,翠羽明珰与飞絮落花而同尽。河东君起青琐之中(见《戊寅草》所载卧子《序》),跻翟茀之列(见牧斋《投笔集(上)后秋兴之三·小舟夜渡惜别而作》第五首第七、八两句),闻此惨祸,眷念宗邦,俯仰身世,重温参军之赋,焉得不心折骨惊乎?但或可稍慰者,即当日寓瞹相与游宴之诸老,则唐叔达卒于崇祯九年丙子(见《嘉定县志》一九《文学门·唐时升传》),李茂初卒于崇祯十年丁丑三月(见《耦耕堂存稿》文上《祭李茂初》文),程孟阳卒于崇祯十六年癸未十二月(见《列朝诗集》丁一三《松圆诗老程嘉燧小传》),皆已前死。故得免于身受目睹或闻知此东南之大劫,亦可谓不幸中之大幸矣。

其五云:

城晚舟回一水香,被花恼彻只颠狂。兰膏初上修蛾睩,(《列朝诗集》"睩"作"绿",非。)粉汗微消半额黄。主客琅玕情烂熳,神仙冰雪戏迷藏。谁能载妓随波去,长醉佳人锦瑟傍。

寅恪案:此首当是述诸老邀约河东君游宴嘉定城内之名园,以城门须扃闭于不甚晚之时间,不能尽兴作长夜之饮,不得已乘舟共返南门外之寓所,因有七、八两句之感叹也。此次作主人者为谁,颇难考知,但所游宴城内之名园,疑即前论隐仙巷之孙元化园。关于嘉定无两邁园一端,已详考辨,兹不更论。此诗第三句"兰膏初上修蛾睩"者,出于《楚辞·招魂》"兰膏明烛,华容备些"。王逸《注》云:

言日暮游晏,然香兰之膏,张施明烛,以观其镫锭,雕镂百兽,华奇好备也。

及"蛾眉曼睩,目腾光些",王逸《注》云:

言美女之貌,蛾眉玉貌,好目曼泽,时睩睩然视,精光腾驰,惑人心也。

盖孙氏园在城内,上灯之际,城门不久将闭,故主客不能尽兴,废然而返城外也。松圆用宋玉之辞、王逸之解,甚适切当日之情景。噫！缅想嘉定诸老此时皆已"魂魄放佚,厥命将落",惜无弟子为作《招魂》,"复其精神,延其年寿",殊可谓天壤间一大恨事矣。此诗第五句"主客琅玕情烂熳"之语,乃合用《杜工部集》九《与鄠县源大少府宴渼陂得寒字》诗末二句"主人情烂熳,持答翠琅玕"而成。或谓孟阳此句用李太白《寄远十一首》之十一"朝共琅玕之绮食"句(见《全唐诗》第三函李白二四),谓当日主客宴集之盛况也。又或谓孟阳用张衡诗"美人赠我金琅玕,何以报之双玉盘"之典(见《文选》二九张平子《四愁诗》之二),盖"美人"为河东君之号,当时之"今美人"必有酬酢诸老之篇什,而孟阳乃以解佩之意目之,堪称大胆。平子诗中有"玉盘"之语,松圆或借用以述邀宴之意,亦即其所作《今夕行》"南邻玉盘过(送)八珍"之"玉盘"(见下论《今夕行》)。且《杜工部集》一二《严公仲夏枉驾草堂兼携酒馔》诗,有"竹里行厨洗玉盘"之句,尤与此时情事符合也。若此解释非是者,则或用杜少陵诗"留客夏簟清琅玕"之典(见《杜工部集》九《郑驸马宴洞中》诗)。"琅玕"二字,乃指竹簟而言。盖时当夏季,孙氏园内,楼馆之中,当备此物。果尔,则纳凉之意,既可与此诗第四句"粉汗"之辞相关应,而第六句"神仙冰雪戏迷藏",亦谓当日河东君于孙氏园竹林中作此游戏也。由是推之,则此诗第二联上、下两句,俱指天然之竹及竹之制成品,意义更较通贯。此等解释虽迂远,但亦可备参考,故并录之。至此园主人孙元化,于明清之际与火器炮弹有关,前引《嘉定县志·轶事门》赵俞之说,已痛哭言之矣。嘉定以区区海隅下邑举兵抗清,卒受屠戮之祸,其攻守两方之得失,又系于炮铳弹药之多寡强弱。然此端岂河东君与诸老当日游宴此园酬酢嬉娱之际所能梦想预料者耶?兹略引载记之文于下,聊见赵氏所言,易世之后犹有未竟之余恸在也。

检《侯峒曾年谱(下)》"弘光元年乙酉"条略云:

七月一日,〔李〕成栋遂弃吴淞,悉众西向。黎明,鼓噪薄城,以巨炮击城之东北,声振楼橹,城中惊恐。顷之,率步骑度北门之仓桥,将列营,府君已伏大将军炮于城门下,(寅恪案:此类之炮即清人所谓"红衣大将军"者。盖明末火炮仿自西洋,"红毛夷"乃当时指西洋之称。清人讳"夷"为"衣",又略去"毛"字,致成"红衣"之名。可参清朝《文献通考》一九四《兵考·火器门》。)视其半渡,猝发之,桥崩,步骑坠溺,死者无算。成栋一弟最勇黠,亦殀于其中,遂惊且哭,涉水引遁。顷之,复集城北,将进攻,城上发炮击之,不得进。初三日平明,成栋遂合太仓之骑,挟火器攻具以至。天方阴雨,悉力进兵,环攻东北,炮数十发,地为之震。府君督乡兵,捍御不少顾,城堞无恙。敌营中火器告竭,乃鼓噪挟云梯薄城。自三日平明至四日五鼓,尽一昼夜,攻无顷刻之休,〔城遂陷〕。

《嘉定县乙酉纪事》略云:

〔弘光元年乙酉〕六月廿七日,偕〔吴〕志葵来者,为前都督蒋若来。视库存铜铳数十,使人舁之行。

闰六月十四日,时我军与北兵,矢炮相当,互有杀伤。

十八日,廪生唐培犹率兵巷战。李〔成栋〕兵铳箭并发,乡兵大奔,培被获。

二十三日,乡兵合围,杀获五骑,余骑将过仓桥,城上急发大炮,连桥击断,杀三人一马。其一黄纛红伞佩刀,被枪死路傍,盖成栋弟也。

二十五日,〔侯〕峒曾以书币迎蔡〔乔〕军。其兵皆癃弱,惟乔颇勇健,差似可用。其所携火药、粮储在舟中,求姑置城中,身自率兵于城外。议者皆曰宜许之。彼战而胜,军资在城,其心益固。不胜,留以为质,势不敢弃我去。当事者犹豫不听,遣人馈问,令泊舟南关外。

二十六日,乔血战良久,力尽几陷。顷之,北兵十余骑薄城,城上连发大炮,伤二人,遂引去。

七月初三日,成栋会同太仓兵拥大众至,尽锐攻城,炮声轰轰不绝,守城百姓股栗色变。先是,钱令〔默〕去时,开库尽给群胥,军器火药惟人所取。四门城楼扃镉甚坚,尚有存者。乡兵至,乃悉发用。至是徒手应敌而已。嘉定本土城,嘉隆间,倭奴屡攻,不能克。自邑令杨旦筑砖城,最称完固。北兵发大炮冲之,颓落不过数升。然下瞰城下,兵益众,攻益力,举炮益繁,终夜震撼,地裂天崩。炮硝铅屑,落城中屋上,簌簌如雨。

初四日,城陷。成栋进兵,屠其城。

上论《朝云诗》可分两组,其前五首为一组,后三首及《今夕行》为一组。后一组之特点,实为款待河东君之主人在其城内寓所,且与唐叔达直接或间接有关。今考释前一组已竟,请续论后一组于下。

其六云:

青林隐隐数莲开,风渚醺醺一燕回。选伎欲陪芳宴醉,携钱还过野桥来。花间人迫朝霞见,天际云行暮雨回。纤月池凉可怜夜,严城银钥莫相催。

寅恪案:《朝云诗》第一首第八句云"出饮空床动涉旬",可知孟阳至少一度必在城外友人家寄寓旬日,然当无自暮春至初秋长期留滞城外达数月之理。至唐叔达是否亦曾暂寓城外,今难考知。即使一度出居城外,但依此首所述,则固在其城内寓园,想此时程、唐二老俱已端居敞庐,恭候佳客矣。所以知者,此首第六句"天际云行暮雨回"及第八句"严城银钥莫相催",明是河东君寓居城外,在城内游宴不能停留过晚之证。至其在何人家游宴,则依此首第一联上、下两句所言,必非孟阳本人寓所,自不待言。若非孟阳之家,则舍叔达之寓园莫属。第一联下句固出杜少陵"携钱过野桥"之典(见《杜工部集》一一《王十五司马弟出郭相访兼遗营茅屋资》),但由孟阳家至款待河东君之主人所寓之地,必有一桥可过。此首第七句"纤月池凉可怜夜",则此主人之寓园又有纳凉之池畔。据孟阳自谓在此数年间与叔达"东邻西圃,寻花问柳"之语推之,则此首所述款宴河东君之处,叔达寓园颇合条件。观《耦耕堂存稿》诗中《赠西邻唐隐君》诗云"西家清池贯长薄,中垒岑隅望青郭"及"溪鸟衔鱼佐杯勺",并《嘉定县志》三〇"处士唐时升宅"条,附张鹏翀《过叔达先生故居》诗云"唯有唐君居,犹在北郭旁"及"回桥俯清溪"等语,则叔达为孟阳之"西邻"即"西家","清池"即"纤月池凉"之"池","长薄"即"青林"。"青郭"用李太白《送友人》诗"青山横北郭"句(见《全唐诗》第三函李白一七),亦即张氏诗所谓"北郭"。孟阳以"青"代"北"者,盖因声调不协之故。古体诗亦应协声调,孟阳精于音律于此可见。"中垒岑隅"当指唐氏园中之紫萱冈而言。程诗既言"溪鸟",张诗又言"清溪",有溪必有桥。或谓此桥即孟阳《今夕行序》中"舍南石桥上"之桥,亦有可能。松圆此首"过野桥"之句,用古典兼用今典也。此首第七句所言,乃七月初间夜景。《朝云诗》第七首乃述七夕宴游事,故疑此首乃述叔达于崇祯七年七月七夕以前,夜宴河东君于其寓园,而孟阳赴约往陪。所以有第三句"选伎欲陪芳宴醉"之语。果尔,则此首列于第七首前,自有时间先后之理由在也。

其七云:

针楼巧席夜纷纷,天上人间总不分。绝代倾城难独立,中年行乐易离群。会逢银汉双星度,真见阳台一段云。堪是林泉携手妓,莫轻看作醉红裙。

寅恪案:此首所述者,即《今夕行》序所谓"甲戌七月唐四兄为杨朝赋七夕行"之事。盖是年七夕河东君实在叔达家度此佳节。此首第二句"天上人间总不分","人间"当指唐氏寓园,唯不知诸老中,谁有牛郎之资格。若以年龄论,松圆比唐、李为最少,其所以偏怀野心者,殆由此耶?一笑!余可参下论《今夕行》节。第三句出李太白《白纻辞三首》之三"倾城独立世所稀"(见《全唐诗》第三函李白三)。此句与陈卧子为河东君所赋《早梅》诗"念尔凌寒难独立,莫辞冰雪更追攀"之句辞意相同,孟阳诗作于崇祯七年秋,卧子诗亦作于是年冬。当时河东君年仅十七,程、陈两人具此感想本无足怪。然卧子于崇祯十二年春为河东君而赋之《上巳行》云:"垂柳无人临古渡,娟娟独立寒塘路。"则已改变其五年前之观念。夫女子之能独立如河东君,实当日所罕见。卧子与河东君交谊挚笃而得知此特性,何太晚乎?此首第四句"中年行乐易离群"出李太白《忆东山二首》之二"我今携谢妓,长啸绝人群"(见《全唐诗》第三函李白二二),更用《晋书》八〇《王羲之传》所云:

> 谢安尝谓羲之曰:"中年以来,伤于哀乐。与亲友别,辄作数日恶。"羲之曰:"年在桑榆,自然至此。须正赖丝竹陶写,恒恐儿辈觉,损其欢乐之趣。"

及《李义山诗集(上)杜工部蜀中离席(七律)》云:

> 人生何处不离群,世路干戈惜暂分。雪岭未归天外使,松州犹驻殿前军。座中醉客延醒客,江上晴云杂雨云。美酒成都堪送老,当垆仍是卓文君。

之出典。松圆句"中年"乃"中年以来"之省略,即王右军所谓"年在桑榆"之义。否则,唐、李、程诸老中,是时叔达年八十四,茂初年七十一,孟阳年七十,皆不得以杜少陵《饮中八仙歌》中"宗之潇洒美少年"相况,明矣(见《杜工部集》一)。倘严格解释安石"伤于哀乐"之语,则"哀乐"二字乃复辞偏用,仅是"哀"之意,非与"乐"为对文。"伤于哀乐"者,困于哀感之谓,绝不与喜乐之"乐"相关涉也。此复辞偏用之义,松圆同时之通儒顾炎武自能知之,未可以是苛责艺术家之程嘉燧也。又松圆此诗与玉谿生"拟杜七律"关系密切,他不必论,即就两诗同用一韵,可以推知。玉谿生诗题意旨本为送别,想当日河东君亦拟于七夕不久以后归返松江。在此旬日之宴饮,皆可以"离席"目之。由是推论,义山诗中"晴云""雨云"俱藏河东君之名,"卓文君"之放诞风流亦与河东君类似,暗借此诗辞意以影射河东君,颇为适合。至"醉客"则当是练川诸老,而"醒客"恐非河东君莫属。盖诸老此夕俱已心醉、酒醉,独河东君一人,则是"神仙宾客"之人间织女,大有三闾大夫"众人皆醉我独醒"之感也。此首第六句用李太白《寄远十一首》之十一"美人美人兮,归去来。莫作朝云暮雨飞阳台"及《出妓金陵子呈卢六四首》之一"何似阳台云雨人"句。第七句复用太白《示金陵子》诗"谢公正要东山妓,携手林泉处处行"之语(俱见《全唐诗》第三函李白二四。并可参上论第四句所引李太白《忆东山》诗)。孟阳以金陵子比河东君,固颇适切,但终不免生吞活剥之诮。至东山之谢安石,孟阳自无此资格。若指周念西,则亦颇适当。在松圆赋此诗之际,原不料及别有一东山谢安石之钱探花与河东君结缘。然则,孟阳此句非河东君前日之旧史,乃后来之预谶耳。一笑! 第八句则出韩退之《醉赠张秘书(五古)》(见《全唐诗》第五函韩愈二)。其诗中一节云:

长安众富儿,盘馔罗膻荤。不解文字饮,惟能醉红裙。虽得一饷乐,有如聚飞蚊。

夫当日练川诸老之"解文字饮",吾人自无异议。但唐、程乃嘉定贫子,其款待河东君之宴席,当如松圆自述之"蔬笋盘筵"(见上引《过张子石留宿》诗),而非长安富儿之"盘馔膻荤"。吾人于此亦无异议。虽松圆借取韩句,聊以自慰自豪,然寒酸之气流露纸背,用此自卑情绪赋"伎席""艳诗",今日读之,不觉失笑也。

其八云：

几株门柳一蝉吟,款户幽花趁夕阴。令我斋中山岫响,知卿尘外蕙兰心。瑶林迥处宜邀月,秋水湛时最赏音。絜榼便追逃暑会,天河拌落醉横参。

寅恪案：孟阳《今夕行》序云：

甲戌七月,唐四兄为杨朝赋《七夕行》。十二夜复过余成老亭。酒酣,乘月纳凉舍南石桥上,丝竹激越,赏心忘疲,因和韵作此。

据此颇疑《朝云诗》最后一首,即述崇祯七年七月十二夜河东君如萼绿华之降羊权家而降松圆西城寓所之事。此首与《今夕行》虽同述一事,但《今夕行》乃和叔达《今夕行》韵之作,此首则孟阳自夸其稀有之遭遇,特赋七律纪之,并以完成此朝云一段因缘也。此首第一联上句用傅休奕《又答程晓》诗"洪崖歌山岫"之语(见"汉魏百三名家集""傅鹑觚集"),应是河东君当时在成老亭歌唱,故松圆赋此。下句疑借用玉谿生《荆门西下》诗"蕙兰蹊径失佳期"之意(见《李义山诗集(上)》),但松圆于此竟用"卿"字。考《世说新语·惑溺类》云：

王安丰妇常卿安丰。安丰曰："妇人卿婿,于礼为不敬。后勿复尔。"妇曰："亲卿爱卿,是以卿卿。我不卿卿,谁当卿卿?"遂恒听之。

夫明末清初之时,能"卿"河东君者,周文岸姑置不论,钱受之则自崇祯十四年六月七日以后始正式取得此资格。观《有学集》二《秋槐诗支集》附录河东君和牧斋《人日示内》诗二首之二,其末句云"不唱卿家缓缓吟"。据此可以证知河东君实以安丰县侯夫人自命。孟阳乃一穷酸之山人,岂有封侯夫婿之骨相耶?至若其他诸人,如宋辕文、陈卧子、李存我等,虽皆与河东君为密友,然犹未备此条件。孟阳于此,可谓胆大于姜伯约矣。宜乎牧斋选诗痛加删削也。第二联上句之"瑶林",似谓《朝云诗》第六首"青林隐隐数莲开"之"青林",或即指孟阳《赠西邻唐隐君》诗第一句"西家清池贯长薄"之"长薄",亦未可知。下句疑指桥下及船边照影之秋波也。此首第七句之"絜榼"恐与《今夕行》"南邻玉盘过(送)八珍"句有关。此夕想程、唐诸老各自分备殽酒,以宴萼绿华。至第八句结语用《龙城录》赵师雄、罗浮梦事。"月落参横"之时,嘉定城门必不能开启通行。岂河东君在此数夕之间不居寓城外,而留宿于叔达寓园耶?孟阳《今夕行》序谓"十二夜复过余成老亭",恐此夕河东君之过成老亭,未必一人独来,叔达当亦伴行。若此揣测不谬,则成老亭之命名,本用杜诗"与子成二老,来往亦风流"之典(见《杜工部集》三《寄赞上人(五古)》),程、唐"二老"是夕真可谓风流之至,不负此亭之名矣。

论《朝云诗八首》既竟,颇觉松圆生吞活剥杜诗原句太多。今寅恪百尺竿头更进一步,戏集唐人成句为七绝一首,以博读者一笑。

诗云:

霸才无主始怜君,(温飞卿《过陈琳墓》。寅恪案:"君"指河东君。从顾云美《河东君传》之先例也。)世路干戈惜暂分。(李义山《杜工部蜀中离席》。寅恪案:陈卧子于崇祯七年,即程松圆赋《朝云诗》之年,其为河东君作《早梅》诗云:"干戈绕地多愁眼。")两目眵昏头雪白,(韩退之《短灯檠歌》。)枉抛心力画朝云。(元微之《白衣裳二首》之二。)

《耦耕堂存稿·诗·今夕行(并序)》云:

> 甲戌七月,唐四兄为杨朝赋《七夕行》。十二夜复过余成老亭。酒酣,乘月纳凉舍南石桥上,丝竹激越,赏心忘疲,因和韵作此。(此序上文已引。兹为解释便利,故重移录。)

> 七夕之夕明河新,飞来乌鹊填河津。今夕何夕织女降,南邻玉盘过(送)八珍。彩云蹁跹入庭户,明月自与幽人亲。李謩贺老并同舍,弹丝吹竹无昏辰(晨)。一声裂石众哗寂,四筵不劳录事瞋。白头当场自理曲,向月吹箫教玉人。玉人羽衣光翯翯,似有霓裳来碧落。香雾寒生半臂绡,暗尘襟解罗襦缚。玉指参差送夜光,云鬟婀婧闻宵柝。只云三万六千是(日),莫惜颠狂且行乐。

寅恪案:孟阳此诗与《朝云诗》第一首同述一事,前已论及。此诗乃和叔达《七夕行》韵之作,不过唐氏所赋为崇祯七年河东君在其寓园游宴之经过。孟阳此诗,则虽和唐韵,而所言乃七夕后五日,即十二日之夜河东君过其家之事。唐、程两诗虽同体同韵,其内容应有互异之点。今既不得见唐氏《七夕行》取以相发明,姑止就程氏《今夕行》略加论释,自必不能满意,须更详考。至叔达《七夕行》乃用少陵《丽人行》之韵(见《杜工部集》一)。所以如是者,疑别有寓意,因河东君夙称"美人","丽人"即"美人"。子美此诗题所谓"丽人",指杨氏诸姨而言。"杨"复河东君之姓也。孟阳《今夕行》之命名，本出少陵原题。其第三句"今夕何夕"，亦与杜诗第一句相同（见《杜工部集》一《今夕行》）。但此皆表面之解释，非真知孟阳用意所在者。颇疑松圆实用《诗经·唐风·绸缪篇》"今夕何夕，见此粲者"之典。据《朱子集传》"粲，美也。此为夫语妇之辞也"。若所推测者不误，则孟阳命题之原意，亦与《朝云诗》第八首第四句之"卿"河东君者，用心正复相似。上引牧斋论松圆之诗，以为"七言古诗，放而之眉山"。（寅恪案：上海前合众图书馆藏《耦耕堂存稿》诗中，此诗题下有评语云："叙题大似东坡，诗亦相近。"并可参证。）今观松圆《今夕行》，颇有摹拟东坡《松风亭》《梅花诗》之迹象（见《东坡后集》四），钱氏之言殊为可信。苏诗第一首"海南仙云娇堕砌，月下缟衣来叩门"之语，亦与崇祯七年七月十二夜孟阳寓所之情景暗合。借"仙云"之辞以目河东君，颇为适切。盖是夕河东君以萼绿华及"神仙宾客"之身份降松圆家，而"云"复为河东君之名也。又，苏诗第二首"耿耿独与参横昏"之句复与同述此夕经过之《朝云诗》第八首结句"天河拌落醉横参"句有关。《朝云诗》此句，虽出少陵诗"天横醉后参"及"自待白河沉"之典，（见《杜工部集》一二《送严侍郎到绵州》。仇兆鳌《杜诗详注》一一释此诗之"白河"为"天河"，是。寅恪以为程诗之"落"即出杜诗之"沉"也。）然松圆遣辞固出于杜，而用意则实取于苏也。孟阳此诗"南邻玉盘过八珍"之"过"，虽可借用《杜工部集》一《夏日李公见访》诗"墙头过浊醪"之"过"，但仍疑为"送"字之误。所以作此推测者，因叔达《七夕行》本用少陵《丽人行》之韵，今唐氏原诗未见，不知其与《丽人行》内容关系如何，但《丽人行》有"御厨络驿送八珍"之语，松圆改为此句。其"送"字之意，与《朝云诗》第八首第七句"絜榼"二字相涉，且"玉盘"之辞，亦出《杜工部集》一二《严公仲夏枉驾草堂兼携酒馔》诗"竹里行厨洗玉盘"之典,甚合叔达此夕"絜榼"之事。然则诸老各具酒馔,凑成夜宴,寒乞情况可以想见。此夕处士山人之筵席,固远不如后来富商汪然明、贪宦谢象三之豪侈招待,即候补阁老钱受之之半野堂寒夕文宴,其酒馔之丰盛亦当超过唐、程诸老之逃暑会无疑也。诗中"李薯贺老并同舍,弹丝吹竹无昏晨"及"白头当场自理曲,向月吹箫教玉人"等句,足征牧斋谓孟阳精于音律,其言实非虚誉,而河东君从之有所承受,抑又可知。顾云美《河东君传》云:"定情之夕,在辛巳六月七日。君年二十四矣。宗伯赋《前七夕诗》,要诸词人和之。"噫!此为唐叔达赋《七夕行》后七年之事也。牧斋当崇祯甲戌之秋尚未"见此邂逅"(见《诗经·唐风·绸缪篇》第二章并朱《注》),然终能急追跃进,先期一月完成心愿,诚足夸叔达于地下,傲孟阳于生前矣。

《耦耕堂存稿》诗中《今夕行》之后第三、第四及第八、第九、第十共五题,皆与河东君有关。兹分别论述之于下。

《秋雨端居有怀》云:

百日全家药裹间,不论风雨不开关。篱边秋水愁中路,郭外春湖梦里山。时倚瓶花滋起色,漫悬梁月见衰颜。南村剩客如相忆,好就茅斋一宿还。

《病余戏咏草花》云:

莺粟鸡冠画不成,神农汉使未知名。千年血渍丹砂在,一寸心灰缟雪生。望里蜉蝣弦晦数,睡余蝴蝶梦魂清。天花散处宜癞疾,不比文园露一茎。

寅恪案:河东君于崇祯七年初秋离嘉定返松江后,练川诸老当有《孟子·滕文公篇》所谓"孔子三月无君,则皇皇如也"之情状(此"君"借作"河东君"之"君"),故孟阳诗中应可发见痕迹。

此二题初视之，似无关系。细绎之，实为怀念河东君之作。前一题言全家秋雨时患病，谅是河鱼腹疾之类，姑不置论。独七、八两句乃追念河东君于七年暮春至初秋间寄寓城南之盛会。"南村剩客"疑指李茂初而言，盖松圆欲茂初至其家与之商量招约河东君重来嘉定一事，故河东君于崇祯九年乙亥岁暮再游练川。观孟阳和茂初《停云》诗"相望经时滞乃翁"之句可证。诗题中之"有怀"乃怀茂初，兼怀河东君也。后一题怀念河东君之意，较前一题更为明显。第四句乃合用李义山诗"一寸相思一寸灰"（见《李义山诗集（上）无题四首》之二）及苏东坡诗"月下缟衣来叩门"（见前引）之意。七、八两句谓河东君既如天女之来散花于示疾之维摩诘丈室矣，今不应似司马相如之为卓文君而病消渴也。

《停云（次茂初韵）》云：

停云霭霭雨蒙蒙，相望经时滞乃翁。莫往岂能忘夙好，聊淹俄复得深衷。不愁急管哀丝进，且喜残年皓首同。况值新知多道气，只言此地古人风。

寅恪案：李茂初原作今未得见，其以"停云"为题，固出陶渊明《停云》诗序"停云思亲友也"之意。但李氏心中"云"乃"阿云"之"云"，"停"则停留之意。夫河东君之于嘉定诸老，只可谓之"友"，而未能为其"亲"。且陶诗义正辞严，不宜借作"绮怀"之题。岂松圆后来亦觉此题未妥，遂以"缃云"代之，而作七律八首耶？至若《有学集》九《红豆初集·戊戌新秋日吴巽之持孟阳画扇索题，为赋十绝句》，其第十首（钱曾王《注》本为第二首）云"依约情人怀袖里，每移秋扇感停云"，则"停云"一辞兼指孟阳及河东君而言，殊与"思亲友"之义切合。此亦松圆、茂初辈赋《停云》诗时所不及料者也。余详后论"缃云诗扇"条。李、程二老赋《停云》诗,疑在崇祯九年初春。盖此题后一题为《和尔宗春宴即事》诗。据《列朝诗集》孟阳诗选本,《缃云诗》前即《春宴》诗,但题上多"丙子立春"四字。依郑鹤声《近世中西史日对照表》,崇祯九年丙子无立春。但七年甲戌正月六日立春,十二月十七日又立春。八年乙亥十二月廿八日立春。寅恪以为当日历官定历,必无一年之内缺去或重复立春节气之理。故知郑《表》中七年岁末之立春应移于八年岁初,而八年岁末之立春应移于九年岁初。如此移置,方与当时事理及孟阳诗题符合。又据《耦耕堂存稿》文中《祭李茂初》文略云:

> 崇祯岁丁丑春正月,李茂初先生寝疾里中,会余留滞郡城。(寅恪案:"郡城"指苏州言。明代嘉定为苏州府属县。孟阳此次至苏州,疑是送牧斋被逮北行。俟考。)二月晦日,拏舟候兄于室,先生顾余微笑,明晨复小语而别。又四日为三月癸卯,先生终于正寝。春秋七十有四。越二七日丁巳,表弟程某哭奠于几筵而告之以词曰:去岁之春,同游湖埭。寻花放狂,把烛回船。欢笑累夕,和诗几篇。

寅恪案:孟阳祭茂初文作于崇祯十年丁丑。文中"去岁之春"指崇祯九年丙子之春。"寻花放狂"之"花",指河东君言,即孟阳《正月同李茂初沈彦深郊游次茂初韵》诗中(此题"正月"二字,从孙氏钞本增补。全诗见下引)所谓"寻花舍此复何之"之意也。考河东君以崇祯八年秋深别卧子于松江,重返盛泽镇徐云翾家。值此惆怅无聊之际,当思再作嘉定之游。何况练川诸老知其已脱几社名士之羁绊,逸兴野心遂大发动,更复殷勤促其重来,以践崇祯七年初秋相别时之宿诺耶?孟阳诗中"况值新知多道气"句之"新知",自指河东君言。"新知"一辞,本出《楚辞·九歌·少司命》"乐莫乐兮新相知"之句,然松圆之意注重在"乐",而不在"新"。观其后来所作《六月鸳湖饮朱子暇夜归与云娃惜别》诗"一尊且就新知乐"之语(全诗见下引),足证其"新"字之界说。余可参前论宋让木《秋塘曲序》条,兹不复赘。又,《杜工部集》一一《过南邻朱山人水亭》诗云:"看君多道气,从此数追随。"松圆用少陵"多道气"之语,岂欲"从此数追随"河东君耶?窃恐阿云接对唐、李、程诸老之际固多道气,但其周旋宋辕文、陈卧子、李存我之时,则此"道气"一变而为妖气,松圆于此可谓"枉抛心力"矣。又,茂初卒于崇祯十年丁丑三月。其卒前一年,尚与此"多道气"之"新知"相往来。《论语·里仁篇》:"子曰,朝闻道,夕死可矣。"朱《注》云:"道者,事物当然之理。苟得闻之,则生顺死安,无复遗恨矣。"然则,若茂初者,殆可谓生顺死安者欤?

《丙子立春和尔宗春宴即事》("丙子立春"四字,据《列朝诗集》所录增补)云:

> 归舠夜发促春盘,少长肩随各尽欢。花鸟妆春迎宿雨,天云酿雪作朝寒。何嫌趋走同儿戏,便许风流比画看。晕碧栽红古来事,醉痕狼藉任阑干。

寅恪案:尔宗者,金德开之字。事迹见《嘉定县志》一七《忠节门》本传。其父兆登本末见《耦耕堂存稿》文下《都事金子鱼先生行状》及《初学集》五四《金府君墓志铭》等。又,《嘉定县志》三〇《第宅园亭门》"金氏园"条云:

> 东清镜塘北。中有柳云居,(寅恪案:"柳云"二字可注意,不知是否与河东君有关。俟考。)止舫,霁霞阁,冬荣馆。金兆登辟。别有福持堂,在塔院西。兆登别业。

据此,崇祯九年丙子立春日尔宗之春宴,河东君当亦预坐。此诗第一句之"归舠",乃指河东君此次来嘉定寓居城外,或即南翔镇之檀园。尔宗既设春宴于其城内之寓园,则城门夜深必须扃闭,故河东君不能甚晚返其城外居处,所谓"促"者,指时间之迫促。第二句"少长尽欢"之"少",指尔宗辈,"长"指孟阳辈。第四句暗藏"朝云"二字,否则既是夜宴,何必用"朝"字也。此诗第二联之"儿戏""风流",甚合当时情事。第七句疑用梁简文帝《春盘赋》语。(寅恪检《佩文韵府》一一"东红韵"(下)云:"梁简文帝《春盘赋》,裁红晕碧,巧助春情。又裁红点翠愁人心。"今检丁福保辑"全汉三国晋南北朝诗"《全梁诗》一简文帝《东飞伯劳歌二首》之一有"裁红点翠愁人心"之句。元好问《遗山诗集》八《春日》诗:"里社春盘巧欲争,裁红晕碧助春情。"自注云:"欧阳詹《春盘赋》,裁红晕碧,巧助春情,为韵。"《全唐文》五九五欧阳詹《春盘赋》及《佩文韵府》一○○上一一"陌碧韵"(下)并同。但"汉魏百三名家集"及严可均辑《全梁文》简文帝文等,皆无《春盘赋》。更俟详考。)又,后来河东君于崇祯十三年所赋《春日我闻室作呈牧翁》诗"裁红晕碧泪漫漫"句,亦是追感此类春宴,所以有"泪漫漫"之语耳。"古来事"者,孟阳非仅谓自古相传有此节物风俗,兼具和李茂初《停云》诗"只言此地古人风"之意。颇疑"此地古人风"之语,实出于河东君之口。作此等语,即所谓"道气"者是也。观此夕之春宴,河东君来去迫促如此,真玉谿生《重过圣女祠》诗所谓"萼绿华来无定所,杜兰香去未移时"者也(见《李义山诗集(上)》)。

《正月十一十二夜云生留余家,与客连夕酣歌,醉余夜深,徘徊寺桥,俯仰昔游,题三绝句》云:

伤心无奈月明桥,秋水横波凝玉箫。十八回圆天上月,草芳何尽绿迢迢。

经过无处不关情,寺冷台荒月自明。相见解人肠断事,夜深闲上石桥行。

美人一去水连村,风月佳时独掩门。今夕酒阑歌散后,珊珊邀得月中魂。

寅恪案:此题《三绝句》与《缅云诗八首》殊有密切关系。不过孟阳此《三绝句》,止咏崇祯九年丙子正月十一、十二两夕河东君留宿其家之奇遇。至《缅云诗八首》,则为总述河东君此次嘉定之重游,包括崇祯九年正月灯节前数日在其家小住后,至二月下旬离嘉定返盛泽,并去后不久时相思甚苦之事实也。盖萼绿华之降羊权家,乃旷世难逢之大典,岂可以三绝句短章草率了事?但七律八首又费经营,绝非一时所能写就。职此之故,两题内容固有相同之处,而作成时间则有先后。颇疑《缅云诗》之完成,当在河东君崇祯九年二月末离去嘉定不久之后,即是年三月暮春也。

此诗题中之"昔游",指崇祯七年七月十二夜,即《今夕行》所述之事。"云生"指河东君,固不待言。考徐釚《续本事诗》五袁宏道《伤周生》诗题下注云:

按吴人呼妓为生。

据此,孟阳自可呼河东君为"云生"。又检王圣涂辟之《渑水燕谈录》一〇《谈谑类》(可参赵德麟令畤《侯鲭录》八"钱塘一官妓"条)云:

子瞻通判钱塘,尝权领州事。新太守将至,营妓陈状词以年乞出籍从良。判曰:"五日京兆,判状不难。九尾野狐,(寅恪案:赵氏书谓此妓"性善媚惑,人号曰'九尾野狐'"。)从良任便。"有周生者,色艺为一州之最,闻之,亦陈状乞嫁。惜其去,判云:"慕《周南》之化,此意虽可嘉。空冀北之群,所请宜不允。"其敏捷善谑如此。

然则呼妓为"生",宋人已然。但孟阳所以取男性之称目之者,疑有其他理由。一方面河东君往往以男性自命,和《与汪然明尺牍》之称"弟"及幅巾作男子服访牧斋于半野堂等,即是其例。别一方面,则河东君相与往还之胜流,亦戏以男性之称目之。如牧斋称之为"柳儒士"之例(见《牧斋遗事》"国初录用前朝耆旧"条)。寅恪更疑此诗题中之"云生",其初稿当作"云娃",盖用唐汧国夫人称"李娃"之典(见《太平广记》四八四白行简所撰《李娃传》"汧国夫人李娃,长安之倡女也"等语)。如其《二月上浣同云娃踏青》及《六月鸳湖与云娃惜别》等题,同一称谓(两诗俱见下引)。后来发觉以"云娃"为称而留宿其家,甚涉嫌疑,两方均感不便,遂改"娃"为"生",以图蒙混欤?又,吴梅村《琴河感旧诗序》亦称卞玉京为"卞生"。盖以赋诗之际,云装亦将委身于人之故。此点可与孟阳诗题序相参证也(见《梅村家藏稿》六,并后论卞玉京事节)。总而言之,牧斋于松圆与河东君之关系虽不甚隐讳,然值此重要关头即"云生留予家"之问题,则风流才子之钱谦益亦不得不仿效陈腐迂儒之王鲁斋柏,撰著《诗疑》,于《郑》《卫》诸篇大肆删削矣。呵呵!至题中之"寺桥",第一首第一句之"桥",第二首第二句之"寺"及第四句之"石桥",俱指西隐寺之桥,亦即孟阳改其名为"听莺桥"者,见前论隐仙巷非别有"蘦园"条及后论《缃云诗》第二首"听莺桥下波仍绿"句,兹不多赘。

第一首与杜牧之《寄扬州韩绰判官》诗"青山隐隐水迢迢,秋尽江南草木凋。二十四桥明月夜,玉人何处教吹箫"及孟浩然《留别王侍御维》诗"欲寻芳草去,惜与故人违"有关(见《全唐诗》第八函杜牧四及同书第三函孟浩然二)。否则孟阳赋诗正值严寒草枯之际,焉得有第四句"草芳何尽绿迢迢"之语耶?更申言之,孟阳此首之意,大有玉谿生"小姑居处本无郎"(见

《李义山诗集(中)无题二首》之二)及辛稼轩词"见说道,天涯芳草无归路"(见《稼轩词》二《摸鱼儿·王正之置酒小山亭赋》)之微旨也。第一句所谓"伤心"者,鄙意河东君之为人感慨爽直,谈论叙述,不类闺房儿女。观前引宋让木《秋塘曲》,知其当日在白龙潭舟中,对陈、宋、彭诸人道其在周文岸家不容于念西群妾事,绝未隐讳,可为例证。由是推之,此次重游练川,亦必与孟阳言及其所以离松江迁盛泽之经过,而于其不能为卧子家庭所容之原委,复当详尽痛切言之也。"十八回圆天上月"者,盖河东君于崇祯七年七月七夕后离去嘉定,复于九年正月元日前重游练川。孟阳若忘却七年闰九月,不计在内,则其间天上明月正合十八回圆之数也。又,《白氏文集》一八《三年别(七绝)》云:

悠悠一别已三年,相望相思明月天。肠断青天望明月,别来三十六回圆。

孟阳殆有取于香山此题。因三年别之语,若自河东君于崇祯七年孟秋离去嘉定,至松圆赋《正月十一十二夜》诗时,实际上虽非经过三十六月,但名义上亦可谓已阅三年矣。

第二首第三句所谓"肠断事"者,不知孟阳指何方面而言。但河东君与孟阳两人皆有断肠之事,即卧子送别河东君《满庭芳》词所谓"怨花伤柳,一样怕黄昏"者也。(全词见下引。)

第三首孟阳述其自崇祯七年秋间,河东君别后相思之苦及此夕即九年正月十一、十二夜相见之乐。诗语虽不甚佳,但为赋此题之本旨。其姗姗来迟,令人期待欲死之意溢于言表矣。

上海前合众图书馆藏吴兴刘氏旧抄本《耦耕堂存稿》诗中《缅云诗》第八首末句"风前化作彩云行"下有朱笔评语云:

"彩云"首尾呼应,是八首章法。音调凄惋,情致生动,是从长庆得来,与西昆艳诗有别。

寅恪案:此评语出自何人之手,今难考知。甚疑是孟阳同时之人。即使出自后人手笔,亦必其人生年与孟阳相近,尚能闻知当日故实,如孙松坪之流。否则不得亲切若是也。至其言孟阳此诗"是从长庆得来,与西昆艳诗有别"。若就《缁云诗》之意境言之,则颇与西昆近,而不似长庆。但就辞语论之,则实与香山之诗有关。检《白氏文集》一二《简简吟》一题结语云:"彩云易散琉璃脆。"此题后即《花非花》一题,其辞云:

花非花,雾非雾。夜半来,天明去。来如春梦几多时,去似朝云无觅处。

由此推之,孟阳赋《朝云诗》实从香山《花非花》来,盖河东君之"来无定所,去未移时"甚与乐天所言者符合。孟阳既取"花非花"辞意,以作《朝云诗》,则用《简简吟》末句"彩云"之语为题,更赋《彩云诗八首》,本极自然。但《简简吟》后半述苏家小女之早夭,孟阳后来亦当发见其用此不祥之辞为题,甚是不妥。因前赋《正月十一十二夜三绝句》时,捊扯《樊川诗集》得"孤直缁云定"之句(见《全唐诗》第八函杜牧二《赠沈学士张歌人》诗),遂改"彩云"为"缁云"。且与河东君之擅长歌唱者,颇相适合也。

《缁云诗八首》非一时所作,其完成时间,大约在崇祯九年暮春,前已略论及之。此题八首之作,其最前时限当是崇祯九年正月,其最后时限亦不能越出是年三月也。此题八首既非一时所完成,其内容所述者亦不止关涉一事。约略言之,可分为四端。第一、第二两首为言其写作"缁云诗扇"(此扇有河东君画像并孟阳自题诗)。第三、第四两首为细写河东君留宿其家。第五、第六两首为叙述河东君之离去嘉定。第七、第八两首为陈诉己身自河东君别后相思之痛苦。(寅恪案:徐电发《续本事诗》六选松圆《缃云诗》第一、第三、第七共三首,亦可谓得其要领矣。)凡此八首皆步一韵,与前此所赋《朝云诗》有别。《耦耕堂存稿》诗此题下并第六、第七两首上有评语云:

> 八诗同用一韵,比《朝云诗》更工炼矣。其用韵略无一意同者,而极自然,无斧凿之迹,故佳。各诗承接俱能打成一片,正在起结处得力耳。不止以对句求工、押字取致而已。押"争"字各见笔力,尤在与前后一气贯注,移动不得,乃见作法。

寅恪案:此等评语推崇至极,究属何人所加,殊为可疑。其非出自牧斋,固不待言。但当时称赏松圆之诗若此之甚者,舍牧斋外又难觅其他相当之人。然则岂松圆本人所自为耶?文士故作狡狯,古今多有之,不足异也。鄙意此题八首之用韵实有问题,颇疑是次韵之作。盖第五首云"艳曲传来还共和",据此可知当时松圆必有和河东君之作。但今检《耦耕堂集》,此数年中所赋之诗,尚未发见有和河东君之篇什。或者《缃云诗八首》即步河东君原诗之韵者。河东君此原诗,乃孟阳所谓"艳曲"者欤?俟考。兹依次移录《缃云诗八首》,分别论释之于下。

其一云:

> 彩云一散寂无声,此际何人太瘦生。香纵反魂应断续,花曾解语欠分明。白团画识春风在,红烛歌残夕泪争。从此朝朝仍暮暮,可能空逐梦中行。

其二云:

> 抹月涂风画有声,等闲人见也愁生。听莺桥下波仍绿,走马台边月又明。芳草路多人去远,梅花春近鸟衔争。残更亡

寐难同梦,为雨为云只自行。

寅恪案:《有学集》九《红豆初集·戊戌新秋日吴巽之持孟阳画扇索题为赋十绝句》其二(钱曾《注》本列为第三)云:

> 断楮残缣价倍增,人间珍赏若为凭。松圆遗墨君应记,不是缅云即送僧。(自注:"孟阳别妓有'缅云诗扇'。")

《有学集》中此《十绝句》详见后论。兹可注意者,为牧斋此首自注"缅云诗扇"一语。盖诗扇有孟阳自书其赠妓诗,固不待言。但扇面空间不甚广阔,《缅云诗八首》若全部尽书,则必是蝇头小字方可容纳。松圆于崇祯九年已七十二岁,当时虽有眼镜,松圆未必具此工具(参《初学集》九《崇祯诗集五·眼镜篇送张七异度北上公车》诗)。故此诗扇之诗,应不能超过两首。若依此限度,则当是此题之第三首并第四首,因此两首乃述河东君留宿其家之事,且第三首结语"彩云缅定不教行",实《缅云诗》全部之核心,绝无遗漏之理。又,牧斋《十绝句》乃应吴巽之之请,题松圆画扇者。据此可知虽称之为"缅云诗扇",其上除诗外,当尚有画在。如《松圆浪淘集》"春帆十三"《垫巾楼中宋比玉对雪鼓琴,余戏作图便面漫题》之例,可以为证。盖通常团扇,两面皆可作画书字。其一面无终贯之扇骨者便于作画。其别一面之贯有扇骨者,不碍作书。由此推之,牧斋所谓"缅云诗扇",仍为松圆之画扇,不过其别一面,则有孟阳自书之《缅云诗》耳。"缅云"一事乃松圆平生最得意者,故往往作画题字以示密友。巽之之此扇当亦其中之一,未必即是孟阳亲赠予河东君者也。

《缅云诗》第一首第一句"彩云一散寂无声",固出李太白《宫中行乐词八首》之一"只愁歌舞散,化作彩云飞"(见《全唐诗》第三函李白四)。但"无声"二字,松圆之意除指歌声外,恐兼指扇上之画言。盖目画为无声之诗,河东君离去,而画图仍在也。第五句"白团画识春风在",用梁武帝"手中白团扇,净如秋团月"及简文帝"白团与秋风,本自不相安",并杜工部"画图省识春风面,环佩空归月夜魂"等诗句之典(见丁福保辑《全梁诗》一梁武帝《团扇歌》及简文帝《怨诗》,并《杜工部集》一五《咏怀古迹五首》之三),亦足证此句与第一句皆谓扇上之画也。第六句"红烛歌残夕泪争",用杜牧之"蜡烛有心还惜别,替人垂泪到天明"及晏叔原词"红烛自怜无好计,夜寒空替人垂泪"之典(见《全唐诗》第八函杜牧五《赠别二首》之二及晏几道《小山词·蝶恋花词》),俱为世人所习知,不过松圆以之作别妓诗,更觉适切也。第七、第八两句自是出于宋玉《高唐赋》"且为朝云,暮为行雨"之语(见《文选》一九),河东君此时以"朝"为名,以"朝云"为字,如江总字总持,杜牧字牧之之例。特点出之,亦当日赋诗者之风气。前第二章已详论之。

第二首第一句"抹月涂风画有声",指扇上之诗言。盖目诗为有声之画也。第三句"听莺桥下波仍绿",关于听莺桥一端,见上论西隐寺前石桥本名"宝莲",松圆改为"听莺"事,兹可不赘。第四句"走马台边月又明",其古典则用《汉书》七六《张敞传》"敞无威仪,时罢朝会,过走马章台街,使御吏驱,自以便面拊马"之语,及《文选》二七班婕妤《怨歌行》"新制齐纨素,皎洁如霜雪。裁为合欢扇,团团似明月"之句(参《玉台新咏》一班婕妤《怨诗》)。盖"便面"即扇。且"章台街"一辞,复合于《太平广记》四八五许尧佐《柳氏传》中"章台柳"事。"团团似明月"即"月又明",并与第一首第五句有关。又,松圆正月十一、十二夜所赋《三绝句》之第三首末句"姗姗招得月中魂",亦与之有干涉也。其今典则借用南翔镇"走马塘"之名(见陈枏校印《南翔镇志》一《水道门》"走马塘"条),而以《汉书·张敞传》中"过走马章台街"之"台"代"塘",并取许尧佐《柳氏传》中"章台柳"故事混合融贯,足见此老之匠心。故此次河东君之游嘉定,寄居之处与檀园及李茂初有关,亦可藉是推知矣。余可参前论松圆《秋雨端居有怀》及《停云次茂初韵》两诗条。"芳草路多人去远,梅花春尽鸟衔争"一联,上句谓河东君已离嘉定返盛泽。据此可知《缃云诗》第一首、第二首虽排列最前,但其作成之时间,实在第三、第四两首之后矣。下句有"梅花春尽"之语。考明末历官所定节气,梅花开时,常与春分相近。《东山酬和集》二《〔崇祯十四年〕二月十二日春分日横山晚归作》有句云"残梅糁雪飘香粉"。依郑氏《近世中西史日表》,崇祯十四年春分在二月十日,即阳历三月廿日。崇祯九年春分在二月十四日,即阳历三月廿日。郑氏所推算,虽与当时所用之历微有差错,但春分在阴历二月则绝无可疑。松圆崇祯九年有《二月上浣同云娃踏青》诗(全诗见下引)。可知河东君此次之去嘉定,适在梅花开放而包含春分节气之二月。此为第一、第二两首作于第三首、第四首以后之又一旁证也。

其三云:

朝檐天外鹊来声,夜烛花前太喜生。婓尾宴收灯放节,埽眉人到月添明。香尘滪洞歌梅合,钗影差池宿燕争。等待揭天丝管沸,彩云缃定不教行。

其四云:

梅飘妆粉听无声,柳著鹅黄看渐生。雷茁玉尖梳底出,云堆煤黛画中明。(《列朝诗集》"云"作"雪"。)不嫌昼漏三眠促,方信春宵一刻争。背立东风意无限,(《列朝诗集》"无"作"何"。)扱腰珠压丽人行。

寅恪案:此两首皆与上引《正月十一十二夜云生留余家三绝句》

同咏一事。第三首"婪尾宴收灯放节,埽眉人到月添明"联,即《三绝句》题序中之"正月十一十二夜云生留余家"也。"香尘溷洞歌梅合,钗影差池宿燕争"联,即《三绝句》题序中之"与客连夕酣歌"也。

第三首第二句出《杜工部集》一〇《独酌成诗》所云:

灯花何太喜,酒绿正相亲。醉里从为客,诗成觉有神。兵戈犹在眼,儒术岂谋身。共被微官缚,低头愧野人。

又,少陵此诗如"醉里从为客"及"兵戈犹在眼"诸句,亦甚切合松圆当日情事。惟松圆以"山人"终老,则与杜诗结语不合耳。第七、第八两句,乃合用《列子·汤问篇》秦青"抚节悲歌,声振林木,响遏行云"及杜牧之《赠沈学士张歌人》诗"孤直缅云定"之典,不仅为全首之警策,亦全部八首主旨之所在也。

夫河东君既于崇祯九年正月十一、十二夜留宿松圆之家,松圆自不能不作画以写其景,赋诗以言其事。此第四首即写景言事之篇什,亦即"缃云诗扇"有画之一面所绘者也。《才调集》五元微之《离思六首》之三"闲读道书慵未起,水晶帘下看梳头",孟阳窃取其意以作画,并采用《东坡集》九《续丽人行》之辞旨以赋此首。故"缃云诗扇"今虽不存,但观《缃云诗》第四首亦可想见扇上所绘之大概也。孟阳赋诗以"慵未起"及"看梳头"为主旨,则其所画者当从美人晓妆之后面描写,而东坡所赋《续丽人行》题序云"李仲谋家有周昉画背面欠伸内人,极精,戏作此诗"等语,正是孟阳心中所欲绘者,故东坡此诗亦可谓孟阳画图之蓝本矣。兹移录苏诗于下,读者可得之,不必详论也。

苏诗云:

深宫无人春日长,沉香亭北百花香。美人睡起薄梳洗,燕舞莺啼空断肠。画工欲画无穷意,背立东风初破睡。若教回首却嫣然,阳城下蔡俱风靡。杜陵饥客眼长寒,蹇驴破帽随金鞍。隔花临水时一见,只许腰肢背后看。心醉归来茅屋底,方信人间有西子。君不见孟光举案与眉齐,何曾背面伤春啼。

第四首之辞语,除与苏诗有关者可以不论外,唯其中"雷茁玉尖梳底出,云堆煤黛画中明"一联,尚需略加考释。此联上句述河东君晨起自梳头事。"玉尖"疑用韩致尧《咏手》诗"腕白肤红玉笋芽,调琴抽线露尖斜。"(见《全唐诗》第十函韩偓四。)至"雷茁"两字连文,寅恪浅陋,尚未见昔人有此辞语,前引孙松坪主纂之《佩文韵府》,亦仅著松圆此诗。据是推之,似是孟阳创作。《李义山诗集(上)柳》诗云:"巴雷隐隐千山外,更作章台走马声。"意者河东君此次之游嘉定,已改易原来姓名之"杨朝"为"柳隐"。松圆遂联想张敞走马章台街及韩翃章台柳故事,借用玉谿生诗创此新辞耶?俟考。下句述河东君自画其眉事。盖松圆无张京兆之资格及幸运也。(《戊寅草》有《为郎画眉代人作》一诗,列于《朱子庄雨中相过(七古)》之后,辞意俱不易解。未知与朱氏有无关系,姑附识于此,以供参考。)"云堆"若依《耦耕堂存稿》诗钞本,则"云"指发言,固可通。若依《列朝诗集》及《佩文韵府》作"雪堆",(孙氏所据何本,今不可考。)则"雪"谓手,指肌肤皎若冰雪,画眉用煤黛,故黑白愈分明也。两说未知孰是,更俟详检。第七句"背立东风意无限",《列朝诗集》"无"作"何",虽皆可通,但苏诗为"画工欲画无穷意,背立东风初破睡",故仍以作"无限"意为是。"穷"改"限"以协平仄。且"无限"一辞,有李太白《清平调》第三首"解识春风无限恨"之成语可依据也。若谓此首第一句有"无"字,第七句因改"何"字以避重复,此则拘于清代科举制度习惯所致,昔人作诗原不如是,即观本文所引明末诸人篇什,可以证知,不必广征也。

其五云：

十夕闲窗歌笑声，绿苔行迹见尘生。乱飞花片浑亡赖，（《列朝诗集》"亡"作"无"。）微露清光犹为明。艳曲传来还共和，新图看去不多争。遥知一水盈盈际，独怨春风隔送行。

其六云：

昨夜风前柔橹声，无情南浦绿波生。飞花自带归潮急，落月犹悬宿舸明。（《列朝诗集》"落"作"残"。）卿色晓分娄苑尽，人烟暗杂语溪争。春云倏忽随春梦，难卜灯花问远行。

寅恪案：此两首虽俱述河东君离去嘉定事，但第五首言河东君以诗留别不及送行。第六首则泛论河东君归程也。前首有"乱飞花片浑亡赖"，后首有"飞花自带归潮急"，故知河东君去时必是飞花时候。韩君平《寒食》诗云："春城无处不飞花，寒食东风御柳斜。"（见《全唐诗》第四函韩翃三）据郑氏《近世中西史日表》，崇祯九年清明为二月廿九日。然则河东君之去嘉定，乃在是年二月下旬。《缃云诗》第七首"三月天涯芳草歇，一番风信落花争"，亦可参证也。

第五首"十夕闲窗歌笑声"句，非谓河东君连续十夕留宿其家。不过如正月十一、十二夜两夕及二月上浣同云娃雨宴达曙一夕之例，即《缃云诗》第一首"香纵反魂应断续"之意也。第五句"艳曲传来还共和"之"艳曲"，疑即是遣人送诗告别之作，而《缃云诗》乃次此诗之韵。即有"共和"一语，则嘉定诸老中除孟阳外，当尚有他人和诗，惜河东君原作及他人和篇，皆不可见矣。（寅恪偶检徐康《前尘梦影录（下）》"先叔父鸿宝至平桥书肆小憩"条云："书贾出《河东君诗》四本，卷帙甚薄，丹黄殆遍，系河东君手录底本。中有与松圆老人唱和，及主人红豆诗甚多。"徐氏所言,或为河东君选录底本,未必是游嘉定时之作品也。俟考。)第六句"新图看去不多争"之"新图",当即孟阳此时新绘"缥云诗扇"上河东君之像。"不多争"者,谓相差无几。今世所传河东君画像,自顾云美后亦颇不少。但皆非如松圆所画者,对人对景直接摹写之真能传神,又不待言也。第七、第八两句依孟阳之意,谓河东君怨其不来送行,窃恐适得其反。盖河东君独往独来,虽其特性,然亦视情谊而有区分。如陈卧子于崇祯八年秋深,由松江送其赴盛泽镇,至武塘始别去,可以证知。此次之离嘉定,则不欲诸老相送,恐非遵孔子"老者安之"之义。不过畏松圆诸人临别之际依恋不舍,情态难堪,故出此策以避烦扰耳。龚自珍《袁浦别妓》诗(见《定庵文集补·己亥杂诗》中之《呓词》)云:

金缸花尽月如烟,空损秋闺一夜眠。报道妆成来送我,避卿先上木兰船。

此为男避女送行之辞,与柳、程此次之事相反,但依第六首"落月犹悬宿舸明"句,可知河东君亦避孟阳先上木兰船也。

第六首"泖色晓分娄苑尽,人烟暗杂语溪争"一联之"泖""娄"及"语溪",乃指河东君由嘉定返江浙交界之盛泽镇,舟行所经松江嘉兴之地名(见《嘉庆一统志》八二江苏《松江府一》"泖湖"条及同书二八六浙江《嘉兴府一》"语儿溪"条并《浙江通志》一一《山川门三》"语儿溪"条)。第七句用范致能词"灯花结。片时春梦,江南天阔"之语(见范成大《石湖词·秦楼月》词)。第八句用郭彦章钰《送远曲》"归期未定须寄书,误人莫误灯花卜"之句(见顾嗣立《元诗选初集·辛静思集》),与第三首"夜烛灯前太喜生"句,一喜其来,一念其去,两相对映也。

其七云:

夜半空阶细雨声,晓寒池面绿萍生。(《佩文韵府》引此诗"晓"作"晚"。)悠悠春思长如梦,耿耿闲愁欲到明。三月天涯芳草歇,一番风信落花争。茫茫麦秀西郊道,不见香车陌上行。

其八云:

闲坊归处有莺声,白发伤春泪暗生。无计和胶黏日驻,枉拚不睡泥天明。千场绿酒双丸泻,一朵红妆百镒争。(寅恪案:此一联用《全唐诗》第三函李白二四《赠段七娘(七绝)》"千杯绿酒何辞醉,一面红妆恼杀人"二句。又上句可参第三首所引杜工部《独酌成诗(五律)》。)不见等闲歌舞散,风前化作彩云行。

寅恪案:此两首皆松圆自述河东君于崇祯九年二月末落花时节离去嘉定后,其单相思之苦痛,并追忆前此河东君留宿其家之事也。

第七首"夜半空阶细雨声,晓寒池面绿萍生"。《礼记》六《月令》云:"仲春之月,萍始生。"孟阳此年有《二月上浣同云娃踏青归雨宴达曙》诗云:"醉爱雨声笼笑语,不知何事怨空阶。"即指此次郊游踏青留宿其家之事。同一听雨,昔乐今愁,所以续以"悠悠春思长如梦,耿耿闲愁欲到明"一联也。此次踏青之地,不知在何处,但必在近郊无疑。当时孟阳移居西城,或即第七句所谓"西郊"者耶?第五句"三月天涯芳草歇"之"芳草",或即指踏青诗"天粘碧草度弓鞋"之"碧草"欤?

第八首"闲坊归处有莺声",当是追忆崇祯九年正月十一、十二夜留宿其家,欢歌醉余徘徊寺桥之事(见前)。此寺桥即西隐寺之宝莲桥,后来孟阳改其名为"听莺桥"者。此次河东君留宿其家,实为柳、程两人交谊之顶点,故以此事作《缃云诗》之总结。然今日吾人读至"一朵红妆百镒争"之句,不禁为之伤感,想见其下笔时之痛苦也。平心而论,河东君之为人,亦不仅具有黄金百镒者所能争取。观谢象三不能如愿之事,可以证知。若孟阳心中独以家无百镒,不能与人竞争为恨,则未免浅视河东君矣。

松圆完成《缁云诗八首》,大约在崇祯九年三月暮春。前已考论。河东君离去嘉定在是年二月末,此次来嘉定除上论诸诗外,孟阳尚有二诗与之有关,兹移录于后。

《〔正月〕同李茂初沈彦深郊游,次茂初韵》云:

贮得瑶华桃李时,寻花舍此复何之。陶情供具衰年乐,送老生涯画史痴。地僻扶携窥粉黛,林深枕藉共糟醨。只传吹角城头早,秉烛留欢每恨迟。

《二月上浣同云娃踏青归,雨宴达曙。用佳字》云:

客来兰气满幽斋,少住春游兴亦佳。霞引秾桃褰步障,天粘碧草度弓鞋。烟花径袅婵娟入,山水亭孤竹肉谐。醉爱雨声笼笑语,不知何事怨空阶。

寅恪案:前诗题中之李茂初,上已屡论,今不更赘。惟沈彦深本末尚未述及,兹略考之。《嘉定县志》一八《孝义传·沈宏祖传》(参《侯忠节公全集》四《次张西铭翰林韵,贺沈彦深得雄二首》)云:

沈宏祖,字彦深,高才博学。崇祯壬午奉文改兑漕米。申荃芳等赴阙上书,疏出宏祖手。尝佐有司赈荒,民得实惠。

孟阳诗"贮得瑶华桃李时,寻花舍此欲何之"者,意谓此时正贮得艳如桃李、绝代名花之河东君,更何必往他处寻花乎?非谓正月严寒之时桃李花开也。"寻花"一辞,可参上论孟阳祭李茂初文。第四句"画史痴"之语，孟阳以能画而痴绝之顾虎头自比，固亦确切。但未具顾氏棘针钉邻女画像之术，以钉河东君之心，殊为遗憾也（见《晋书》九二《顾恺之传》）。此诗下半四句谓与李、沈诸人拥护河东君傍晚时郊外野餐，深恨城门将闭不得尽欢。考当时茂初年七十三，孟阳年七十二，彦深此年虽非如李、程之老耄，然依张西铭、侯广成作诗贺其"得雄"言之，当是中年或中年以上。盖《侯忠节公全集》四《贺彦深得雄》诗之前一题为《秦淮五日》，后一题为《南州送子演婚》。侯氏以崇祯十一年春由南京司勋郎中升江西督学，赴南昌任所。综合推之，彦深与河东君郊游之时，其年龄亦非甚少可知。河东君崇祯九年丙子，年十九，素不畏冷（见下论《有美诗》等），冲寒郊游至于日暮，本不足异。独怪李、程二老忍寒冒险、不惜残年，真足令人钦服。更可笑者，河东君夙有"美人"之称。"美人"与"婵娟"二字有关，前第二章已详论之。松圆此诗中第五句"烟花径袅婵娟入"，实指美人，即河东君，殊非泛语。寅恪忽忆幼时所诵孟东野《偶作》诗（见《全唐诗》第六函孟郊二）云：

利剑不可近，美人不可亲。利剑近伤手，美人近伤身。道险不在广，十步能摧轮。情爱不在多，一夕能伤神。

检《缁云诗》第五首有句云"十夕闲窗歌笑声"，然则松圆诗老独不虑此"美人""十夕"之"能伤神"耶？

后诗前已多所论及，兹不复赘。但诗题有"用佳字"之语，当是分韵赋诗。今日河东君原作已不可见，惜哉！此夕在崇祯九年丙子二月上浣，一年以前，正是河东君与卧子同居松江徐氏南楼之际。回忆当时春闺夜雨，睹景怀人必甚痛苦，其情感绝不同于孟阳此诗结语之欢乐无疑。顾孟阳未必能察其内心耳。观后来河东君赋《金明池·咏寒柳》词有"春日酿成秋日雨。念畴昔风流,暗伤如许"等句(全词见下引),则其听春雨而伤怀抱非出偶然,亦可证知矣。

兹有一问题即河东君何时改易姓名为柳隐?此点俟论卧子所刻《戊寅草》及其《上巳行》诗时详之,暂不多赘。但《绸云诗》第二首"走马台边月又明",第四首"柳著鹅黄看渐生"及"不嫌昼漏三眠促"等句,似亦暗示河东君此时即崇祯九年春间,已改易姓名为"柳隐"矣。夫河东君原姓杨,又有章台柳之故事,其改杨为柳本极自然,不待多论。唯关于"蘼芜"为字一点,则不得不略加考辨。(寅恪案:葛昌楣君《蘼芜纪闻(上)》载王士禄《宫闺氏籍艺文考略》,一名《然脂集》,引《古今谈概》云:"字蘼芜。"但今检文学古籍刊行社重印冯梦龙此书,未见王氏所引之文。邓汉仪《天下名家诗观二集》附《闺秀别卷·柳因小传》云:"字蘼芜。"似为较早之纪录。)《牧斋遗事》(参用《虞阳说苑》本及"古学丛刊"本)云:

> 一门生具贽仪,走干仆,自远省奉缄于牧翁。内列古书中僻事数十条,恳师剖晰。牧翁逐条裁答,复出己见,详加论定。中有"惜惜盐"三字,其出处尚待凝思。柳姬如是从旁笑曰:"太史公腹中书乃告窘耶?""是出古乐府。'惜惜盐'乃歌行体之一耳。盐宜读行,想俗音沿讹也。"牧翁亦笑曰:"余老健忘。若子之年,何待起予?"

寅恪案:世人多喜传诵此事,以为谈助。不知河东君之调牧翁,牧翁逊词解嘲,两人之间皆有隐情,不便明言。后之读《牧斋遗事》此条者,未必能通解也。《容斋续笔》七"昔昔盐"条,考辨精详,牧斋自必约略记忆。河东君亦博涉书史,其能举此条以对钱氏门生之问,固不足异。夫薛道衡《昔昔盐》云:"垂柳覆金堤,蘼芜叶复齐。"(见"汉魏六朝百三名家集"《薛司隶集·乐府》。)《玉台新咏》一《古诗》第一首云："上山采蘼芜,下山逢故夫。"河东君既离去陈卧子,改姓为柳,其以蘼芜为字,本亦顺理成章之事。容斋之书考"昔昔盐"甚详,河东君浏览及之,又所当然也。夫牧斋家富藏书,且多善本。其所见之本必不止崇祯初年谢三宾、马元调所刻者,自不待言。至若河东君则情势迥异,所见者必是谢、马之本。其最初或即从几社名士处。若不然,稍后亦可从嘉定唐叔达、程孟阳诸老处,至迟更可从谢象三处得见谢、马所刻容斋此书也。今检谢三宾刻《容斋随笔》卷首《马元调纪事》略云:

> 间以示玉绳周子,读之尽卷。惘然曰:"古人学问如是,吾侪穷措大,纵欲留意,顾安所得书?又安得暇日乎?"已而周子入翰林为修撰,寄语:"子今不患无书可读矣。"周子谢不敏。报书:"吾则未暇,留以待子。"盖戏之也。去年春,明府勾章谢公,刻子柔先生等集,工匠辍不应手,屡欲散去。元调实董较勘,始谋翻刻,以寓羁縻。明府遂为之序。复纪其重刻之故,以告我后人。嗟乎!二十年间,曩时相与读是书者,遭逢圣明,当古平章军国之任。元调独穷老不遇,啜粥饮水,优游江海之滨,聊以整顿旧书为乐事。曾不得信其舌而奋其笔,何托落之甚也。上有稷卨,下有巢由,道并行而不相悖,均之为太平之象,亦各言其志也已矣。崇祯三年三月朔,嘉定马元调书于僦居之纸窗竹屋。

寅恪案:此刻本当即河东君所见者,其所关涉之二人,一为谢三宾,乃牧斋之情敌,俟后详论。一为周延儒,即马氏所谓"玉绳周子",乃牧斋之政敌。周氏事迹及牧斋阁讼始末,详见史籍,兹不必述。据陈盟《崇祯阁臣年表》,延儒初次为相,其时间自崇祯二年十二月至六年六月。则谢、马两氏校刻冯氏书时,正周氏当国之日。马氏盛称周氏之美,当为牧斋所不喜。牧斋平生豁达大度,似颇有宰相之量。独于阁讼一事则愤激不堪,颇异其平日常态。如郑方坤《本朝名家诗钞小传(上)东涧诗钞小传》云:

> 其平生所最抱恨者,尤在阁讼一节。每一纵谈及之,辄盛气垒涌,语杂沓不可了。

可以为证。然牧斋之对待政敌,殊有前后之分别。于温体仁则始终痛恨,于周延儒,则周氏第一期为相,与温氏钩连,即阁讼有关之时期,遂亦怨之。及周、温俱罢相,温又先死,牧斋乃欲利用玉绳,冀其助己,稍变前此态度。后因周氏阻其进用,遂更痛恨。综观前后,虽有异同,但钱、周两人终是政敌,而于阁讼一端,尤为此事之关键也。至于男女间之问题,牧斋固不甚注重,然亦非全不介意。观其曾隐讳河东君与陈卧子、程孟阳关系中最亲昵之事件,即可推知。故谢、柳之问题,应亦有类似之处。此政敌、情敌两点,为河东君所夙知,故两人于此微妙之处皆心知其意,不肯道破。后人因此记载,遂以为牧斋真如师丹之老而健忘及河东君之博闻强记者,此真黄山谷所谓痴人前不得说梦者也。

又,《牧斋尺牍》二《与毛子晋》第十三通云:

> 《昔昔盐》记得《升庵诗话》中有解,老学昏忘,苦不能记,问何士龙〔云〕当知之。

或疑《牧斋遗事》所载一段故事,即由此札衍变而成者,亦殊有可能。今检《升庵合集》一四四《诗话》中,确有此条。可见牧斋之记忆力老而不衰,非师丹之比,于此得一例证。其记忆既如此之强,岂不记有宋代洪迈之《容斋随笔》,而仅举本朝杨慎之《升庵诗话》。且属其转问何云耶?鄙意牧斋深恶周延儒。容斋之书乃由谢、马二氏希迎玉绳之旨重刻传播,盛行一时,此点上已论及。牧斋之故意避而不言洪书,转作逊词以谢毛氏者,与前引笑答河东君之语,其用意正复相同也。附识于此,以供参究。

复次,仲虎腾《盛湖志补》三"柳如是青田石书镇"条云:

> 石长二寸五分,广二之一,刻山水亭榭。款云:"仿白石翁笔。"小篆颇工致。面镌:"崇祯辛巳畅月,柳蘼芜制。"旧藏梅堰王砚农征士之家。

寅恪案:此书镇后人颇多题咏,如仲氏所引张鉴于源诸家诗,即是其例。但此书镇镌有"崇祯辛巳畅月,柳蘼芜制"等语,则畅月为十一月,盖《礼记·月令》略云:"仲冬之月,命之曰畅月。"夫崇祯十四年辛巳六月七日河东君与牧斋结缡于茸城舟中。故此后不能再以蘼芜为称,否则"下山逢故夫"之句将置牧斋于何地?由是言之,此书镇乃是赝品。更严格言之,则蘼芜之称,则止能适用于崇祯八年首夏以后至十四年六月七日以前。今人通以蘼芜称河东君,如葛氏《蘼芜纪闻》之类,亦微嫌末谛也。或疑河东君之称,亦自崇祯十三年冬钱柳遇见后始有之。若顾云美《河东君传》之题,亦未能概括一生始末。寅恪窃谓不然。夫河东君阅人多矣,如王胜时所谓"蘼芜山下故人多"者(见王沄《虞山柳枝词》第十四首)。斯乃当时社会制度压迫使然,于此可暂不论。但终能归死于钱氏,杀身以报牧斋国士之知,故称河东君,以概括一生始末,所以明其志、悲其遇,非偶然涉笔之便利也。职是之故,寅恪此文亦仿顾氏先例,称河东君,并略申鄙意,以求通人之教正。

复次,书镇之为伪造,既如上述,但徐乃昌《小檀栾室闺秀词钞》载赵仪姞荣《滤月轩诗余》(参胡文楷君《妇女著作考》一七《清代十一》"滤月轩集"条)中《金明池》一阕,乃咏河东君书镇并次河东君《咏寒柳》词韵者,以其为女性所撰,且与河东君

最佳之作品有关,故附录之。至书镇之真伪及蘼芜称号之不适切,则置之不论可也。仪姞《金明池(并序)》云:

> 震泽王研农藏河东君书镇,青田石,高寸余,刻山水亭樹。款云"仿白石笔"小篆字,面镌"崇祯辛巳畅月柳蘼芜制"十字。研农方搜辑河东君诗札为《蘼芜集》,将以付梓。适得此于骨董肆,云新出土者。自谓冥冥中所以酬晨钞暝写之劳也。余见其拓本,因题此阕,即用《蘼芜集》中《咏寒柳》韵。

> 片玉飞来,脂香粉艳,解佩疑临兰浦。谁拾得,绛云残烬,叹细帙、早成风絮。剩芳名,巧琢苔华,挥小草,依约芝田鹤舞。伴十样涛笺,摩挲纤手,记否我闻联句。　玉树南朝霏泪雨。共红豆春蕤,飘零何许。沾几缕,绿珠恨血,只画里,山川如故。二百年,洗出苔痕,感词客多情,燃膏辛苦。想苏小乡亲,三生许认,试听深篁幽语。(原注:"河东君原杨氏,小字影怜,盛泽人。")

更有一趣味之事,即牧斋与《缂云诗》之关系。请略论之。牧斋于《列朝诗集》中选录松圆《缂云诗八首》全部不遗一篇,其注意此诗,自不待言。今检《有学集》九《戊戌新秋日吴巽之持孟阳画扇索题为赋十绝句》(寅恪案:吴巽之名士权。见汪然明《春星堂诗集》三《西湖韵事·雪后吴巽之集同社邀邹臣先生探梅闻笛》诗附吴士权次韵。又,闵麟嗣纂《黄山志》五《艺文门》载吴士权《别汤泉小札》云:"今来故乡。"然则巽之乃徽州人,与程孟阳为同乡也)云:

> 长日繙经忏昔因,西堂香寂对萧辰。前尘影事难忘却,只有秋风与故人。

> 断楮残缣价倍增,人间珍赏若为凭。松圆遗墨君应记,不是缂云即送僧。(自注:"孟阳别妓有'缂云诗扇'。")

参错交芦黯淡灯,扁舟风物似西兴。每于水阔云多处,爱画袈裟乞食僧。

画里僧衣接水文,菰烟芦雨白纷纷。看他皴染无多子,只带西湾几片云。

细雨西楼垫角巾,鬓丝香篆净无尘。如今画里重看画,又说陶家画扇人。

落叶萧疏破墨新,摩挲手迹话沾巾。廿年夜月秋灯下,无复停歌染翰人。

轻鸥柔橹幂江烟,橹背三僧企脚眠。只欠渡头麈扇叟,岸巾指点泛江船。

春水桐江诀别迟,孤舟摇曳断前期。可怜船尾支颐者,还似江干招手时。

一握齐纨飐劫灰,封题郑重莫频开。只应把向西台上,东海秋风哭几回。(钱曾《有学集诗注》本"东"作"辽"。)

秋风廿载哭离群,泉路交期一叶分。依约情人怀袖里,每移秋扇感停云。(此首钱曾《注》本为第二首。其余各首排列,依次顺推。)

寅恪案:此十绝句甚佳。然欲知诗中所言之事实,则须取牧斋及孟阳两人其他诸作参之,始能通解。

《初学集》四六《游黄山记序》云:

辛巳春,余与程孟阳订黄山之游,约以梅花时相寻于武林之西溪。逾月而不至,余遂有事于白岳,黄山之兴少阑矣。徐维翰书来劝驾,读之两腋欲举,遂挟吴去尘以行。(可参后论《东山酬和集》有关"吴拭"条。)

《列朝诗集》丁一三《程嘉燧》之传云:

辛巳春,孟阳将归新安,余先游黄山,访松圆故居,题诗屋壁。归舟抵桐江,推篷夜语,泫然而别。

《耦耕堂存稿》诗首载《耦耕堂自序》云:

> 庚辰春,主人(寅恪案:"主人"指牧斋)移居入城,余将归新安。仲冬过半野堂,方有文酒之宴。留连惜别,欣慨交集。且约偕游黄山,而余适后期。辛巳春,受之过松圆山居,题诗壁上。归舟相值于桐江,篝灯永夕,泫然而别。

同书(下)《和钱牧斋过长翰山居题壁诗序》云:

> 辛巳三月廿四日,未至桐庐廿里,老钱在官舫扬帆顺流东下,余唤小渔艇绝流从之。同宿新店,示黄山新诗,且闻曾至余家,有题壁诗。次韵一首。

《耦耕堂存稿》文下《古松煤墨记》略云:

> 长翰山故多乔木,古宅后巨松千尺。千余年物也。迩年生意顿尽。余博访古烧松捣煤之法,得之周藩宗侯。岁辛巳,自吴裹粮归董治之。墨成,命曰"古松煤"。是年春,海虞钱学士游黄山,过山居看松题诗而去。

同书同卷《题归舟漫兴册》略云:

> 崇祯辛巳三月,归自湖上,将入舟,则钱老有归耗矣。(可参后论《东山酬和集》与此有关诸条。)

> 庚辰腊月望,海虞半野堂订游黄山。正月〔十〕六日,牧翁已泊舟半塘矣。(寅恪案:"六"字上当阙"十"字。兹据《东山酬和集》一柳、钱、沈、苏诸人《上元夜诗》补"十"字。)又停舟西溪,相迟半月,乃先发。余三月一日始入舟,望日至湖上,将陆行从之,而忽传归耗,遂溯江逆之,犹冀一遇也。未至桐庐二十里,而官舫挟两舸扬帆蔽江而下。余驾渔艇截流溯之,相见一笑。随出所收汪长驭家王蒙《九

峰图》及榆村程因可王维《江雪》卷同观,并示余黄山纪游诸诗。读未半而风雨骤至,欹帆侧柁,云物晦冥,溪山改色。因发钱塘梁娃所贻《关中桑落》共斟酌之,(寅恪案:此"梁娃"疑是梁喻微。可参后论林天素《柳如是尺牍小引》"时唱和有女史纤郎"句下所考。)不觉迫暮,同宿新店,下去富阳不远矣。知老钱曾独访长翰山居,留诗松圆阁壁,看松于旧宅之旁,由南山坞取径而去。

综观上列钱、程诸作,知牧斋诗所言者,为与孟阳生离死别之情况也。第三首云"爱画袈裟乞食僧",则孟阳画扇上舟中之人,牧斋皆以僧目之。第七首云"橹背三僧企脚眠"(可参康熙乙丑金匮山房本《有学集》四六《题李长蘅画扇册》第九则),第八首云"可怜船尾支颐者",皆画中之僧。"三僧"即牧斋、吴去尘及孟阳。第七首中"渡头麾扇"、"岸巾指点"及第八首中"江干招手"之人,即孟阳与牧斋最后诀别时之状。第二首中"送僧"之"僧",乃牧斋自谓之辞。盖牧斋于明亡以后,即以空门自许。必作如是解,然后知第二首中(钱遵王《注》本为第三首)"不是缁云即送僧"之意,乃谓松圆遗墨之最有价值者,实为有关河东君及本人之作品。观第二首原注,则又知孟阳当日为河东君画像,并自书《缁云诗》于扇上以赠河东君。河东君尚藏此扇,而牧斋独见及之也。第五首云"细雨西楼垫角巾"者,孟阳流寓嘉定时,居汪无际垫巾楼,前已论及。吴巽之索题之扇,不知何时所画。至于"缁云诗扇",虽亦非孟阳居此楼时所作,但"西楼"二字,当从晏小山《蝶恋花·别恨》词"醉别西楼醒不记。春梦秋云,聚散真容易"而来。晏氏之词本绮怀之作,亦正与《缁云诗》情事相类,可以借用也。第九首中"东海飏尘""西台恸哭"(见谢翱《晞发集》一〇《登西台恸哭记》),亡国遗民之语,不忍卒读。子陵钓台复是当日钱、程二人经过之地也。第十首云"秋风廿载哭离群"者,钱、程二人自崇祯十四年辛巳暮春别后(可参"春水桐江诀别迟"句),至顺治十五年戊戌新秋吴巽之持扇索题时,将近廿年矣。牧斋此十首诗中,三用"秋风"之语,自与吴巽之索题时之新秋季节及班婕妤《怨歌行》有关(见《文选》二七《乐府(上)》及《玉台新咏》一),不待赘言。但第一首云"前尘影事难忘却,只有秋风与故人",第九首云"只应把向西台上,东海秋风哭几回",则借用世人所习知之张季鹰"因见秋风起,乃思吴中菰菜莼羹鲈鱼脍"故事(见《晋书》九二《张翰传》),以故乡为故国,抒写其心中之隐痛耳。更可注意者,牧斋题此诗之次年,郑成功即以舟师入长江,攻金陵。题此诗之前年秋冬,牧斋往游南京,逼岁除乃还家。盖牧斋自弘光后复明之活动,始终不替。魏耕说国姓之策,当亦预闻。详见第五章所论。"东海""秋风"之句,实暗寓臧子源《答陈孔璋书》中"秋风扬尘,伯奎马首南向"之意(见《后汉书》八八《臧洪传》)。牧斋赋诗之时,殊属望于延平,非仅用《神仙传》麻姑之语已也。俟后详论。又,此首末句"每移秋扇感停云",即此全十首之结语。"停云"固用陶诗旧题,又是松圆为河东君所赋之诗题(详见前论《耦耕堂存稿》诗中《停云次茂初韵(七律)》)。今此"云"则停留于家中,相与偕老而不去矣。辞意双关,足见牧斋之才思。当崇祯十三年庚辰之冬至十四年辛巳之春,牧斋于松圆,则为《楚辞·九歌·少司命》之"悲莫悲兮生别离";于河东君,则为"乐莫乐兮新相知"。此旧新悲乐异同之枢纽,实在《缃云》一诗。故述牧斋一生生活之转折点,不可不注意此诗也。

抑更有可笑可悲者,《牧斋外集》二五《题张子石湘游篇小引》(可参同书一〇《嘉定张子石六十寿序》)云:

孟阳晚年,归心禅说,作《缃云诗》数十章,蝉媛不休。至今巡留余藏识中。梦回灯烛,影现心口间。人生斯世,情之一字,熏神染骨,不唯自累,又足以累人乃尔?顷者见子石《湘游》诸诗,风神气韵,居然孟阳。却恨孟阳已逝,不获摇头附髀,共为吟赏。予读此诗,感叹宿草,不复向明月清风,闲思往事,亦少有助于道心也。嘉平廿日,蒙叟钱谦益题。

寅恪案:牧斋此文不知作于何年。然其时孟阳之卒必已久矣。《列朝诗集》所选孟阳《缁云诗》共八首。今牧斋云:"孟阳晚年归心禅说,作《缁云诗》数十章。"岂孟阳所作原有数十章之多,而《耦耕堂诗》之留存于今日者仅其中之八首耶?抑或牧斋以松圆之诗与河东君有关者概目为《缁云诗》,如其所编《东山酬和集》之例耶?俟考。若牧斋之言可信,则"归心禅说"之老人,穷力尽气,不惮烦劳,一至于此。河东君可谓具有破禅败道之魔力者矣。牧斋此文自谓"不复向明月清风,闲思往事,亦少有助于道心",但其于垂死之时所作《病榻消寒杂咏》第三十四首《追忆庚辰冬半野堂文宴》诗云"蒲团历历前尘事,好梦何曾逐水流"(见《有学集》一三《东涧诗集(下)》),是犹不能忘情者。言之虽易,行之实难。斯诚所谓"情之一字,熏神染骨"者欤?至牧斋所以题《张子石湘游篇》言及孟阳《缁云诗》者,其仅由张氏此篇其性质与孟阳《缁云诗》同类,实亦因子石、孟阳当年与河东君有诗酒、清游一段因缘也。

崇祯九年丙子孟阳尚有一诗关涉河东君及朱子暇。此点与牧斋间接有关,兹论述之于下。《耦耕堂存稿》诗中及《列朝诗集》丁一三所选《二月上浣同云娃踏青》诗后,即接以此诗。《六月鸳湖饮朱子暇,夜归,与云娃惜别》诗云:

寻得伊人在水湄,移舟同载复同移。水随湖草闲偏乱,愁似横波远不知。病起尚怜妆黛浅,情来颇觉笑言迟。一樽且就新知乐,莫道明朝有别离。(寅恪案:《楚辞·九歌·少司命》云:"悲莫悲兮生别离,乐莫乐兮新相知。"乃孟阳此两句所从出,自不待言。至"新知"一辞及其界说,见前论孟阳《停云诗》并宋让木《秋塘曲序》等条,兹不复赘。)

寅恪案:朱子暇即朱治㦥。其事迹见《劫灰录》一《永历帝纪》,《小腆纪年》一三,《小腆纪传》五七,《明诗综》六六,《檇李诗系》一九,光绪重修《嘉兴府志》五一《文苑传》,道光修同治重刊《广东通志》二四《职官表》,道光修光绪重刊《肇庆府志》一二《职官二》等,兹不详述,但据《广东通志》云:

〔崇祯〕十年　同知　朱治㦥　吴大伊
十一年
十二年
十三年　同知　倪文华

《肇庆府志》云:

〔崇祯〕　十年　同知　李舍璞　朱治㦥
十一年
十二年　同知(以后缺。)

可知崇祯十年朱子暇外,任肇庆府同知者,尚有其他之人。两《志》所列之人名虽不同,然朱氏之到任所,(《明诗综》《嘉兴府志》"同知"皆作"通判"。据《小腆纪传》云:"天启辛酉举于乡,选肇庆通判,历同知。"盖先选通判,后迁同知也。)必在崇祯十年无疑。故孟阳此诗亦应是九年所作。崇祯十三年肇庆府同知既非朱氏,则朱氏此时或已离任返家。其后来在广东之活动,当是重返粤省以后所为也。检程、钱两家之集,关涉朱氏者,除此诗外,皆为崇祯三年春夏间事,时间太早,无关考证(可参《耦耕堂存稿》诗上《答朱子暇次牧斋韵三首》。《列朝诗集》丁一三上选程孟阳此诗,题作《答朱子暇见访同牧斋次韵三首》,题下有"庚午春"三字。《初学集》九《崇祯诗集五·夏日偕朱子暇憩耦耕堂次子暇访孟阳韵三首》)。自崇祯九年夏,至十三年冬河东君访半野堂之前,未发见钱、朱两人有往还踪迹。牧斋集中涉及河东君之诗,最先为第二章所引之《观美人手迹戏题七绝句》。此诗为崇祯十三年春间所作。顾云美谓"嘉兴朱治㸃为虞山宗伯称其才,宗伯心艳之,而未见也"。检商务重印本《浙江通志》一四〇《选举门·举人表》载:"天启元年辛酉科,朱治㸃,嘉兴人,肇庆同知。"是朱氏乃牧斋主浙江乡试时所取士也。其以绝代名姝告于老座师,借报受知之深恩,原无足怪。但此点恐为朱氏尚未到肇庆同知任所前,或是崇祯十二年末离任所后之事,俱难决言。所可注意者,孟阳于崇祯十一年及十二年除夕皆在牧斋家度岁(参《耦耕堂存稿》诗下《〔戊寅〕除夕拂水山庄和牧斋韵二首》及《〔己卯〕除夕次牧斋韵》等诗。"戊寅""己卯"皆据《列朝诗集》增入),此时何不以河东君之才貌介绍于牧斋?可知此老心中直以"禁脔"视河东君,不欲他人与之接近,其情诚可鄙可笑矣。松圆于崇祯十三年冬复循例至牧斋家度岁,不意忽遇河东君,遂致狼狈而返。以垂死之年,无端招此烦恼,实亦有自取之道也。

抑更有可论者,上已推定河东君于崇祯九年二月末,离嘉定返盛泽,何以距离仅百日,松圆忽在嘉兴与云娃惜别?若谓由于难堪相思之苦,高年盛暑往访河东君,则河东君非轻易接待不速之客者,如后引河东君《与汪然明尺牍》第十通及第十四通之例,可以类推。松圆于此点应有感会,似不作斯冒昧之举。检《初学集》五三《封监察御史谢府君墓志铭》略云:

鄞县谢府君,讳一爵。君以次子太仆寺少卿三宾封陕西道监察御史,以崇祯八年二月廿四日卒,年六十有四。其配孺人周氏,以是年十月廿七日卒,年六十有二。三宾与其兄三阶、弟三台三卿,以崇祯十三年某月甲子,合葬君夫妇于郡西翠山之阳。三宾,余门人也,状君之行来乞铭。

及《耦耕堂存稿》文上《吊问》略云:

四明谢侯去嘉定之明年,以名御史监军山东。出奇破贼,有勘定功。朝命擢公太仆寺卿。未几,以太公封侍御翁忧去。奔丧戒行,而横罹谗口。继而有母太夫人之丧,前后远迩之会吊者,弥年未已。丙子夏六月亢旱,骄阳流金铄石,禾槁川涸,水无行舠,门下布衣新安程某贫老且废,累然扶杖担簦而前。客或有止之者,又有难之者曰:"公有遗爱深德于子,子老而赴吊宜矣,然古者吊不及哀,谓之非礼,今日月有时,丧制有尝,怙恃之戚,皆已卒哭;子之往,其何说之词?"不肖对曰:"否否。《礼》之吊,非独哀死也。凡列国水旱之不时、年谷之不登者皆吊。古者三月无君则吊。侯不幸廉贞而蒙谗毁。闻风慕义,犹将吊屈哀贾,悲歌涕泗于千百世之间,又乌可以寻常久近论哉?"客闻之,敛容拱手退曰:"唯唯。"敬书之以告于阍人下执事。

寅恪案:孟阳此次之冒暑远吊谢氏之丧必多讥笑之者。其作文解嘲,甚至以三宾为"廉贞",可鄙可笑。其文引经据典,刺刺不休,兹不备录。究其实情,当为希求象三之救济耳。明代山人之品格,如平山冷燕所描写之宋信,即是一例。松圆平日生活,除得侯广成、钱牧斋等资济之外,尤受象三之援助,自无可疑。崇祯九年春间,河东君来游嘉定,孟阳竭尽精力、财力相与周旋。"三月无〔河东〕君"之后,困窘至极,故不能不以七十二岁之残年,触六月之酷热,远赴浙东以吊过时之丧。舍求贷于富而多金之谢太仆,恐无其他理由。鸳湖乃嘉定鄞县往还所经之路线。

据《吊问》中"丙子夏六月……门下布衣新安程某贫老且废,累然扶杖担簦而前"等语推之,则松圆《与云娃惜别》诗实往吊象三途中所作。又,文中二客之语,自是孟阳假设,不必确定为何人。但此次鸳湖所遇见之河东君及朱子暇,观其后来所表现,人格俱出孟阳之上。然则此两人于中途劝阻,亦有可能。不必如文中所述,二客之言乃发于嘉定启行之时也。寅恪曩诵《列朝诗集》所选松圆此诗,未达其六月至鸳湖之意。今见《吊问》之文,始豁然通解,益信松圆谋身之拙,(寅恪案:《全唐诗》第十函韩偓二《安贫(七律)》云"谋身拙为安蛇足"。韩、程两人,虽绝不相似,然孟阳于河东君之关系,亦可谓蛇足之拙。故取以相比。读者幸勿误会。)河东君害人之深也。

又,牧斋所作象三父母合葬墓志铭之时间,止言其葬在"崇祯十三年某月甲子",而未详何月。依通常之例,江浙地域以气候关系,葬坟往往在冬季。墓志乃埋幽之石,乞人为文,自在葬坟稍前之时。据郑氏《近世中西史日对照表》,崇祯十三年庚辰十月十七日及十二月十八日均为甲子。若象三葬其父母在十二月甲子者,则或与河东君于此年十一月访半野堂事有关。盖牧斋此际文酒酬酢,必需多金,象三钱刀在手,当不甚吝啬。但象三或未得知河东君此时适在虞山。老座主谀墓之文,实为建筑"我闻室"金屋之用者。否则象三将如崇祯十六年秋牧斋构绛云楼以贮阿云,贷款迫急,不得已出卖其心爱之宋椠《汉书》,减损原价二百金之例,以逞其虽失美人而得异书之快意矣。

复次,朱子暇介绍河东君于牧斋,出自顾云美之口,自应可信。至其在崇祯何年,尚难确定。但牧斋最初得见河东君,实在崇祯十三年庚辰冬间,记载明显,绝无疑义。岂意竟有怪诞之说,如《牧斋遗事》中之《柳姬小传》所言者,今不得不略引其文辨斥之。此《传》亦不甚短,故兹先录其上半节于下,其后半节则俟于第五章论之。《传》文略云：

> 柳云产也。匪师匪涛，而能撷篇缀句，盅及虞山鲜民。鲜民者，宗伯胜国，内院新朝者也。鲜民始以文章气谊，树帜东林，而仕格牴牾，不无晚节之慨。叩其沉博艳丽，捄藻钩玄，堪追衮国黄州之步。惟是青娥之癖与年俱深，虽身近楚山，而心怀女校书，商订风雅，于姬慊焉。适民以被讦事北逮。姬踉跄归里，复为豪者主之，先折之怅，激于言旋。桎梏其人，而姬始出，所要于民者万端，金屋之贮，予倡汝和，诩司马之清娱，媲冶成之尚书矣。时而佳辰令节，宗族中表，穷百变，至百物，噓之春温，拂之霜折，姬若为夷然也者。

《传》末附《跋语》云：

> 右《柳姬小传》，八十翁于曩时目见其事而为之者也。后戊辰秋简庵阅而录之。

寅恪案：八十翁究为何人之托名，不易考知。至简庵则疑是林时对。据《鲒埼亭集》二六《明太常寺卿晋秩右副都御史茧庵林公逸事状》（参雍正修《宁波府志》二八《人物志》及《小腆纪传》五七《遗臣二·林时对传》等）略云：

> 公讳时对，字殿飏。学者称为茧庵先生。浙之宁波府鄞县人。公以崇祯〔十二年〕己卯、〔十三年〕庚辰连荐成进士，时年十八，授行人司行人。常熟□侍郎□□，闻公名，招致之，公不往。公论人物，不少假借。同里钱光绣尝讲学石斋黄公之门。其于翰林张溥，仪部周鑣，皆尝师之，而学诗于□□。公曰："娄东朝华耳，金沙羊质而虎皮者也，皆不足师。□□晚节如此，又岂可师？子师石斋先生，而更名师乎？"光绣谢之。先公尝曰："吾年十五，随汝祖往拜公床

下，自是尝抠衣请益。间问漳海黄公遗事。公所举自东厓所作《行状》外《别传》《哀诔》《挽诗》《祭文》及杂录诸遗事，几百余家，其余所闻，最少者亦不下数十家。恨不能强记。自公殁后，所谓《茧庵逸史》者，阙不完。其诗史共四卷，今归于予。"

殿飏于崇祯十三年庚辰中式会试，其年十八，下数至康熙戊辰应为六十六岁，似与八十翁之称不合。然文人故作狡狯，亦常有事，殊不能谓必非殿飏自托笔名也。至若"简庵"，当是林氏以"茧"与"简"音近诡称耳。取林氏所著《留补堂文集》二《朋党大略记》并《荷牐丛谈》"东林依草附木之徒"条及"论钱牧斋及黄石斋事"等观之，颇与《柳姬小传》类似。然则此《传》纵非林氏自撰，亦是林氏所嘉许，以为作《传》者所目见，而实可信者也。

复次，钱柳同时人有松江籍曹千里家驹号茧庵者，著《说梦》一书，述明末清初松江事。其自序略云：

余行年八十，天假之年，偷生长视，使得纵观夫升沉荣瘁之变态。若辈之梦境已尽，何不以笔代舌，使后人得寓目焉。余非目睹不敢述，匪曰传信，或不至梦中说梦云尔。

则《柳姬小传》跋语中之号"八十翁"者之年及"目见其事"等语，与曹氏似有关，亦似无关，未敢决言。又，此书中不道及钱柳事，或以牧斋不属松江之范围，遂不列于此帙。但有可注意者，此书一"纪侯怀玉〔承祖〕殉难事"条云：

鼎革之际，惟〔吴〕绳如〔嘉胤，夏〕瑗公〔允彝〕，从容就义，言之齿颊俱香。即卧子一死，直是迫于计穷，未得与吴、夏比烈也。

则于卧子尚有微辞,岂由卧子与河东君有关之故欤?姑记于此,以俟更考。夫牧斋于崇祯九年丙子冬奉逮捕之命,十年丁丑春北行,是年夏至京下狱。十一年戊寅夏被释出狱,是年冬抵家。此皆年月先后之确可考者。焉有如《柳姬小传》所谓"民以被讦事北逮。姬踉跄归里"等不与年月事实相符之妄言耶?斯本稍知明季史事者所易辨,无取多赘。惟《传》云"佳辰令节,宗族中表,穷百变,致百物,嘘之春温,拂之霜折,姬若为夷然也者",则最能得当日河东君适牧斋后与钱氏宗亲关系之实况。后来钱曾假其族贵钱朝鼎迫害河东君以泄夙愤,殊非偶然。由是言之,此《传》之记述亦有可取之点也。

崇祯九年丙子河东君之踪迹,尚有可以考见者,即第二章中节引之沈虬《河东君传》所载张溥往访徐佛,因得见河东君一事。此《传》间有可取之处。寅恪草此文,分段全录顾云美所撰《河东君传》。今更全录沈作,以供读者之互证。但葛昌楣君《蘼芜纪闻(上)》引此传,共分前后两段,文义不贯。兹以鄙意取后段之文,依其辞理插入前段中,以便观览焉。沈氏《传》云:

> 河东君柳如是者,吴中名妓也。美丰姿,性儇慧。知书善诗律,分题步韵,顷刻立就,使事谐对,老宿不如。四方名士,无不接席唱酬。崇祯戊寅间,年二十余矣。昌言于人曰:"吾非才学如钱学士虞山者不嫁。"虞山闻之,大喜过望,曰:"今天下有怜才如此女子者乎?吾非能诗如柳是者不娶。"庚辰冬,如是始过虞山,即筑"我闻室"居之,以迎其意。十日落成,留之度岁。辛巳六月,虞山于茸城舟中,与如是结缡。学士冠带幡发,合卺花烛,仪礼备具。赋《催妆诗》前后八首。云间缙绅,哗然攻讦,以为亵朝廷之名器,伤士大夫之体统。几不免老拳。满船载瓦砾而归。虞山怡然自得也,称为继室,号河东君。建"绛云楼",穷极壮丽,

上列图史,下设帏帐,以绛云仙姥比之,亵甚矣。不数年,绛云楼灾,宜也。但河东君所从来,余独悉之。我邑盛泽镇,有名妓徐佛者,能诗善画兰,虽居乡镇,而士夫多有物色之者。丙子年间,娄东张西铭先生,慕其名,至垂虹亭,易小舟访之,而佛已于前一日嫁兰溪周侍御之弟金甫矣。院中惟留其婢杨爱。杨色美于徐,诗、字亦过于徐,因携至垂虹。余于舟中见之,听其音,禾中人也。及长,豪宕自负,有巾帼须眉之论。易姓名为柳是。归钱之后,稍自敛束。在绛云楼,校雠文史。牧斋临文有所检勘,河东君寻阅,虽牙签万轴,而某册某卷,立时翻点,百不失一。所用事或有舛误,河东君颇为辨正,故虞山甚重之。常衣儒服,飘巾大袖,间出与四方宾客谈论,故虞山又呼为"柳儒士"。

寅恪案:八十翁之《柳姬小传》,乃王子师所谓司马迁之谤书。其诬妄特甚之处,本文略加驳正,其余不符事实之小节,亦未遑详论也。顾云美为河东君作《传》,颇多藻饰之辞,固不足怪。但甚至不言其自徐佛处转入周念西家,后复流落人间一节,似未免过泥《公羊春秋》为尊者讳、亲者讳、贤者讳之旨矣。次云《传》虽远胜于八十翁,而不及顾云美。然其中实有可取之处,如言河东君"豪宕自负,有巾帼须眉之论"及"归钱之后,稍自敛束"等,甚能写出河东君之为人,并可分辨其适牧斋前后之稍有不同也。兹所欲考者,即崇祯九年丙子河东君与张西铭会见一事。据蒋逸雪编《张溥年谱》"崇祯九年丙子"条云:

九月出游苏锡江阴,十月始归。

关于曾访盛泽镇及游垂虹亭等事,皆无痕迹可寻。但次云之言,必非虚构。岂天如于此年秋间出游苏、锡,乘便一往盛泽耶?若此推测不误,则河东君之遇见张天如,乃在是年六月于鸳湖遇见程、朱两人之后矣。更俟详考。至钱士青文选《诵芬堂文稿六编·柳夫人事略》所言天如、卧子与牧斋争娶河东君事，殊为荒谬，不足置辨。

第二期

此期为崇祯八年春季并首夏一部分之时间。卧子与河东君在此期内,其情感密挚达于极点,当已同居矣。顾云美《河东君传》所谓"适云间孝廉为妾"者,即指此时期而言。其实河东君于此期内与卧子之关系,与其谓之为"妾",不如目之为"外妇"更较得其真相也。此期陈、杨两人之作品颇多,仅能择其最要者论述之。至于诗余一类,则编辑者以词之调名同异为次序,非全与时间之先后有关系。故就诗余以考证年月行事,自极困难。独不如集中诗文之排列,略有时代早晚之可推寻也。今不得已,唯择取《陈忠裕全集》诗余一类中春闺诸词及其他有关河东君者,并《戊寅草》中诗余之与卧子或春季有关者,综合论述之,要以关涉春令者为多。不论是否陈、杨两人前此和辕文之作,并其他不属于此期所赋者,亦系于此期。所以如此者,因其大多数皆与春季有关,而此期之时间大部分又属于春季之故也。据前论《早梅诗》时,已引郑氏《表》载崇祯七年甲戌正月六日立春,十二月十七日又立春,卧子诗"垂垂不动早春间"句之"春",乃指崇祯七年十二月十七日立春而言。由此例推计,第二期内所论述之卧子诸诗,其"春"字之界说,有指崇祯七年十二月十七日立春者,亦有指八年春季者,盖跨越七年末及八年春季颇长之时间。今《陈忠裕全集》诸诗乃分体编辑之书,详确划分年月殊为不易。职是之故,兹论述卧子此期诸诗,未必悉作于崇祯八年,实亦杂有崇祯七年末所赋者。读者分别观之,不可拘泥也。

《陈忠裕全集》八《平露堂集·早春行(五古)》云:

杨柳烟未生,寒枝几回摘。春心闭深院,随风到南陌。不令晨妆竟,偏采名花掷。香衾卷犹暖,轻衣试还惜。朝朝芳景变,暮暮红颜易。感此当及时,何复尚相思。韶光去已急,道路日应迟。愿为阶下草,莫负艳阳期。

寅恪案:此题后为《清明雨中晏坐,忆去岁在河间》一题。初视之,《早春行》似为崇祯八年春季所作。其实卧子《集》既为分体之书,此两题作成时间非连续衔接者,未可执此遂谓《早春行》乃崇祯八年春季所作,前论《过舒章园亭》诗已及之。其他类似者,可以此例推之也。《早春行》篇中写春闺早起之情景,甚妙。观"感此当及时,何复尚相思"及"愿为阶下草,莫负艳阳期"等句,则此时卧子与河东君之关系,可以想见矣。

《陈忠裕全集》一一《平露堂集》有《早春初晴》、《阳春歌》(原注:"和舒章。")、《樱桃篇》及《春日风雨浃旬》等绮怀之什。除《早春行》疑为崇祯七年冬季立春之前所作者外,其余当是崇祯八年春间为河东君而作者。兹不能悉载,但录《早春初晴》及《春日风雨浃旬》两题。所以选择此两题之故,因《早春初晴》一题,可与前录五古《早春行》比较。《春日风雨浃旬》一题,可与后录卧子所作诗余中《春闺风雨》诸阕参证也。

《早春初晴》云:

今朝春态剧可怜,轻云窈窕来风前。绣阁梅花堕绿玉,牙床枕角开红绵。宿雨犹含兰叶紫,已多陌上繁华子。可能齐出凤楼人,同时走马莺声里。茂陵才人独焚香,鱼笺丽锦成文章。空有蛾眉闭深院,不若盈盈娇路旁。

《春日风雨浃旬》云:

城南十日雨,阶下生青苔。梅花湿如雾,东风吹不开。落红满江曲,蒿蓝春水绿。黄莺醒尚啼,白鹭飞还浴。幽雨沉沉丽景残,浮云入坐罗衣寒。翠竹迷离日欲暮,孤亭黯霭凭栏干。芳草风流寒食路,无限青骢杨柳树。遥望海棠红满枝,可怜难向前溪渡。

《陈忠裕全集》一四《平露堂集·春日酬舒章言怀之作(五律)二首》之一云：

积雨迷时令，不知春已深。君怀当绮艳，吾意怯登临。自短风云气，犹怜花草心。何堪看淑景，辛苦独鸣琴。

同书同卷《今年梅花为积雨所困。过悫人馆中，见其娟然哀丽。戏言欲以石甃其下，如曲水之制，酹其香雨。斯亦事之可怀者，赋此以记之(五律)》云：

夜夜思春至，当时已弃捐。无从留艳质，有计酹寒泉。锦石支文砌，温池想翠钿。华清愁绝地，行雨出神仙。

寅恪案：卧子赋此二题，言外自有人在。其为河东君而作，固不待言。所可注意者，即崇祯八年春间多雨一事。《陈忠裕全集·年谱》"崇祯八年乙亥"条附李雯《会业序》略云："今年春暗公卧子读书南园。春多霖雨。"又取卧子诗证之，如《陈忠裕全集》八《平露堂集·清明雨中晏坐》及《上巳城南雨中(五古)》。同书一一《平露堂集·春日风雨浃旬(七古)》。同书一四《平露堂集》除上录两题外，尚有《南园即事二首》之一云"葭荻乘新涨"及《花朝溪土(上？)新雨》等五律。同书一六《平露堂集·乙亥元日(七律)》云"密雨千门花影凉"，同书一九《平露堂集·桐花(七绝)》云"轻阴微雨画帘开"等，可为例证。考崇祯八年清明在二月十八日(此月为小尽)。清明前后约共一月，其间几无日不有风雨。卧子与河东君之同居适值此际，《诗》云："风雨如晦，鸡鸣不已。"又云："女曰鸡鸣，士曰昧旦。"正陈、杨二人此时之谓矣。

今检《戊寅草》中崇祯八年春季河东君之诗，其与此期节物有关者移录于下,以见一斑。其实河东君当时此类作品应不止此少数也。

《戊寅草·杨柳》云:

不见长条见短枝,止缘幽恨减芳时。年来几度丝千尺,引得丝长易别离。

其二云:

玉阶鸾镜总春吹,绣影旎迷香影迟。忆得临风大垂手,销魂原是管相思。

《杨花》云:

轻风淡丽绣帘垂,婀娜帘开花亦随。春草先笼红芍药,雕栏多分白棠梨。黄鹂梦化原无晓,杜宇声消不上枝。杨柳杨花皆可恨,相思无奈雨丝丝。

《西河柳花》云:

艳阳枝下踏珠斜,别按新声杨柳花。总有明妆谁得伴,凭多红粉不须夸。江都细雨应难湿,南国香风好是赊。不道相逢有离恨,春光何用向人遮。

《春江花月夜》云:

小砑红笺茜金屑,玉管兔毫团紫血。阁上花神艳连缅,那似璧月句妖绝。结绮双双描凤凰,望仙两两画鸳鸯。无愁天子限长江,花底死活酒底王。胭脂臂捉丽华窨,更衣殿秘绛灯引。龙绡贴肉汗风忍,七华口令着人紧。玳筵顶飞香雾腻,银烛媚客灭几次。强饮犀桃江令醉,承恩夜夜临春睡。麟带切红红欲堕(坠),鸾钗盘雪尾梢翠。梦中麝白桃花回,半面天烟乳玉飞。碧心跳脱红丝匡,惊破金猊香着月。

殿头卤簿绣发女,签重慵多吹不起。

寅恪案:上录四题中,三题皆与柳有关。柳固为诗人春季题咏之物,但亦是河东君自寄其身世之感所在。故后来竟以柳为寓姓,殊非偶然也。崇祯八年春季多雨,可于《杨花(七律)》"杨柳杨花皆可恨,相思无奈雨丝丝"之语见之。《九宫大成南北词宫谱》一《南词仙·吕宫引》有"西河柳"之调名,并载李伯华开先《〔林冲〕宝剑记》〔第二十五出〕中此曲。其结语云:"落红满地,肯学杨花无定。"河东君赋此诗,殆有感于斯语耶?据《东山酬和集》一程偈庵《次牧翁再赠》诗云"弹丝吹竹吟偏好",牧斋《初学集》二〇《东山集四·仲春十日自和合欢诗四首》之四云"流水解翻筵上曲"及"歌罢穿花度好音"等句,可知河东君固能弹丝吹竹解曲善歌者,其赋《西河柳花》之诗亦无足怪矣。今日所见河东君诸词,除《金明池·咏寒柳》数阕外,其他诸词颇多有似曲者。此点恐与河东君之长于度曲有关。当时松江地域施子野辈以度曲著称,河东君居此地域,自不免为其风气所熏习也。又,《春江花月夜》一题,乃效温飞卿之艳体(参《乐府诗集》四七《春江花月夜》题所录诸家之作)而作李长吉之拗词。其中"无愁天子限长江,花底死活酒底王"之句,尤新丽可诵也。

又,《陈忠裕全集》一八《平露堂集·晚春游天平(五言排律)》云:

自入桃源去,层阿翠不收。佩环空涧响,云雾晓窗流。红药生金屋,青山倚画楼。莺啼开玉帐,柳动拂银钩。解带温泉夜,凝妆石镜秋。碧潭春濯锦,丹榭雨张油。斜月通萧史,微风醉莫愁。人籁花上度,客似梦中游。歌舞何时歇,山川尽日留。桥犹名宛转,乡已失温柔。岂必千年恨,登临见古邱。

寅恪案:卧子赋此诗之年虽难确定,似是崇祯九年丙子暮春所作。细玩诗意,疑为前此曾与河东君共游天平,追念昔游,咏怀古迹,诗特工丽,可称佳什。故移录之,以备卧子排律之一体焉。

《陈忠裕全集》一九《平露堂集·春思(七绝)二首》云：

深春无人花满枝,小栏红药影离离。("影"字可注意。)为怜玉树风前坐,("怜"字可注意。)自翦轻罗日暮时。

桃李飞花溪水流,垂帘日日避春愁。不知幽恨因何事,无奈东风满画楼。

又,《春日早起(七绝)二首》云：

独起凭栏对晓风,满溪春水小桥东。始知昨夜红楼梦,身在桃花万树中。

柳叶初齐暗碧池,樱桃花落晓风吹。好乘春露迷红粉,及见娇莺未语时。

卧子在崇祯八年春间所赋七绝,颇似《才调集》中元微之之艳诗。盖此时环境情思,殊与元才子《梦游春》之遇合相似故也。所可惜者,今日吾人只能窥见此时河东君与卧子酬和诗章之极少数,如上所录《戊寅草》中诸篇是也。

《陈忠裕全集》一九《平露堂集·寒食(七绝)三首》云：

今年春早试罗衣,二月未尽桃花飞。应有江南寒食路,美人芳草一行归。

垂杨小院倚花开,铃阁沉沉人未来。不及城东年少子,春风齐上斗鸡台。

愁见鸳鸯满碧池,又将幽恨度芳时。去年杨柳滹沱上,此日东风正别离。(自注:"去年寒食在瀛、莫间。")

寅恪案:前论崇祯六年春卧子所作《梦中补成新柳诗》,与崇祯十三年冬河东君所赋《春日我闻室作呈牧翁》诗有关。又，前第二章引牧斋《与姚叔祥过明发堂共论近代词人戏作诗》原注中河东君《西湖（七绝）》一首（此诗本河东君《湖上草·己卯春西湖八绝句》之第一首）云：

> 垂杨小苑绣帘东，莺阁残枝蝶趁风。最是西陵寒食路，桃花得气美人中。

可知河东君此诗，实由卧子崇祯八年《寒食》绝句转变而来。河东君之诗作于崇祯十二年春，距卧子作诗时虽已五年，而犹眷念不忘卧子如此，斯甚可玩味者。牧斋深赏河东君此诗，恐当时亦尚未注意卧子之原作。（寅恪案：宋徵璧撰《平露堂集序》略云，陈子成进士归，读礼之暇，刻其诗草名"白云"者。已又哀乙亥丙子两年所撰著，为《平露堂集》。然则《平露堂集》之刻在卧子丁其继母唐孺人忧时，牧斋与姚士粦论诗在崇祯十三年秋间。以时间论，牧斋有得见卧子诗之可能，但钱、陈两人诗派不同，牧斋即使得见《平露堂集》，亦必不甚措意也。）后人复称道河东君此诗，自更不能知其所从来。故特为拈出之，视作情史文坛中一重公案可也。

兹综合寅恪所见陈卧子、河东君并宋辕文、李舒章诸人之词，相互有关者，略论述之。

河东君《戊寅草》中诸词及《众香词书集（云队）》中所选河东君词，其调名题目与《陈忠裕全集》二〇《诗余》全相符合者，仅有《踏莎行·寄书》及《浣溪沙·五更》等。兹先移录于下。

陈卧子《浣溪沙·五更》云：

> 半枕轻寒泪暗流，愁时如梦梦时愁，角声初到小红楼。
> 风动残灯摇绣幕，花笼微月淡帘钩，陡然旧恨上心头。

河东君《浣溪沙·五更》云：

金猊春守帘儿暗,一点旧魂飞不起。(寅恪案:"起"疑是"返"之讹写。)几分影梦难飘断。　醒时恼见小红楼,(寅恪案:"小红楼"岂指徐氏别墅之南楼耶?)朦胧更怕青青岸。薇风涨满花阶院。

陈卧子《踏莎行·寄书》云:

无限心苗,鸾笺半截,写成亲衬胸前折。临行简点泪痕多,重题小字三声咽。　两地魂销,一分难说,也须暗里思清切。归来认取断肠人,开缄应见红文灭。

河东君《踏莎行·寄书》云:

花痕月片,愁头恨尾,临书已是无多泪。写成忽被巧风吹,巧风吹碎人儿意。　半帘灯焰,还如梦水。(寅恪案:《众香词》"水"作"裏",较佳。恐是"裏"字仅余下半,因讹写成"水"也。)消魂照个人来矣。开时须索十分思,缘他小梦难寻眹。(寅恪案:《众香词》"眹"作"你"。疑"眹"及"你"俱是"昧"字之讹写。)

寅恪案:上录陈、杨两人之词,调同题同,词语复约略相同。其为同时酬和之作,不待详论。所可注意者,后来河东君《金明池·咏寒柳》词"念从前,一点东风,几隔着重帘,眉儿愁苦"之语,或与此时两人所赋《浣溪沙·五更》之词有关,亦未可知也。

卧子别有《浣溪沙》两阕,其题目虽与上引陈、杨两词俱作《五更》者不同,但绎其词意当亦与河东君有关。故并移录之,以资旁证。至宋辕文所赋《浣溪沙》两词,其所言节物,虽皆与春雨无涉,然详玩词旨,颇疑或与河东君有关。岂是辕文脱离河东君之后有所感触,遂托物寄意耶?殊乏确证,未敢多论。唯词特佳妙,附录于此,以待推究。

《陈忠裕全集》二〇《诗余·浣溪沙·闺情》云：

> 龙脑金炉试宝奁，虾须银蒜挂珠帘，莫将心事上眉尖。
> 斗草文无知独胜，弹棋粉石好重拈。一钩红影月纤纤。
> （自注："当归一名文无。"）

《前调·杨花》云：

> 百尺章台撩乱吹，重重帘幕弄春晖，怜他飘泊奈他飞。
> 淡日滚残花影下，软风吹送玉楼西。天涯心事少人知。

顾贞观、成德同选《今词初集（下）》宋徵舆《浣溪沙》云：

> 彻夜清霜透玉台，夕香销尽博山灰，声声飞雁五更催。
> 满地西风天欲晓，半帘残月梦初回。十年消息上心来。

又，《雪》云：

> 半似三春杨柳花，趁风知道落谁家，黄昏点点湿窗纱。
> 何幸凤鞋亲得踏，可怜红袖故相遮。人间冷处且留他。

《陈忠裕全集》二〇《诗余》中更别载《踏莎行》两阕，一题作《春寒》，一题作《春寒闺恨》。《春寒闺恨》一阕复载于顾贞观、成德同选《今词初集（下）》及王昶《国朝词综》一所选宋徵舆词中，但无《春寒闺恨》之题目。鄙意此词无论其为何人所作，玩味词中意旨，当与河东君有关无疑也。

又检《词综》王氏《自序》作于嘉庆七年十月。《陈忠裕全集·凡例》后附有庄师洛《识语》云：

> 嘉庆〔八年〕癸亥六月上浣，编《忠裕公集》成，遵〔王〕述庵先生〔昶〕命，发凡起例如右。

则是两书之成先后相距不及一年，俱出于王氏一人之手，何以有此歧异？颇疑《陈集》实由庄氏等编辑，王氏未必一一详检，不过以年辈资历取得编主之名,故致此疏误也。此词两书不同之字,自以《词综》为胜。所成问题者,即此《春寒闺恨》一阕,究出谁手?岂此词本是辕文原作,误为卧子之词,而卧子《春寒》一阕乃和宋氏之作。编者不察,遂成斯误耶?若果揣测不谬,则《春寒闺恨》一题,即前引李雯《致卧子书》中所谓辕文《春令》之一。至卧子和此《春令》究在何时,虽不能确知,但不必定在河东君与辕文交好之时,亦可能在崇祯八年春季也。兹录两词于下,更俟详考。

《陈忠裕全集》二〇《诗余·踏莎行·春寒》云:

墙柳黄深,庭兰红吐,东风著意催寒去。回廊寂寂绣帘垂,残梅落尽青苔路。　　绮阁焚香,闲阶微步,罗衣料峭啼莺暮。几番冰雪待春来,春来又是愁人处。

《今词初集(下)》宋徵舆《踏莎行》(《陈集》题作《春寒闺恨》)云:

锦屋销香,(寅恪案:"屋"《国朝词综》同。《陈集》作"幔"。)翠屏生雾,(寅恪案:"雾"《国朝词综》同。《陈集》作"雨"。)妆成漫倚纱窗住。一双青雀到空庭,梅花自落无人处。　　回首天涯,归期又误,罗衣不耐东风舞。垂杨枝上月华生,可怜独上银床去。

复次,杨、陈、宋、李词中有同是《南乡子》《江城子》或《江神子》之调名,而词旨近似或微异者,疑皆互有关系之作品。兹录其词,并略论之。

河东君《戊寅草·南乡子·落花》云:

拂断垂垂雨,伤心荡尽春风语,况是樱桃薇院也,堪悲,又有个人儿似你。　　莫道无归处,点点香魂清梦里。做杀多情留不得,飞去,愿他少识相思路。

《陈忠裕全集》二〇《诗余·南乡子·春闺》云:

罗袂晓寒侵,寂寂飞花雨外深。草色萋迷郎去路,沉沉,一带浮云断碧岑。　　无限暗伤心,粉冷香销憎锦衾。湿透海棠浑欲睡,阴阴,枝上啼红恐不禁。

《前调》云:

花发小屏山,冻彻胭脂暮倚阑。添得金炉人意懒,云鬟,为整犀梳玉手寒。　　尽日对红颜,画阁深深半掩关。冰雪满天何去也,眉弯,两脸春风莫放残。

《前调·春寒》云:

小院雨初残,一半春风绣幕间。强向玉楼花下去,珊珊,飞雪轻狂点翠鬟。　　淡月满阑干,添上罗衣扣几番。今夜西楼寒欲透,红颜,黛色平分冻两山。

寅恪案:杨、陈两人之词虽调同题异,当是一时所作。至辕文之《南乡子》无题目,词中有"玉露""伤秋"等语。舒章之《南乡子》题为《冬词》。虽俱是绮怀之体,然皆非春季所作也。故不录宋、李两人原词,仅附记于此,以备参考。河东君《戊寅草·江城子·忆梦》云:

梦中本是伤心路,芙蓉泪,樱桃语。满帘花片,都受人心误。遮莫今宵风雨话,要他来,来得么。　　安排无限销魂事,砑红笺,青绫被。留他无计,去便随他去。算来还有许多时,人近也,愁回处。

寅恪案:"忆梦"者,梦醒追忆之义。此词自可能为脱离卧子之后所作,但亦可能为将脱离卧子之时所作。陈、杨之因缘乃元微之《梦游春》所谓"一梦何足云"(见《才调集》五并参拙著《读莺莺传》),及玉谿生《无题二首》之二"神女生涯原是梦"者(见《李义山诗集(中)》)。词中"留他无计,去便随他去。算来还有许多时,人近也,愁回处"之语为一篇之警策,其意谓此梦不久将醒,无可奈何。故疑是将离去卧子之时所作也。考河东君于崇祯八年春季虽与卧子同居,然离去卧子之心亦即萌于此际。盖既与卧子同居之后,因得尽悉其家庭之复杂及经济之情势,必无长此共居之理,遂渐次表示其离去之意。此意决定于是年三月末,实现于是年首夏之初。故此词即河东君表示其离意之旨。卧子《诗余》中有《少年游》《青玉案》两阕,与河东君此词相关。《青玉案》词尤凄恻动人。宋辕文亦有《青玉案》一阕,疑是和卧子之作。兹附录陈、宋两人《青玉案》词于河东君此词之后,以供参证。至卧子《少年游》一阕,则俟后论卧子与河东君、李舒章同调之词时述之,今暂不涉及。

《陈忠裕全集》二〇《诗余·青玉案·春暮》云:

青楼恼乱杨花起,能几日,东风里。回首三春浑欲悔,落红如梦,芳郊似海,只有情无底。　华年一掷随流水,留不住,人千里。此际断肠谁可比,离筵催散,小窗惜别,泪眼栏干倚。

《今词初集(下)》宋徵舆《青玉案》云:

金塘雨涨轻烟滑,正柳陌,东风活。闲却吴绫双绣袜,满园芳草,一天花蝶,可奈人消渴。　暗弹珠泪蜂黄脱,两点春山青一抹。好梦偏教莺语夺。落红庭院,夜香帘幕,半枕纱窗月。

《陈忠裕全集》二〇《诗余·江城子·病起春尽》云:

一帘病枕五更钟,晓云空,卷残红。无情春色,去矣几时逢?添我千行清泪也,留不住,苦匆匆。　楚宫吴苑草茸茸,恋芳丛,绕游蜂。料得来年,相见画屏中。人自伤心花自笑,凭燕子,骂东风。

寅恪案:在昔竺西净名居士之病,乃为众生而病;华亭才子陈子龙之病,则为河东君而病。卧子此类之病,今能考知者,共有四次。第一次之病,为崇祯六年癸酉冬在北京候会试时,因远忆松江之河东君而病。《陈忠裕全集》七《属玉堂集·旅病(五古)二首》之一云:

朔气感中理,玄律思春温。安得登高台,随风归故樊。美人步兰薄,旨酒徒盈樽。

诗中"玄律"指冬季,"故樊"指松江,"美人"指河东君。故知此诗乃卧子癸酉冬季旅京病中怀松江河东君之作也,前论卧子《寒日卧邸中,让木忽缄腊梅花一朵相示》诗已言及之,可不更详。第二次之病,为崇祯八年乙亥夏初河东君已离去之时。词中"晓云空"之"云",即指阿云也。卧子此词可与其《酬舒章问疾之作》诗及李雯《夏日问陈子疾》诗(见《陈忠裕全集》八《平露堂集》并《蓼斋集》一二舒章原作)共参之。

卧子《诗》云:

房闱厌虚寥,愁心愧清晓。黄鸟鸣层阴,朱华长幽沼。锦衾谁能理,抚身一何小。思与帝子期,胡然化人渺。灵药无消息,端然内烦扰。感君投惠音,款睇日未了。佳人荫芳树,怜余羁登眺。会当遣百虑,携手出尘表。

舒章《诗》云:

孟夏延清和,林光屡昏晓。褰裳独徘徊,风琴荡萝茑。闲居成滞淫,契阔长枯槁。庭芜久矣深,黄鸟鸣未了。思君文园卧,数日瑶华少。散发把素书,支床念青鸟。蹉跎蓄兰时,果气歇林表。江上芙蓉新,堂中紫燕小。将无同赏心,南风送怀抱。

第三次之病为崇祯十一年戊寅七夕,因感牛女故事为河东君而病。《陈忠裕全集》一四《湘真阁稿·戊寅七夕病中》云:

又向佳期卧,金风动素波。碧云凝月落,雕鹊犯星过。巧笑明楼回,幽晖清簟多。不堪同病夜,苦忆共秋河。

寅恪案:此诗第七句之"同病",第八句之"苦忆",其于河东君眷恋之情溢于言表者若是。斯或与卧子此年冬为河东君序刊《戊寅草》一事,不无关系也。

抑更有可论者,范锴华《笑庼杂笔》一"黄梨洲先生批钱诗残本"条云:

余尝见黄梨洲手批虞山诗残本曰:牧翁《丙戌七夕有怀》,(此诗见下引金氏《钱牧斋年谱》中)意中不过怀柳氏,而首二句寄意深远。

寅恪案:牧斋于明南都破后,随例北迁。至顺治三年六月虽得允放还原籍,但观其诗中"银漏"之语(见《王子安集》一一《乾元殿颂序》),似尚留滞北京。趋朝待漏之时,感今伤昔,遥忆河东君,遂作此七绝。首句用《史记·天官书》,次句用《汉书·天文志》。详见钱遵王《有学集诗注》一所引,兹不复赘。梨洲甚赏首二句寄意深远,盖不仅切合清兵入关之事,且"天河""女牛"皆属天文星象。咏一类之物,而具两重之意。黄氏乃博雅之人,通知天文、历算等学,又与钱柳关系密切,故尤能明了牧斋诗旨所在也。其言"意中不过怀柳氏",殊为允当。至金鹤冲《钱牧斋先生年谱》"丙戌隆武二年"条云：

> 《七夕有怀》云："阁道墙垣总罢休，天街无路限旄头。生憎银汉偏如旧，横放天河隔女牛。"（寅恪案：金氏所引与钱曾《有学集》注本全同。但涵芬楼影印康熙甲辰本"限旄头"作"接清秋"。"银汉"作"银漏"。金匮山房康熙乙丑本"限旄头"作"望楼头"。牧斋诗当原作"限旄头"。他本不同者，自是后来所被改。至若"银漏"，牧斋诗本应如此。盖指清乾清宫铜壶滴漏而言。用典虽切，而浅人不觉，因其为《七夕诗》，遂讹作"银汉"，未必是被改也。）按此诗在隆武帝即位后十日而作，女牛之隔，君臣之异地也。

则推论过远，反失牧斋本意，不如黄氏所言之切合也。噫！当崇祯八年乙亥七夕卧子之怀念河东君，尚不过世间儿女之情感。历十二年至顺治三年丙戌七夕，牧斋之怀念河东君，则兼具家国兴亡之悲恨。同一织女，而牵牛有异，阅时几何，国事家情，俱不堪回首矣。

第四次之病为崇祯十四年辛巳秋冬间，因此时得知河东君于是年六月已归牧斋而病。卧子《自撰年谱（上）》"崇祯十四年辛巳"条云：

> 秋以积劳致病。初则疟耳，后日增剧，服参附百余剂。长至始克栉沐。是岁纳侧室沈氏。

又，《年谱》后附王沄《三世苦节传》云：

> 陈氏五世一子，旁无期功之属。〔张〕孺人屡举子女不育，为置侧室，亦不宜子。孺人心忧之，乃自越遣人至吴，纳良家子沈氏以归。甲申春，崇祯帝召先生入谏垣，携家还里，至冬始举子。先生时年三十有七，喜而名之曰巖。

寅恪案：卧子谓其督漕于嘉兴之崇德以积劳致病，是自称其病乃为众生而病。然龚自珍《己亥杂诗》云："东山妓亦是苍生。"由此言之，河东君亦是众生之一，卧子自称为众生而病，亦可兼括为河东君而病也。更可笑者，王胜时盛夸张孺人自选良家女沈氏为卧子之妾因得生子，遂使其夫不致绝后一事。其言外殊有深鄙河东君为倡家女不能生子之意。岂知沈氏之子巖，传至四代，后亦竟绝耶？（见《卧子年谱（下）》附庄师洛等案语）斯亦王氏作《传》时所不及料者矣。

《今词初集（下）》宋徵舆《江神子》云：

珍珠帘透玉梨风。暮烟浓，锦屏空。胭脂万点，摇漾绿波中。病起看春春已尽，芳草路，碧苔封。　　漫寻幽径到吴宫。树青葱，石玲珑。朱颜无数，不与旧时同。料得夜来肠断也，三尺雨，五更钟。

寅恪案：辕文词中"病起看春春已尽"与卧子词"病起春尽"之题符合。又，辕文词末句"五更钟"之语，与卧子词首句"一帘病枕五更钟"之语亦相合。然则宋词乃和陈词明矣。

《今词初集（上）》李雯《江神子》云：

一篙秋水淡芙蓉。晚来风，玕云重。检点幽花，斜缀小窗红。罗袜生寒香细细，怜素影，近梧桐。　　栖鸦零乱夕阳中。叹芳丛，诉鸣蛩。半卷鸾笺，心事上眉峰。玉露金波随意冷，愁灭蠋，听归鸿。

寅恪案：舒章词有"秋水"、"鸣蛩"、"玉露"及"归鸿"等语，当是秋季所作。舒章别有《题内家杨氏楼》诗，疑亦此时所作。后详论之。但舒章词"玕云重"及"怜素影"中藏河东君之名字。又，"叹芳丛"与卧子原作"恋芳丛"之语相关。故舒章此词实赋于崇祯八年秋深，即河东君离松江往盛泽镇之时。虽非卧子"病起春尽"之际,然仍是追和卧子此词也。

又,《戊寅草》中有《诉衷情近·添病》一阕。河东君之病当亦与卧子之病有关,所谓同病相怜者也。故附录于此,以博好事者一笑。其词云:

几番春信,遮得香魂无影。衔来好梦难凭,碎处轻红成阵。任教日暮还添,相思近了,莫被花吹醒。　雨丝零。又早明帘人静。轻轻分付,多个未曾经。画楼心。东风去也,无奈受他,一宵恩幸。愁甚病儿真。

《戊寅草·少年游·重游》云:

丝丝碧树何曾卷,又是梨花晚。海燕翻翻,那时娇面,做了断肠缘。　寄我红笺人不见,看他罗幕秋千。血衣着地,未息飘扬,也似人心软。

卧子《诗余·少年游·春情》云:

满庭清露浸花明,携手月中行。玉枕寒深,冰绡香浅,无计与多情。　奈他先滴离时泪,禁得梦难成。半晌欢娱,几分憔悴,重叠到三更。

寅恪案:河东君之词有"梨花""海燕"等语,自是春季所赋。与卧子词"春情"相合。卧子词后半阕与上引河东君《江城子·忆梦》一词,语意更为符应。其题作《春情》,非偶然也。

《今词初集(上)》李雯《少年游》云:

绿窗烟黛锁梅梢,落日近横桥。玉笛才闻,碧霞初断,赢得水沉销。　口脂试了樱桃润,余晕入鲛绡。七曲屏风,几重帘幕,人静画楼高。

又,《代女郎送客》云:

残霞微抹带青山,舟过小溪湾。两岸芦干,一天雁小,分手觉新寒。　　今宵霜月照灯阑,人是暮愁难。半枕行云,送君归去,好梦忆江干。

复次,舒章《蓼斋集》三一《诗余》载《玉楼春》题为《代客答女郎》。其词云:

角声初展愁云暮,乱柳萧萧难去住。舴艋舟前流恨波,鸳鸯渚上相思路。　　生分红绶无人处,半晌金樽容易度。惜别身随南浦潮,断肠人似潇湘雨。

恐此"客"当是卧子,"女郎"亦为河东君。盖与其《少年游·代女郎送客》一词同时所作。卧子、河东君皆工于意内言外者,舒章何不惮烦而为两人捉刀?文人闲居好事,故作狡狯,殊可笑也。

寅恪案:周美成赋《少年游·感旧》词后,凡诗余中此调多与李师师有关一类绮怀之作,自无足怪。舒章词此调前一阕,疑是和卧子之作,即为河东君而赋者。后一阕题为《代女郎送客》,词中有"芦干""雁小""新寒""霜月"等句,明是秋深景物。河东君《戊寅草》载崇祯八年秋离松江赴盛泽镇诗两题。第一题为《晓发舟至武塘(五律)二首》。其一"还思论异者"句下自注云:"时别卧子。"其二云:"九秋悲射猎。"第二题为《秋深入山(七律)一首》,"深闲大抵仲弓知"句下自注云:"陈寔,字仲弓。时惟卧子知余归山。"据此可证舒章词后一阕题中之"女郎"即河东君,"客"即卧子。盖河东君此行虽有诗送卧子,但未作词。故舒章戏代为之耳。所谓"半枕行云"之"云"即"阿云"无疑也。

复次,《戊寅草》有《梦江南·怀人》词二十阕,卧子《诗余》有《双调望江南·感旧》一阕。梦江南即望江南,"怀人"亦与

"感旧"同意。两人所赋之词互相关涉,自无待论。但别有可注意者,即《梦江南》及《双调望江南》两词中之"南"字,实指陈、杨二人于崇祯八年春间同居之徐氏南楼及游宴之陆氏南园而言。若如此解释,则河东君及卧子词中所"梦""望"之地,"怀""感"之人,语语相关,字字有著矣。兹全录两人之词于下,读者可取以互证也。

河东君《梦江南·怀人二十首》,其一云:

人去也,人去凤城西。细雨湿将红袖意,新芜深与翠眉低。蝴蝶最迷离。

寅恪案:"凤城"非仅用典,疑并指松江城而言。详见前论卧子《癸酉长安除夕》诗"曾随侠少凤城阿"之句。"细雨湿将红袖意"可与下引卧子《满庭芳·送别》词"才提起,泪盈红袖,未说两三分"之语参证也。

其二云:

人去也,人去鹭鹚洲。菡萏结为翡翠恨,柳丝飞上钿筝愁。罗幕早惊秋。

寅恪案:"人去鹭鹚洲"之"去"字,周铭《林下词选》同。《众香词》作"在",误。"菡萏结为翡翠恨"句,自用《花间集补(下)》李后主《山花子》词"菡萏香销翠叶残,西风愁起绿波间"之语。"钿筝"二字,《林下词选》同。当出晏殊《珠玉词·蝶恋花调》"杨柳风轻,展尽黄金缕。谁把钿筝移玉柱"等句。柳词之"丝",即晏词之"缕"。《众香词》作"钿簪"亦可通。河东君此词,盖糅合李、晏两作之语意而成也。

其三云:

人去也,人去画楼中。不是尾涎人散漫,何须红粉玉玲珑。

端有夜来风。

寅恪案:河东君此词中之"画楼",当指其与卧子同居之鸳鸯楼或南楼。"尾涎"用《汉书》九七下《外戚传·孝成赵皇后传》童谣"燕燕尾涎涎"之语。"玉玲珑"疑用蒋防《霍小玉传》及汤显祖《紫钗记》玉燕钗事。河东君《湖上草·清明行》结语云:"盘螭玉燕无可寄,空有鸳鸯弃路旁。"亦同此词之意,即卧子《双调望江南·忆旧》词所谓"玉燕风斜云鬓上"者。"夜来风"或与玉谿生《无题二首》之一"昨夜星辰昨夜风,画楼西畔桂堂东"之语有关(见《李义山诗集(上)》)。又,《玉台新咏》五柳恽《夜来曲》云:"飒飒秋桂响,悲(一作非)君起夜来。"《乐府诗集》七五亦载恽此曲,并引《乐府解题》曰:"起夜来其辞意犹念畴昔,思君之来也。"河东君之意当在于此。至若《拾遗记》七所述薛灵芸即夜来事,虽有《行者歌》曰"清风细雨杂香来"之语,但与《怀人》之题不合,恐非河东君词旨所在也。(《陈忠裕全集》一九《属玉堂集·魏宫词二首》之二有"细雨香风接夜来"句,即用《拾遗记事》。)复检李清照《漱玉词·怨王孙·春暮》云:"门外谁扫残红,夜来风。"河东君此词既用《汉书·孝成赵皇后传》童谣"燕燕尾涎涎"之语,而此童谣中又有"木门仓琅根。燕飞来,啄皇孙。皇孙死,燕啄矢"之语。或者河东君因读易安居士之词《怨王孙》之"王孙"与《汉书·外戚传》童谣之"皇孙"同义,遂连类相及,而有"夜来风"之句耶?

其四云:

人去也,人去小池台。道是情多还不是,若为恨少却教猜。一望损莓苔。

寅恪案:"一望损莓苔"者,离去南园之意。刘文房《寻南溪常道士隐居》诗"一路经行处,莓苔见履痕"(见《全唐诗》第三函刘长卿二)",*南溪*"即指*南园*"也。"道是情多还不是,若为恨少却教猜"者,言其离去南园,可谓非多情。但若以为于卧子有所憎恨,则亦未合。河东君此意即卧子崇祯十一年秋间赋《长相思(七古)》中所述河东君之语云"别时余香在君袖,香若有情尚依旧。但令君心识故人,绮窗何必常相守"者是也(见《陈忠裕全集》一一《湘真阁集》)。余详后论。

其五云:

人去也,人去绿窗纱。赢得病愁输燕子,禁怜模样隔天涯。好处暗相遮。

寅恪案:"赢得病愁输燕子,禁怜模样隔天涯"句,则是离去卧子后燕子重来时所作,恐至早亦在崇祯九年春间矣。又,卧子《诗余》中有《蓦山溪·寒食》一阕,殊有崔护"去年今日"之感,或是崇祯九年春季所赋,姑附录于此,更俟详考。词云:

碧云芳草,极目平川绣。翡翠点寒塘,雨霏微、淡黄杨柳。玉轮声断,罗袜印花阴,桃花透,梨花瘦,遍试纤纤手。去年此日,小苑重回首。晕薄酒阑时,掷春心、暗垂红袖。韶光一样,好梦已天涯,斜阳候,黄昏又,人落东风后。

其六云:

人去也,人去玉笙寒。凤子啄残红豆小,雄媒骄拥褏香看。杏子是春衫。

寅恪案:"人去玉笙寒"句,实暗用南唐嗣主李璟《摊破浣溪沙》(一名《山花子》)"小楼吹彻玉笙寒"之语(见《全唐诗》第十二函。又,《花间集补(下)》作李后主《山花子》)。以其中有"小楼"二字,盖指鸳鸯楼或南楼而言也。"凤子啄残红豆小"句,当是互易少陵《秋兴八首》之八"红豆啄残鹦鹉粒,碧梧栖老凤凰枝"一联中"鹦鹉""凤凰"两辞(见《杜工部集》一五)。所以改"鹦鹉"为"凤子"者,不仅故意避去"栖老"之义,亦以《古今注》五《鱼虫门》"蛱蝶"条云:"其大如蝙蝠者,或黑色,或青斑,名为凤子。"盖河东君不欲自比鹦鹉,而愿与韩、冯夫妇之蛱蝶同科,其赋此调第一首结句"蝴蝶最迷离"即是此意。又,卧子所赋《初夏绝句十首》之六云"淡黄凤子逐花隈"(见《陈忠裕全集》一九《陈李唱和集》),亦可与此阕相参证也。"雉媒骄拥褒香看"句,用陆鲁望《奉和袭美吴中书事寄汉南裴尚书(七律)》"五茸春草雉媒骄"之语(见《甫里先生集》九及《全唐诗》第九函陆龟蒙九),与茸城即松江地域切合。至"褒"疑是"蘸"之讹写,河东君作书固喜为瘦长之体也。"杏子是春衫"句,盖出《乐府诗集》七二《古辞·西洲曲》"单衫杏子红"句。又,元微之《离思》诗有"杏子花衫嫩麹尘"之语(见《才调集》五及《全唐诗》第六函元稹二七),河东君殆亦兼采其意。但微之此诗"杏子"原有"吉了"及"杏子"两读,河东君从"杏子"之读耳。

其七云:

人去也,人去碧梧阴。未信赚人肠断曲,却疑误我字同心。幽怨不须寻。

寅恪案:"人去碧梧阴"之"碧梧",即前引杜工部《秋兴》诗"碧梧栖老凤凰枝"之"碧梧"。河东君互易杜诗"红豆""碧梧"一联上下两句,以分配第六首及此首耳。"却疑误我字同心"句,或与后论卧子《蝶恋花》词"简点凤鞋交半折"句所引河东君两同心词有关,亦未可知也。

其八云:

人去也,人去小棠梨。强起落花还瑟瑟,别时红泪有些些。门外柳相依。

寅恪案:"小棠梨"当用庾兰成《小园赋》"有棠梨而无馆"句(见《庾子山集》一)。庾赋之"小园",当指徐氏别墅中之小园。"小棠梨"馆或即指杨、陈两人于崇祯八年春间同居之南楼也。"落花瑟瑟"正是春尽病起之时,"红泪些些"更为薛夜来"升车就路"之状矣(见《拾遗记》七"魏文帝所爱美人"条)。

其九云:

人去也,人去梦偏多。忆昔见时多不语,而今偷悔更生疏。梦里自欢娱。

寅恪案:此首为二十首中之最佳者,河东君之才华于此可窥见一斑也。

其十云:

人去也,人去夜偏长。宝带怎温青骢意,罗衣轻试玉光凉。薇帐一条香。

寅恪案:自第一首至此首共十首皆言"人去"。盖去与卧子同居之南楼即鸳鸯楼及游宴之南园也。

其十一云:

人何在,人在蓼花汀。炉鸭自沉香雾暖,春山争绕画屏深。金雀敛啼痕。

寅恪案:自此首以下共十首皆言"人在"。其所在之处虽未能确指,然应是与卧子有关者。故知俱为崇祯八年春间徐氏别墅中杨、陈两人所同居之南楼及同游之陆氏南园(详见下引徐暗公孚远《钓璜堂诗》及王胜时沄《云间第宅志》),并同经之事也。此首所言之蓼花汀或即在南园内。"炉鸭""画屏""金雀"乃藏娇定情之境况。卧子假南楼为金屋,则河东君此词以"敛啼痕"为结语,自不嫌突兀矣。

其十二云：

人何在，人在小中亭。想得起来匀面后，知他和笑是无情。遮莫向谁生。

寅恪案：此首可与第九首"忆昔见时多不语，而今偷悔更生疏"之语参证。"人在小中亭"之"亭"，或即卧子所赋《秋暮游城南陆氏园亭》诗"孤亭喧鸟雀"之"亭"（见《陈忠裕全集》七《属玉堂集》）。"知他和笑是无情"句，则出杜牧之诗"多情却似总无情，惟觉尊前笑不成"（见《全唐诗》第八函杜牧四《赠别二首》之二），及韩致尧诗"见客入来和笑走，手搓梅子映中门"（见《全唐诗》第十函韩偓四《偶见》），张泌《江城子》第二阕"好是问他来得么，和笑道，莫多情"（见《花间集》五）。河东君盖兼采杜、韩两诗及张词之辞意，而成此阕也。

其十三云：

人何在，人在月明中。半夜夺他金扼臂，媵人还复看芙蓉。心事好朦胧。

寅恪案：此首当是杨、陈两人同居南楼时之本事。"扼臂"出罗从事《比红儿诗一百首》之九十四"金粟妆成扼臂环"之语（见《全唐诗》第十函罗虬）。"媵人还复看芙蓉"者，崇祯八年首夏李舒章所赋《夏日问李子疾》诗云："江上芙蓉新，堂中紫燕小。"（见《陈忠裕全集》八《平露堂集·酬舒章问疾之作》附录所引。）崇祯八年首夏，河东君离去南楼及南园，将行之时犹能见及南园废沼中之芙蓉（可参下引《钓璜堂存稿》三《南园读书楼（五古）》"荷香落衣袂"句及同书一九《坐月怀卧子（七绝）》"南园菡萏正纷披"句）。杨词、李诗所谓芙蓉，盖指出水之新荷，而非盛放之莲花，如徐暗公诗所言者。文人才女之赋咏，不必如考释经典、审核名物之拘泥。又，《陈忠裕全集》一九《陈李唱和集·初夏绝句十首》之七云:"芙蓉叶放小于钱。"卧子此诗虽未必是崇祯八年所赋,但同是初夏景物之描写,故亦可取以互证也。

其十四云:

人何在,人在木兰舟。总见客时常独语,更无知处在梳头。碧丽怨风流。

寅恪案:"总见客时常独语,更无知处在梳头"句,殆用张文和《蓟北旅思》(一作《送远人》)诗"失意常独语,多愁只自知"之语(见《全唐诗》第六函张籍三)。文和诗题既一作《送远人》,则河东君"人在木兰舟"句,即"送远人"之意。颇疑《太平广记》一九五载甘泽谣"红线"条中冷朝阳《送红线》诗(参《全唐诗》第五函冷朝阳《送红线(七绝)》)云:

采菱歌怨木兰舟,送别魂销百尺楼。(《全唐诗》"别"作"客"。)还似洛妃乘雾去,碧天无际水长流。(《全唐诗》"长"作"空"。)

殆亦与之有关涉。盖河东君此词题为《怀人》与张、冷两诗约略相似,乃其自言失意多愁之情况。又,《陈忠裕全集》一有《采莲赋》一篇,同书五《平露堂集》有《采莲童曲(乐府)》。同书一一《平露堂集》有《立秋后一日题采莲图(七古)》与《戊寅草》中《采莲曲》,皆陈、杨两人于崇祯八年所作。冷氏《诗》云"采莲歌怨木兰舟",故河东君此词"木兰舟"之语,疑即指两人所作之诗赋而言也。至"碧丽怨风流"句其义不甚解。《戊寅草》写本及《林下词选》皆同。惟《众香词》作"妖艳更风流",语较可通。但上文已有"更"字,昔人作诗词,虽不嫌重复,然细绎词旨,此处似不宜再用"更"字。且"怨风流"亦较"更风流"为佳。据是,《众香词》与《戊寅草》写本及《林下词选》不同之点,恐经后人改易,殊失河东君原作之用心也。

其十五云:

人何在,人在绮筵时。香臂欲抬何处堕,片言吹去若为思。况是口微脂。

寅恪案:此首乃河东君自述其文酒会时歌舞之情态。"香臂欲抬何处堕"句,指舞言;"片言吹去若为思。况是口微脂"句,指歌言。《有学集》一三《东涧诗集(下)病榻消寒杂咏四十六首》之三十四《追忆庚辰冬半野堂文宴旧事》诗云:"蒲团历历前尘事,好梦何曾逐水流。"此为牧斋垂死之作,犹不能忘情于崇祯十三年冬河东君初访半野堂时饯别程松圆之宴会。据是可以想见河东君每值华筵绮席,必有一番精采之表演,能令坐客目迷心醉。盖河东君能歌舞,善谐谑,况复豪于饮,酒酣之后更可增益其风流放诞之致。此词所述非夸语,乃实录也。

其十六云:

人何在,人在石秋棠。好是捉人狂耍事,几回贪却不须长。多少又斜阳。

寅恪案:"石秋棠"之义未解。若"棠"字乃"堂"字之讹写,则"石秋堂"当是南园一建筑物之名。此为妄测,须更详考。"好是捉人狂耍事,几回贪却不须长"句,指捉迷藏之戏(可参前论程松圆《朝云诗》第五首"神仙冰雪戏迷藏"句)。《才调集》五元稹《杂忆诗五首》之三云:"忆得双文胧月下,小楼前后捉迷藏。"河东君盖自比于双文,而令卧子效元才子所为者,虽喜被捉但不须久寻。盖作此戏,本资笑乐,不必使捉者过劳。然则其爱惜卧子之意溢于言表。"多少又斜阳"句,则事过境迁,不觉感慨系之矣。

其十七云:

人何在,人在雨烟湖。篙水月明春腻滑,舵楼风满睡香多。杨柳落微波。

寅恪案:"雨烟湖"恐是南园中之湖沼。"睡香"即"瑞香",乃早春季节开放之花。河东君于此际泛舟,风吹此花香气,固合当时景物也。

其十八云:

人何在,人在玉阶行。不是情痴还欲住,未曾怜处却多心。应是怕情深。

寅恪案:此首为河东君自言其去住两难之苦况。然终于离去,则其苦更甚,可以推知。"应是怕情深"之"怕"字殊妙。

其十九云:

人何在,人在画眉帘。鹦鹉梦回青獭尾,篆烟轻压绿螺尖。红玉自纤纤。

寅恪案:李舒章《会业序》云:"獭獭白日捕鱼塘中,盱睢而徐行,见人了无怖色。"(见后论卧子桃源忆故人《南楼雨暮》词,所引舒章此文。)又,《文选》八杨子云《羽猎赋》"蹈獱獭",李善《注》引郭璞《三苍解诂》曰:"獱似狐,青色,居水中,食鱼。"然则"青獭"之语,乃古典今事合而用之者。《鹦鹉梦》固出《明皇杂录》"天宝中岭南献白鹦鹉"条(见《事文类聚后集》四○及《六帖》九四所引。并可参《杨太真外传(下)》及何薳《春渚纪闻》五"陇州鹦歌"条)。但其所指搏杀"雪衣娘"之鸷鸟,颇难考实。岂河东君之居南楼所以不能久长者,乃由卧子之妻张孺人号称奉其祖母高安人继母唐孺人之命,率领家嫔将至徐氏别墅中之南楼,以驱逐此"内家杨氏"耶?俟考。

其二十云:

人何在,人在枕函边。只有被头无限泪,一时偷拭又须牵。好否要他怜。

寅恪案:此首为二十首最后一首,亦即"人在"十首之末阕。故可视为《梦江南》全部词中"警策"之作。其所在处乃在枕函咫尺之地,斯为赋此二十首词所在地也。"泪痕偷拭","好否要怜",绝世之才,伤心之语,观卧子《双调望江南·感旧》词结句云"无计问东流",可以推知其得读河东君此二十首词后,所感恨者为何如矣。

卧子《双调望江南·感旧》云:

思往事,花月正朦胧。玉燕风斜云鬓上,金猊香烬绣屏中,半醉倚轻红。 何限恨,消息更悠悠。弱柳三眠春梦杳,远山一角晓眉愁。无计问东流。

寅恪案:卧子此词有"消息更悠悠"之语,当是在河东君由松江迁往盛泽镇以后不甚久之时间所作。然则河东君《梦江南》词二十阕为原唱,而卧子《双调望江南》乃和作。明乎此,则知河东君词题为《怀人》,而卧子词题作《感旧》,所以不同之故也。

前引黄九烟之语云"云间宋徵舆、李雯共拈春闺风雨诸什",并论崇祯八年春间多雨一事。今检卧子《诗余》中,其题为《春闺风雨》《春雨》者,共有三首。故知此三首当即黄氏所言。疑俱是卧子于崇祯八年春间为河东君而作者。兹更取河东君《戊寅草》中《更漏子·听雨》二阕与卧子词参证,以其亦为《春雨》,当是同时所作也。

卧子《醉落魄·春闺风雨》其一云:

春楼绣甸,韶光一半无人见。海棠梦断前春怨,几处垂杨,不耐东风卷。 飞花狼藉深深院,满帘寒雨炉烟篆。黄昏相对残灯面,听彻三更,玉枕欹将半。

其二云：

花娇玉暖，镜台晓拂双蛾展。一天风雨青楼断，斜倚栏干，帘幕重重掩。　　红酥轻点樱桃浅，碧纱半挂芙蓉卷。真珠细滴金杯软。几曲屏山，镇日飘香篆。

又，《菩萨蛮·春雨》云：

廉纤暗锁金塘曲，声声滴碎平芜绿。无语欲摧红，断肠芳草中。　　几分消梦影，数点胭脂冷。何处望春归，空林莺暮啼。

河东君《更漏子·听雨》（寅恪案：河东君此调两阕颇难句逗，姑以意标点之，可不必深究也）云：

风绣幕，雨帘栊。好个凄凉时候。被儿里，梦儿中。一样湿残红。　　香焰短，黄昏促。催得愁魂千簇。只怕是，那人儿，浸在伤心绿。

其二云：

花梦滑，杏丝飞。又在冷和风处。合欢被，水晶帏。总是相思块。　　影落尽，人归去。简点昨宵红泪。都寄与，有些儿，却是今宵雨。

李舒章《虞美人·春雨》（见《蓼斋集》三一《诗余》）云：

廉纤断送荼蘼架，衣润笼香罢。鹧鸪题（啼）处不开门，生怕落花时候近黄昏。　　艳阳惯被东风砑（妒），吹雨无朝暮。丝丝只欲傍妆台，却作一春红泪满金杯。

又，吴园次《虞美人·春雨次李舒章韵》（见《今词初集（下）》）云：

红绒冷落秋千架，人约西陵罢。梨花和泪闭重门，却似玉儿憔悴忆东昏。　　孟婆苦把东君妒,做作催春暮。愁春人正在朱楼,听尽丝丝点点倚香篝。

寅恪案:闵尔昌《碑传集补》二〇《守令一》王方岐撰《吴园次后传》略云:

先生讳绮,字园次,江都人。〔顺治十一年〕甲午,滦州石学士申视学江南,得先生卷,拔冠多士,以明经荐入都。冢宰胡公兆龙拔置第一,授中书舍人,掌制诰。〔顺治十五年〕戊戌迁兵部职方司主事。〔康熙三十三年〕甲戌夏秒,先生年七十有六,微有腹疾,不数日而归道山矣。

当崇祯八年时,园次年十七岁。其入都则在顺治十一年,而李舒章于顺治三年丙戌以父丧归葬,事竣还京即卒(见《陈忠裕全集·年谱(下)》"顺治四年丁亥"条考证引《松江府志·李逢申传》)。故园次此词作成时间必不甚迟,作词之地亦应在松江地域,其时间或即在崇祯八年春季,亦未可知。园次年少美才,其和《春闺风雨》之词,殊不足异也。

复次,卧子《诗余》中关涉春闺或闺阁之题目者颇多,如《桃源忆故人·南楼雨暮》及《探春令·上元雨》诸阕,皆当属此类。除《南楼雨暮》一词,将于论李舒章《题内家杨氏楼》诗时合并论之,其余今不备录。至于《柳梢青·春望》《天仙子·春恨》之类,则名士民族兴亡之感,与儿女私情绝无关涉。故虽为春季所作,亦不录之也。

卧子《诗余·菩萨蛮·春晓》云:

玉人袅袅东风急,半晴半雨胭脂湿。芳草衬凌波,杏花红粉多。　　起来慵独坐,又拥寒衾卧。金雀带幽兰,香云覆远山。

又,《蝶恋花·春晓》云:

才与五更春梦别,半醒帘栊,偷照人清切。简点凤鞋交半折,泪痕落镜红明灭。　　枝上流莺啼不绝,故脱余绵,(寅恪案:"余绵"谓当日女性卧时所著之绵紧身也。可参《红楼梦》一〇九回《候芳魂五儿承错爱》节。)忍耐寒时节。慵把玉钗轻绾结,恁移花影窗前没。

寅恪案:此两词皆言春晓。《菩萨蛮》调可与上引卧子《早春行(五古)》之"不令晨妆竟,偏采名花掷。香衾卷犹暖,轻衣试还惜"等句互证。《戊寅草》中复有《两同心·夜景(代人作)》一阕。所代之人疑是卧子,而首句亦与鞋有关,故并附录于此,借资好事者之谈助耳。

河东君《河传·忆旧》云:

花前雨后,暗香小病,真个思清切。梦时节。见他从不轻回,风动也,难寻觅。　　简点枕痕刚半折。泪滴红绵,又早春文灭。手儿臂儿,都是那有情人,故把人心摇拽。

又,《两同心·夜景(代人作)》云:

不脱鞋儿,刚刚扶起。浑笑语,灯儿厮守。心窝内,着实有些些怜爱。缘何昏黑,怕伊瞧地。　　两下糊涂情味。今宵醉里。又填河,风景堪思。况销魂,一双飞去。俏人儿,直恁多情,怎生忘你。

复次,卧子《蝶恋花》词可与下章牧斋《有美诗》之"弓鞋笑足缠"及"轻寒未折绵"等句参较。"简点凤鞋交半折"句,似与《西厢记·酬简·元和令》"绣鞋儿刚半折"之语有关。或谓此"凤鞋",疑是指旧日缠足女子睡眠时所著之"软鞋"而言。此种"软鞋",盖以增加美感,兼有防止纤足涨大,并可免缠足帛条散乱之用,其底非木或骨所制者。至若程松圆诗"天粘碧草度弓鞋"之"弓鞋"(见《列朝诗集》丁一三所选孟阳《二月上浣同云娃踏青雨宴达曙用佳字(七律)》。详见前引),则指河东君所著踏地行走之鞋而言。其底版为木或骨所制,与卧子《蝶恋花·春晓》词中所咏之软鞋区以别矣。

复据刘銮《五石瓠》"濮仲谦江千里"条云:

> 苏州濮仲谦水磨竹器,如扇骨、酒杯、笔筒、臂搁之类,妙绝一时。亦磨紫檀、乌木、象牙,然不多。或见其为柳夫人如是制弓鞋底版二双。又或见其制牛乳浑酪筒一对,末矣。(可参宋琬《安雅堂未刻稿》二《竹罂草堂歌》题下注:"曤城朱松邻、白门濮仲谦皆以竹器擅名。"诗中述濮仲谦事颇备。)

寅恪案:河东君自矜其足之纤小,至于令当时良工为之制作弓鞋底版。由今观之,固觉可笑,但旧日风习,纤足乃美人不可缺少之主要条件,亦不必苛责深怪。河东君初访半野堂,虽戴幅巾及著男子服,然仍露其纤足者,盖欲藉是表现此特殊优美之点也。(可参第四章论河东君初访半野堂节。)

抑更有可笑者,《有学集》一《秋槐诗集·赠濮老仲谦》诗云:

> 沧海茫茫换劫尘,灵光无恙见遗民。少将楮叶供游戏,晚向莲花结净因。杖底青山为老友,窗前翠竹似闲身。尧年甲子欣相并,何处桃源许卜邻。(自注:"君与余同壬午。")

寅恪案:牧斋此诗当作于顺治五年戊子。盖牧斋以黄毓祺案被逮至南京,出狱之后尚留居金陵也。其时仲谦亦在白下。牧斋此诗以"遗民"称仲谦,则濮氏亦非如刘銮所记仅以制造工巧擅长。仲谦既与牧斋同庚,其为河东君制弓鞋底版,虽不能确定在何年,要亦在河东君适牧斋以后,濮氏之年龄,至少已过六十。以老叟而为此,可谓难能之事。然则牧斋诗"晚向莲花结净因"之句,不但如遵王《注》本解作结远公莲社之净因,亦兼可释为助美潘妃细步之妙迹矣。呵呵! 又,《蝶恋花》词"泪痕落尽红明灭"句,疑用《才调集》五元稹《古决绝词三首》之二"感破镜之分明,睹泪痕之余血"之意。盖卧子赋此词时,河东君离去之志已决。可参下引卧子《少年游·春情》及《青玉案·春暮》两词附论。所应注意者,微之此首诗中"矧桃李之当春,竞众人而攀折"之语。卧子与河东君之关系虽颇相合,然微之此首诗中"幸他人之既不我先,又安能使他人之终不我夺"之语,则周文岸、宋辕文辈皆已先于卧子而攀折之矣。后来终为他人即钱牧斋之所夺,亦是必然之理。吾人今日取微之、卧子之诗词并读,殊不胜感惜也。"故脱余绵"之"绵",疑指旧日女子寒冷季节卧时所著之丝绵短袄而言,即俗所谓"绵紧身"者,前已述及。卧子此两词所描写者,如特喜早起、不畏寒冷等情状,非一般女子之通性,而是河东君个人之特性。卧子造语能曲尽其妙,即此可见其为高才,非庸手所及也。

又,《陈忠裕全集》二〇《诗余·虞美人·咏镜》云:

碧阑囊锦妆台晓,泠泠相对早。剪来方尺小清波,容得许多憔悴暗消磨。　　海棠一夜轻红倦,何事从教看。数行珠泪倩他流,莫道无情却会替人愁。

寅恪案:卧子此词后半阕尤妙。此镜必为河东君之物无疑,否则卧子词中语意不如是也。清代文人集中赋咏河东君遗镜之作品颇多(见缪荃孙《秦淮广记》二之四《纪丽类》及葛昌楣《蘼芜纪闻·下》所引)。然大抵转袭旧文,别无新说。既是酿词,无关考证。且后人所咏之镜,究难定其真伪,故不备引。今唯择录钱塘汪菊孙诗一首于下,汪诗固不甚佳,但以菊孙与河东君同属女性,因附录之,聊资谈助云尔。汪远孙《清尊集》一五载菊孙《河东君妆镜诗(并引)》云:

> 周南卿明经藏唐镜一枚,背有铭云:"照日菱花出,临池满月生。官看巾帽整,妾映点妆成。"证以初白庵《金陵杂咏》,知为河东君物也。今归又村仲弟,以拓本装册索题,即次初白韵应之。

红粉偏能国士知,可怜末路事参差。流传一片开元月,曾照香奁夜选诗。

复次,《戊寅草》中《声声令·咏风筝》一阕,乃河东君自述之作,盖其性格身世实与风筝相似。故此词为美人自己写真传神之作,如杜丽娘"自行描画,留在人间"者也(见《还魂记·写真》)。其《词》云:

> 杨花还梦,春光谁主。晴空觅个颠狂处。尤云殢雨,有时候,贴天飞,只恐怕,捉他不住。　　丝长风细。画楼前,艳阳里。天涯亦有影双双,总是缠绵,难得去。浑牵系,时时愁对迷离树。

检《列朝诗集》闰四杨宛《看美人放纸鸢(七绝)五首》云:

> 共看玉腕把轻丝,风力蹉跎莫厌迟。顷刻天涯遥望处,穿云拂树是佳期。
>
> 愁心欲放放无由,断却牵丝不断愁。若使纸鸢愁样重,也应难上最高头。
>
> 羡伊万里度晴虚,自叹身轻独不如。若到天涯逢荡子,可能为报数行书。
>
> 薄情如纸竹为心,辜负丝丝用意深。一自飞扬留不住,天涯消息向谁寻。

> 时来便逐浮云去,一意飘扬万种空。自是多情轻薄态,佳人枉自怨东风。

似与河东君此词有关,姑附记之,以俟更考。

　　河东君与卧子同居在崇祯八年春季,离去在是年首夏。其时间既可推知矣。其同居之地点,究在何处耶?此问题殊难解决,但可断言者,必非卧子松江之家,(卧子《自撰年谱·上》"崇祯九年丙子"条附录引《华亭县志》云:"平露堂。陈忠裕子龙宅,在普照寺西。")而别在松江某处。其地今固不易考实,但鄙意似尚可依据卧子《自撰年谱》及所作之诗词并徐暗公、李舒章之诗文等,推测得之也。兹略陈所见,以求当世通人之教正。

《陈忠裕全集》二〇《诗余·桃源忆故人·南楼雨暮》云:

> 小楼极望连平楚,帘卷一帆南浦。试问晚风吹去,狼藉春何处。　　相思此路无从数,毕竟天涯几许?莫听娇莺私语,怨尽梨花雨。

寅恪案:卧子取此"桃源忆故人"调名,以抒念旧之感,自不待言。至其以"南楼"为题目,当有深意。考南楼之典,最著者应推庾元规之南楼(见《世说新语·容止类》"庾太尉在武昌"条及《晋书》七三《庾亮传》)。此固与河东君无涉。或谓《才调集》五元稹《所思二首》之一(《万首唐人绝句》六载入刘禹锡诗内,题作《有所嗟》。《全唐诗》第六函刘禹锡一二及元稹二七并载此诗)云:

> 庾亮楼中初见时,武昌春柳似腰肢。相逢相失还如梦,为雨为云今不知。

卧子取此诗之庾亮楼即南楼为题,以指河东君,似无不可。

或又谓《文选》三〇谢灵运《南楼中望所迟客》诗云"登楼为谁思,临江迟来客"及"孟夏非长夜,晦明如岁隔",卧子盖有取于孟夏之时,南楼之名,望所迟客之旨而赋是阕。或更谓东坡《永遇乐词(夜宿燕子楼梦盼盼)》一阕云"燕子楼空,佳人何在,空锁楼中燕"及"异时对南楼夜景,为余浩叹",卧子用《南楼》为题,实暗寓人去楼空之感。并可与牧斋崇祯十三年八月十六夜有感《永遇乐》一词相启发。以上诸说,虽皆可通,然恐尚有未发之覆。鄙意卧子词题之《南楼》,即徐孚远弟致远别墅中之小楼,亦即鸳鸯楼是也。徐暗公《钓璜堂存稿》三《南园读书楼(五古)》云:

> 陆氏构此园,冉冉数十岁。背郭面良畴,缓步可休憩。长廊何绵延,复阁亦迢递。高楼多藏书,岁久楼空闭。丹漆风雨摧,山根长薜荔。我友陈轶符,声名走四裔。避喧居其中,千旄罕能庡。招余共晨昏,偃蹇搜百艺。征古大言舒,披图奇字缀。沿堤秋桂丛,小桥春杏丽。月影浮觞斝,荷香落衣袂。心赏靡不经,周旋淡溶漪。岂意数年来,哲人忽已逝。余复凌沧波,曩怀不可继。既深蒿里悲,还想华亭唳。他时登此楼,眷言申末契。

同书一四《梦与卧子奕》云:

> 思君频有梦相随,此夕从容方赌棋。恰似东山携妓日,兼如淝水破秦时。即今犹忆元龙气,向后谁传野鹤姿。惊起寒窗魂已失,萧萧零雨漫题诗。

同书同卷《旅邸追怀卧子》云:

> 风雨凄然发重嗟,昔年聊席愧龙蛇。空悲同缀羽陵简,不及相期句漏砂。墙内桐孙抽几许,房中阿鹜属谁家。萧条后

事无人问,唯有遗阡噪暮鸦。

同书一八《忆卧子读书南园作》云:

与君披卷傲沧洲,背郭亭台处处幽。昔日藏书今在否,依然花落仲宣楼。

同书一九《坐月怀卧子》云:

自从屈子沉湘后,江左风流异昔时。此夕把杯邀皓月,南园菡萏正纷披。

同书二〇《南园杏》云:

南郭芳菲黄鸟鸣,杏花斜映野桥平。陈君昔日观书处,无限春风湖海情。

同书同卷《武静弟别墅有楼,卧子名之曰南楼,时游憩焉》云:

郭外南园城内楼,春光欲度好闲游。当年嵇阮林中饮,总作沧浪一段愁。

王胜时沄《云间第宅志》略云:

南门内新桥河南〔徐〕陟曾孙文学致远宅,有师俭堂,申文定时行书。西有生生庵别墅,陟子太守琳放生处。

陈乃乾、陈洙撰《徐暗公先生年谱》略云:

祖琳,字雍卿,号裕湖。以荫任太常典簿。(历官至)云南楚雄府知府。晚年皈依莲池大师,法名广沩,字警庵,又称生生道人。

《陈忠裕全集·自撰年谱》"八年乙亥"条云:

春偕暗公读书陆氏之南园,创为时艺,闳肆奇逸,一时靡然向风,间亦有事吟咏。

"崇祯九年丙子"条云:

春读书南园,时与宋辕文相倡和。

"崇祯十一年戊寅"条云:

是夏读书南园,偕暗公、尚木网罗本朝名卿巨公之文有涉世务国政者为《皇明经世文编》。

"崇祯十二年己卯"条云:

读书南园,编《农政全书》。

嘉庆修《松江府志》七七《娄县》附记《园林门》云:

南园在南门外阮家巷。都宪陆树德世居修竹乡金沙滩,后葺别业于此,侍郎彦祯继居之。有梅南草庐读书楼、濯锦窝诸盛。崇祯间几社诸子每就此园宴集。

李雯《蓼斋集》三四《课业序》(参《卧子年谱(上)》"崇祯八年乙亥"条)略云:

今年春,暗公、卧子读书南园。余与勒卣、文孙辈或间日一至,或连日羁留。乐其修竹长林,荒池废榭。登高冈以望平旷,后见城堞,前见邱垄。春风发荣,芳草乱动。虽僻居陋壤,无凭临吊古之思,而览草木之变化,感良辰之飙驰,意慨然而不乐矣。兼以春多霖雨,此乡有恶鸟,雉尾而赤背,声若瓮中出者,绕篱大鸣,鸣又辄雨。卧子思挽弓而射之,竟不可得。又有啄木鸟,巢古藤中,数十为伍,月出夜飞,肃肃有声。玃獭白日捕鱼塘中,盱睢而徐行,见人了无怖色。文孙曰:"即我南园之中,我数人之所习为制科业者,集而广之,是亦可以志一时相聚之盛矣。虽然今天下徒以我等为饮酒赋诗,扩落而无所羁,方与古之放言之士,鄙章句,废畦町,岸然为跃冶者,以自异于世,而不知其局促淹困,相守一方,是区区者,盖亦有所不免也。"

寅恪案:综合上引材料推论,知崇祯八年乙亥春间,卧子实与河东君同居于松江城南门内徐暗公弟武静致远之生生庵别墅小楼,即卧子所命名之南楼。至南门外之陆氏南园之读书楼,则为卧子与几社诸子或河东君亦在其内,读书论文吟咏游宴之处。徐墅、陆园两处相距不远,往来甚便,卧子之择此胜地为著书藏娇之所,当非无因也。

又,徐暗公《旅邸追怀卧子》诗中之"阿鹜",实用《三国志》二九《魏书·朱建平传》之典。其文云:

初,颍川荀攸、锺繇相与亲善。攸先亡,子幼。繇经纪其门户,欲嫁其妾。与人书曰:"吾与公达曾共使朱建平相,建平曰:'荀君虽少,然当以后事付锺君。'吾时啁之曰:'惟当嫁卿阿鹜耳。'何意此子竟早殒没,戏言遂验乎?今欲嫁阿鹜,使得善处。追思建平之妙,虽唐举许负,何以复加也。"

据此,"阿鹜"非目河东君,乃指卧子其他诸妾而言。盖河东君已于崇祯十四年辛巳夏归于牧斋,暗公岂有不知之理。若就陈、杨之关系严格言之,河东君实是卧子之外妇,而非其姬妾。然顾云美《河东君传》既有"适云间孝廉为妾"之文,卧子《乙亥除夕》诗亦有"桃根渺渺江波隔"(见《陈忠裕全集》一一《平露堂集》),牧斋《有美诗》复有"迎汝双安桨"(见《东山酬和集》一),河东君和牧斋《中秋日携内出游》诗更有"夫君本自期安桨,贱妾宁辞学泛舟"等句(见《初学集》二〇《东山诗集》三),恐读者仍为当时习用名词及河东君诗中谦巽之语所迷惑,别生误解,遂附辨之于此。所以不惮烦赘者,因河东君自离去周文岸家后,即不甘作人姬妾。职是之由,其择婿之难,用心之苦,自可想见。但几历波折,流转十年,卒归于牧斋,殊非偶然。此点为今日吾人研考河东君之身世者,所应特加注意也。余详第四章论崇祯十四年辛巳夏钱柳茸城结缡节。

又,《全唐诗》第八函杜牧三《池州李使君没后十一日,处州新命始到,后见归妓,感而成诗(七律)》第二联云:

巨卿哭处云空断,阿鹜归来月正明。

上句之"巨卿",乃范式字。其以死友之资格哭张元伯劭事,详见《后汉书·列传》七一《独行传·范式传》,人所共知,不须赘引。牧之以元伯目李使君,而自命为巨卿,固不待言。但"云空断"之语,似袭用杜少陵《别房太尉墓(五律)》"低空有断云"句(见《杜工部集》一三)。暗公诗之"阿鹜",除用《三国志·朱建平传》外,疑更用牧之此联下句,并暗以牧之此联上句"云空断"三字指阿云已与卧子断绝关系也。如此解释,是否能得徐诗真意,尚待详考。

复次,《蓼斋集》二三《题内家杨氏楼》(寅恪案:"杨"为河东君之本姓,"内家"之称,又与河东君身份适合)云:

微雨微烟咽不流,南窗北窗锁翠浮。涛声夜带鱼龙势,水气朝昏鸿雁秋。归浦月明银海动,卷帘云去绿帆愁。(寅恪案:"云"即"阿云"也。)如今不有吹箫女,犹是萧郎暮倚楼。

寅恪案:舒章《题内家杨氏楼》诗虽不能确定何时所作,但详检《蓼斋集》此卷诸诗排列次序,第十三首为《伤春》,第十四首为《观射》,第十五首为《悲秋》,第十六首即此诗。诗中有"鸿雁秋"之语,明是秋深作品,与前引舒章《江神子》词乃一人同时所赋。更检《陈忠裕全集》一一《平露堂集》卷中诸诗排列次序,第四首为《春日风雨浃旬》,第五首为《观杨龙友射歌》,第六首为《伟南筑居远郊》,第八首为《立秋后一日题采莲图》,第十一首为《乙亥除夕》。今综合李、陈二《集》诸诗排列次序推计之，卧子所作《伟南筑居远郊》诗中有"夏云纵横白日间"之句，足证舒章《观射》一诗盖与卧子《观杨龙友射歌》为同时所作。依春、夏、秋、冬四季先后排列计之，更可证舒章《题内家杨氏楼》诗乃崇祯八年乙亥秋深所作。河东君与卧子同居，在崇祯八年春季；离卧子别居，在是年首夏；离松江往盛泽镇归家院，在是年秋深。然则舒章此诗乃河东君离松江后所作也。故知此"内家杨氏楼"即河东君与卧子同居之处，亦即卧子《桃源忆故人》词题"南楼雨暮"之"南楼"。据上引《众香词》，知河东君遗有《我闻堂（室）鸳鸯楼词》。夫"我闻室"乃牧斋营筑之金屋，所以贮阿云者，河东君取以名其词集，似有可能。但此点尚未证实，仍俟详考。至河东君之《鸳鸯楼词》与卧子之《属玉堂集》，实互有关系，乃相对为文者。若更加推测，则卧子之所谓属玉堂与鸳鸯楼，即南楼，同属徐武静别墅中之建筑物，又同为卧子所虚构之名也。

舒章诗中"吹箫"之"〔秦〕女"，指河东君；"倚楼"之"萧郎"，指卧子。人去楼空之感，为舒章此诗之主旨。若非推定舒章作诗之时间及此楼所在之地点，则舒章诗意不能明矣。复检《陈忠裕全集》九《湘真阁集》，崇祯十一年仲冬所作《拟古三首（别李氏〔雯〕也）》之后，有《萧史曲》一篇，其意旨殊为隐晦。但人去楼空之感，则甚明显。故颇有为河东君而作之可能。盖舒章于崇祯八年秋深赋《题内家杨氏楼》一诗之际，在杨已去不久，陈尚往来陆氏南园、徐氏别墅之时。至崇祯十一年，则杨固早已离去南楼，陈虽屡借寓南园，而南楼则久空矣。斯《萧史曲》所以有"一朝携手去，此地空高台"之句耶？又，同书一四《湘真阁集》载《戊寅七夕病中（五律）》一首，亦似为河东君而作者。今得见《戊寅草》，首载卧子一序。其中作品止于崇祯十一年秋间,据此可以推知卧子于此时尚眷恋不忘河东君如此,则崇祯十一年为河东君作《萧史曲》涉及此楼,亦不足怪矣。

复次,今检《蓼斋集》三〇有《闻一姬为友人所苦,作诗解围(七绝)》一首云:

高唐即在楚西偏,(寅恪案:"西偏"之语,可参上引《云间第宅志》"西有生生庵别墅"句。)暮暮朝朝亦偶然。但使君王留意住,飞云更落阿谁边。

诗中之"飞云",岂即"阿云"耶?但此"友人",究不知谁指,颇有为卧子之可能。姑附记于此,以俟更考。

崇祯八年乙亥春间,陈、杨两人之关系,已如上所考定。兹有一疑问,即顾云美《河东君传》所谓"适云间孝廉为妾"之语。卧子为崇祯三年庚午举人,十年丁丑进士。历官刑部主事,惠州绍兴推官,兵科给事中,兵部右侍郎兼翰林学士。何以仅称之为"云间孝廉",而不以其他官名称之耶?应之曰:云美之以"孝廉"目卧子者,盖谓河东君"为妾",实即"外妇"之时,卧子之资格身份实为举人,而非进士及其他诸职也。此点云美既所以为河东君及卧子讳,又标明其关系之时代性。斯固为云美之史笔,亦足证此关系发生于卧子为举人时,即崇祯三年庚午至十年丁丑之时期,此八年之间,唯有崇祯八年乙亥春季最为适合。故"云间孝廉"之为卧子,可以无疑也。

抑更有可论者,观卧子所自述崇祯八年春读书南园,虽号称与徐暗公孚远、李舒章雯、周勒卣立勋、陆文孙庆曾(寅恪案:《陈忠裕全集》一六《平露堂集·送陆文孙省试金陵》诗附《考证》引《复社姓氏录》云"陆庆曾字文孙")几社诸名士共为制科业,间亦有事吟咏。其实乃如陆氏所言"饮酒赋诗,扩落而无所羁,方与古之放言之士,鄙章句,废畦町,岸然为跃冶者,以自异于世"。又,《娄县志》谓"崇祯间几社诸子每就是园(寅恪案:指南园)宴集"。由是推之,几社诸名流之宴集于南园,其所为所言关涉制科业者,实居最少部分。其大部分则为饮酒赋诗、放诞不羁之行动。当时党社名士颇自比于东汉甘陵南北部诸贤。其所谈论研讨者亦不止于纸上之空文,必更涉及当时政治实际之问题。故几社之组织,自可视为政治小集团。南园之宴集,复是时事之座谈会也。河东君之加入此集会,非如《儒林外史》之鲁小姐以酷好八股文之故,与待应乡会试诸人共习制科之业者。其所参预之课业,当为饮酒赋诗。其所发表之议论,自是放言无羁。然则河东君此时之同居南楼及同游南园,不仅为卧子之女腻友,亦应认为几社之女社员也。前引宋让木《秋塘曲序》云:"坐有校书,新从吴江故相家,流落人间。凡所叙述,感慨激昂,绝不类闺房语。"可知河东君早岁性情言语,即已不同于寻常闺房少女。其所以如是者,殆萌芽于吴江故相之家。盖河东君夙慧通文,周文岸身旁有关当时政治之闻见,自能窥知涯涘。继经几社名士政论之熏习,其平日天下兴亡匹"妇"有责之观念,因成熟于此时也。牧斋《初学集》二○《东山诗集三·〔崇祯〕壬午除夕》诗云:"闲房病妇能忧国,却对辛盘叹羽书。"《有学集》一○《红豆二集·后秋兴八首》之四云:"闺阁心悬海宇棋,每于方罫系欢悲。"牧斋所言,虽是河东君年二十五岁及四十二岁时事。夫河东君以少日出自北里章台之身,后来转具沈湘复楚之志。世人甚赏其奇,而不解其故。今考证几社南园之一段佳话,则知东海麻姑之感,西山精卫之心,匪一朝一夕之故,其来有自矣。

呜呼!卧子与河东君之关系,其时间,其地点,既如上所考定。明显确实,无可致疑矣。虽不敢谓有同于汉廷老吏之断狱,然亦可谓发三百年未发之覆。一旦拨云雾而见青天,诚一大快事。自《牧斋遗事》诬造卧子不肯接见河东君及河东君登门詈陈之记载以后,笔记小说剿袭流布,以讹传讹,一似应声虫,至今未已,殊可怜也。读者若详审前所论证,则知虚构陈、杨事实如王沄辈者,心劳计拙,竟亦何补?真理实事终不能磨灭,岂不幸哉?

崇祯八年首夏,河东君离去与卧子同居之徐氏南楼及同游之陆氏南园,别居松江他地,此地或即横云山,详见下论。卧子有词赠别,词之佳妙,固不待论,即就陈、杨两人关系言之,此词亦其转折点之重要记录也。兹论述之如下。

汤漱玉《玉台画史》三云:

借闲漫士曰:予弟子惠从禾中得〔黄〕皆令金笺扇面,仿云林树石,署款:"甲申夏日写于东山阁。皆令。"钤"闺秀"朱文,"媛介"白文,"皆令"朱文三印章。左方上有词云:"紫燕翻风,青梅带雨,(寅恪案:"紫燕"句可与前引李舒章《夏日问陈子疾》诗"堂中紫燕小"句相参证。《杜工部集》一八附录《柳边》诗,后四句云:"紫燕时翻翼,黄鹂不露身。汉南应老尽,霸上远愁人。"乃卧子"紫燕"句所出,实寓春老送别之意。"青梅"句出《杜工部集》九《梅雨》诗前四句"南京犀浦道,四月熟黄梅。湛湛长江去,冥冥细雨来。"河东君离去南园,当在梅子尚青未黄之时,盖亦暮春初夏之节候。周处《风土记》云:"夏至前雨名黄梅雨。"周氏为江南人,取以证卧子之词,虽不中亦不远矣。"带雨"二字岂复暗用白乐天《长恨歌》"梨花一枝春带雨"之意,与下文"泪盈红袖"之语相比应耶?)共寻芳草啼痕。"(寅恪案:《全唐诗》第三函孟浩然二《留别王侍御维》诗云:"欲寻芳草去,惜与故人违。"卧子改"欲寻"为"共寻"者,盖卧子虽与河东君短期同居南楼并屡次读书南园,然不过借其地为编著之处。故其在南楼及南园,乃暂寓性质,非家居所在。此句意谓其本人不久当离去,归其城中本宅。河东君亦将离去,移居横云山,因改"欲寻"为"共寻"耳。复检《陈忠裕全集》一六《平露堂集》崇祯八年诗,有《初秋出城南吊夏允彝之丧,随游陆氏园亭。春初予辈读书处也,感赋二律》之题,尤足证卧子亦于是年夏间即离去南楼及南园,还居城内本宅也。夏机名靖,崇祯六年癸酉举人。见嘉庆修《松江府志》四五《选举表》。又,河东君《湖上草·西泠十首》之二云:"青骢点点余新迹,红泪年年属旧人。"《痛史》第二十一种《甲申朝事小纪》七《柳如是小纪》引此诗,"新迹"作"芳草"。细玩语意,岂亦与卧子此词有关耶?)明知此会,不得久殷勤。(寅恪案:卧子用"明知"二字者,可见其早已深悉河东君之性情既如此,己身家庭之状况又若是,则南楼及南园之会合,绝无长久之理。虽已明知之,而复故犯之,致有如是结局。此意与希腊亚力斯多德论悲剧之旨相符。可哀也已!)约略别离时候,绿杨外,多少消魂。重提起,(顾贞观、成德同选《今词初集(上)满庭芳》,《历代诗余》六一《满庭芳·和少游送别》及《陈忠裕全集》二〇《诗余·满庭芳·送别》词,"重"俱作"才",较佳。)泪盈翠袖,(《今词初集》《历代诗余》及《陈忠裕全集》,"翠"俱作"红",是。)未说两三分。　　纷纷,(寅恪案:《淮海集·满庭芳》词云:"多少蓬莱旧事,空回首,烟霭纷纷。"卧子此词既是和少游,则"纷纷"二字,本于秦词,自不待言。但《玉台新咏》一《古诗为焦仲卿妻作》云:"新妇谓府吏,勿复重纷纭。""纷纷"即"纷纭"。卧子遣去河东君,当不出于"阿母"即唐宜人之意,实由卧子妻张孺人假祖母高太安人之命,执行其事。大樽著此"纷纷"二字,盖兼具《淮海词》及《孔雀东南飞诗》

之两重出处。其隐痛深矣!)重去后,(《今词初集》《历代诗余》及《陈忠裕全集》"重"俱作"从",是。)瘦憎玉镜,宽损罗裙。念飘零何处,烟水相闻。欲梦故人憔悴,依稀只隔楚山云。无非是,(《今词初集》《历代诗余》及《陈忠裕全集》"非"俱作"过"。)怨花伤柳,一样怕黄昏。调寄《满庭芳》,留别无瑕词史。我闻居士。"钤"如是"朱文小印。

寅恪案:徐乃昌《小檀栾室闺秀词钞》九及梁乙真《清代妇女文学史》第三章第二节"柳如是"条,并引《玉台画史》,俱认此词乃河东君所作。不知淮海"山抹微云"原词,虽题作"晚景",明是"别妓"。盖不仅从语意得知,即秦词"高城望断,灯火已黄昏"之结语,用唐欧阳詹别太原妓申氏姊妹之典,更可为证也。(见《全唐诗》第六函欧阳詹《初发太原途中寄太原所思》诗"高城已不见,况复城中人"之句,并可参晁无咎补之《琴趣外篇》四《忆少年·别历下》词"南山尚相送,只高城人隔"及姜尧章《白石词·长亭怨慢》"望高城不见,只见乱山无数"等句。)卧子即和原韵,其为送别河东君之作,词旨甚明,无待详辨矣。《今词初集》选于康熙十六年丁巳(见此书鲁超《题词》及毛际可《跋语》),《历代诗余》编于康熙四十六年丁亥,两书时代皆较早。《陈忠裕全集》出于庄师洛等之手,考证颇精。此三书既皆以此词为卧子所作,殊可信也。

此词本为卧子崇祯八年首夏送别河东君之旧作,而河东君所以复重录之于黄媛介扇面者,殆由画扇之时令正与当年卧子送别己身之景物相同,因而怅触昔情,感念题此欤?关于以他人之诗词题扇,因而误为题扇人所作,如《容斋四笔》一三"二朱诗词"条略云:

朱载上,舒州桐城人。中书舍人新仲翌,其次子也。有家学,十八岁时,戏作小词,朱希真见而书诸扇,今人遂以为希真所作。又有折叠扇词,公亲书稿固存,亦因张安国书扇,而载于《于湖集》中。

与此甚相似,可为例证。

又,词中"芳草""故人"之语出孟襄阳诗,前已言之。但"故人"一语,卧子除用孟诗之成句外,兼袭用古诗《上山采蘼芜》中"新人工织缣,故人工织素"之旧辞(见《玉台新咏》一《古诗八首》之一)。此点可与河东君《湖上草·西泠(七律)十首》之二,末四句所云:

> 青骢点点余新迹,红泪年年属旧人。芳草还能邀凤吹,相思何异洛桥津。

等语,互相参较也。"无瑕"者,疑是媛介之别号。"东山阁"即"惠香阁",当在绛云楼。可参第四章论黄媛介与钱柳关系节及论牧斋绛云楼节。此扇为媛介之画,既不署受者之款,尤可证此扇乃媛介所自用,而"无瑕词史"与媛介应是一人也。更有可注意者,即崇祯十三年庚辰冬河东君所赋《春日我闻室作呈牧翁(七律)》"此去柳花如梦里"之句(见《东山酬和集》一),与此词"怨花伤柳"之语殊有关系。此点亦俟下章论之。寅恪颇喜读卧子此词,又见媛介画款有"东山阁"之语,遂戏改昔人成句,共赋短诗三章。兹附录于下。

> 崇祯甲申夏日黄皆令于东山阁画扇,上有柳如是题陈卧子《满庭芳》词。词云:"无非是,怨花伤柳,一样怕黄昏。"因戏改晋时旧语,兼采龚璱人诗句,而易其意旨,共赋三绝。

美人顾影怜憔悴,烈士销魂感别离。一样黄昏怨花柳,岂知一样负当时。

清和景物对茫茫,画里江山更可伤。一念十年抛未得,(寅恪考定此词为崇祯八年四月大樽送别河东君之作,至崇祯十七年首夏题扇时,已十年矣。是年河东君将偕牧翁自虞山往南都翊戴弘光也。)柳花身世共回肠。

兴亡江左自关情,远志休惭小草名。我为谢公转一语,东山妓即是苍生。

近日得见重印本《皇明经世文编》一书,虽不能详读,但就其序及凡例并卷首所列鉴定名公姓氏有关诸人中可与卧子《自撰年谱》"崇祯十年丁丑"、"十一年戊寅"及"十七年甲申"等条互相印证者,约略论述之。至其所言诸人,本文前后已详言者,或虽未言,而其姓名为世所习知者,亦不多赘。其他诸人之可考见者,则少加笺释。明知不能完备,姑附鄙见,以求教于当世深通明季史事之君子。唯原书卷首有"云间平露堂梓行"七字及长方印章"本衙藏板,翻印千里必究"十字。论者取《儒林外史》第十三、十四、十八、二十八等回,以"平露堂"为书坊之名,以陈卧子等为书坊聘请选文之人。殊不知平露堂乃卧子宅中之堂名(详见下引王沄《云间第宅志》),实非书坊之名。且卧子《自撰年谱(上)》"崇祯九年丙子"条明言"是岁有《平露堂集》"(见《陈忠裕全集》卷首,并可参《陈集》中之《平露堂集》及集首之《凡例》)。故论者以《儒林外史》相比拟,未谛也。或谓卧子家贫,一人何能镌此巨册?由书坊出资,请其编选,似亦可能。鄙意卧子之家固贫,此书所列作序及鉴定诸人,疑皆不仅以空文相藻饰,实或多或少曾有金钱之资助,不过当时风气,不便明言耳。就诸人中之姓名及文字考之,知当日松江府知府方岳贡助力最多。此书乃当时江左文社之政见,诸文士一旦得志,则此书不但托之空言,即可付之实施矣。又,方氏请其时江南最高长官张国维作序,并列有复社魁首张溥之序,可知当日江南名宦及士绅亦皆赞同此政见。斯鉴定及作序者之姓名所以繁多若是之故欤?

至印章中之"本衙"二字,殆指松江府,或指卧子崇祯十三年庚辰所任绍兴司李之衙门,未敢断定,仍俟详考。

《皇明经世文编》卷首载有《序》九篇,兹择录最有关者于下。

方岳贡《序》云:

贡待罪守郡十有一年。政拙心长,劳轻过重,犹幸此乡多文雅之彦,若徐文学孚远,陈进士子龙,宋孝廉徵璧,皆负韬世之才,怀救时之术,相与网罗往哲,搜抉巨文,取其关于军国,济于时用者,上自洪武,迄于今皇帝改元,辑为《经世》一编。文从其人,人从其代,览其规画,足以益才智。听其敷奏,足以壮忠怀。考其始终,足以识时变。非徒侈一代之鸿章,亦将以为明时之献纳云尔。襄西方岳贡禹修父题。

张国维《序》略云:

云间陈卧子同徐暗公、宋尚木所集《经世编》成,郡守以其书示余,余读而叹曰:"猗与旨哉!我国家治安三百年,列圣之所畴咨,诸臣之所竭思,大约可见于兹矣。"今三君俱以通达淹茂之才,怀济世安邦之略,采遗文于二百七十年之间,襄盛事于数月之内,而郡守又能于政事之暇,兼统条贯,以扬厉厥事,故功相得而速成。后之君子其欲览观于斯者,岂非有不劳之获哉!余待罪江南,既嘉三君有当世之志,而又多太守能博尽英才之意,以布之天下,而即以卜诸贤异日之所树也。于是乎言。东阳张国维题。

张溥《序》略云:

余间语同志,读书大事,当分经、史、古、今为四部。读经者辑儒家,读史者辨世代,读古者通典实,读今者专本朝,就性所近，分部而治，合数人之力治其一部，不出二十年，其学必成。同志闻者，咸是余说，而云间徐暗公、陈卧子、宋尚木尤乐为之。天才英绝，闭关讨论，直欲以一人兼四部不难也。客年与余盱衡当代，思就国史。余谓贤者识大，宜先经济，三君子唯唯，遂大搜群集，采择典要，名《经世文编》。卷凡五百。伟哉是书，明兴以来未有也。今三子悠游林麓，天假以时，载笔之始，又先以国家为端，他日继涑水者，其在云间乎。社弟张溥题。

许誉卿《序》云：

予被放以来，杜门寡交，卧子、暗公、尚木独时相过从。卧子读书养气，其劲骨热肠，亟当为世用。尚木与暗公诸子，并以旷世才，闭户著述，究心千秋之业。予尝览斯编，一代兵、农、礼、乐、刑、政大端，赅是矣。而于忠佞是非之际，尤凛凛致辨焉。以故言以人传者，重其人，亟录其文。言不以人废者，存其文，必斥其人。诸子泾渭在胸，邪正在目，其用意深，而取裁当，故足多也。以予所知，闽中黄石斋先生负重名，顷抗疏归来，直声震天下，而不能不心赏斯编，闻已为之玄晏矣。予更何庸赘一词？予惟以诸子之志如此，他日出而以天下为己任，必可以副圣天子求贤图治之至意，洗士大夫经济阔疏之旧耻，则斯《编》固其嚆矢焉尔。同郡许誉卿题于南村草堂之遁阁。

徐孚远《序》略云：

余从陈、宋二子之后，上承郡大夫先生之旨，收辑明兴以来名贤文集与其奏疏，凡数百家，其为书凡千余种，取其文之关乎国事者，凡得如干卷。他日有魏弱翁其人者当国，省览此书，以为有稗盐梅之用，庶几因是推其躐来，以渐窥高皇帝之渊微，或有弘益哉！或有弘益哉！华亭徐孚远暗公氏题于华隐堂。

陈子龙《序》云：

古者有记事之史，有记言之史。言之要者，大都见于记事之文矣。导发其端，使知所由；条晰其绪，使知所究：非言莫详。甚矣事之有借于言也。而况宗臣硕彦敷奏之章、论难之语，所谓"吁谟远猷"，上以备一代之典则，下以资后学之师法。不为之裒缀，后之君子何以考焉？此予与徐子、宋子《经世编》所由辑也。明兴二百七十年，海内治平，驾周漂汉，贤才辈生，（《陈忠裕全集》二六《经世编序》"辈"作"萃"。）勋在竹帛；而遗文绪论，未有统汇，散于江海。盖有三患焉：一曰朝无良史；二曰国无世家；三曰士无实学。夫金匮之藏，非远臣所知；然有大纂修，莫不载在方册。永乐中，命阁臣〔杨〕士奇等《辑名臣奏议》，盖前代綦备矣。昭代之文，至今阙焉。章奏贮诸省中，以待纂集；幸无蠹败，率割裂其义不足观。又古者大臣没，或求其遗书，副在太史，今无有也。汉之武、宣及隋、唐之盛，遣使四出，悬金购书，今无有也。虽欲不散轶，安可得哉？故曰朝无良史。六季以前无论矣。唐、宋以科举取士，而世家鼎族，相望于朝，家集宗功，藏之祖庙。今者贵仕多寒畯，公卿鲜贤胤。（陈集"胤"作"裔"。）至有给简册于爨婢，易缃素于市儿者，即欲搜讨文献，微矣。故曰国无世家。俗儒是古而非今，文士撷华而舍实。夫保残守缺，则训诂之文充栋不厌；寻声设色，则雕绘之作永日以思。至于时王所尚，世务所急，是非得失之际，未之用心。苟能访求其书者盖寡，宜天下才智日以绌。故曰士无实学。积此三患，故成书也难。夫孔子观于周，萧相收于秦，大率皆天下要书，足以资世用者。嘉谟令典，通今者之龟鉴，谋国者之兵卫也。失今不采集，更数十年，亡散益甚，后死者之责，其曷诿焉？予自幼读书，不好章句，喜论当世之故，时从父老谈名公伟人之迹，至于忘寝。及长而北之燕、赵之间，游京师，凡诸司之所掌，辀轩之所及，见其人未尝不问，遇其书未尝不藏。虽苦寒陋多遗忘，然布诸载籍者概可见。庐居之暇因相简辑。徐子、宋子，皆海内英俊，予所禀则以幸厥成者也。虽挂漏缺失，不敢当记言之义，使权家尚其谋，儒家守其典，史家广其事，或有取焉尔。或曰："昔汉东平王求《太史公书》，而大臣以为汉兴之初，谋臣奇策、地形阸塞在焉，不宜赐诸侯王。今此书多议兵食、论形势，国之大计，何以示人？"予曰：不然。祖宗立国，规模宏远，先朝大臣，学术醇正，非有纵横奇诡之论也。夫王业之深浅，观于人才之盛衰，我明既代有翊运辅世之臣，而主上旁求俊乂，用人如江湖；则是编也，岂惟益智，其以教忠哉！华亭陈子龙题。

宋徵璧《凡例》略云：

儒者幼而志学，长而博综，及致治施政，至或本末眩瞀，措置乖方，此盖浮文无裨实用，拟古未能通今也。唐、宋以来，如《通典》《通考》暨《奏疏》《衍义》诸书，允为切要，亦既繁多。乃本朝典故缺焉未陈。其藏之金匮石室者，闻见局促，曾未得睹记。所拜手而献，抵掌而陈者，若左右史所记，小生宿儒，又病于抄撮，不足揄扬盛美，网罗前后。此有志之士所抚膺而叹也。徐子孚远，陈子子龙，因与徵璧取国朝名臣文集，撷其精英，勒成一书。如采木于山，探珠于渊，多者多取，少者少取。至本集所不载，而经国所必须者，又为旁采以助高深。共为文五百卷有奇,人数称是。志在征实,额曰《经世》云。

予辈志识固陋,鲜所取衷,幸高贤大良,一时云会,若李宝翁先生、李载翁先生、王依翁先生、吴雪翁先生,(寅恪案:李宝翁即李瑞和。嘉庆修《松江府志》四二《名宦传三·李瑞和传》略云:"李瑞和,字宝弓,漳浦人。崇祯七年进士,授松江推官。在郡七年,征拜监察御史。"王依翁疑为王佐圣。《松江府志》三六《职官表》"明教职"栏载:"崇祯十年。王佐圣。教谕。长洲人。举人。"同治修《苏州府志》八七《人物一四·明长洲县王佐圣传》略云:"王佐圣字克仲。举万历壬子乡试。授青浦教谕。崇祯十四年选遵义知县。"并可参《启祯野乘一集》九《王遵义〔佐圣〕传》。又,李宝翁即李宝弓,李载翁即李载阳,王依翁即王依日,吴雪翁即吴雪因。均见原书所列"鉴定名公姓氏"。事迹多未能知,仍俟详考。)皆具良史之才,宦游吾土,士绅咸奉规范。此编出入共禀鉴裁。遭逢之盛,良为侈矣。

郡公禹翁方师素抱安济之略,聿登著作之堂,居恒扬搉论文,穷日不倦。其训迪士子,专以通达时务为亟。《经世》一编,尤所注意,退食之余,首勤评阅。虽一麾出守,十年不迁,而穷达一致,喜愠不形。亮节贞心,于斯可见。

执友陈眉公〔继儒〕先生,栖心隐逸,道风映世,丹砂岣嵝,渺然尘外。其孙希天仙觉,才气英迈,甫系髫龄,熟于史学。予辈山斋信宿,时承提命,每至夜分。因得稔识前言往行。此编去取,多所商榷。皤皤黄发,非特后辈典型,允为熙朝文献矣。

同郡先辈若徐厚翁先生及唐缮部存少(寅恪案:徐厚翁疑即徐厚源祯稷。事迹见《明诗综》五九,嘉庆修《松江府志》五四及《明诗纪事》庚二〇。唐存少疑即唐昌世。《松江府志》五五《古今人传》略云："唐昌世，字兴公，华亭人。天启五年进士，补工部营缮司主事。"尚待详检。）闻予辈搜借艰苦，俱发邺架之藏，悉供传写。至许霞翁〔誉卿〕先生移书远近，广收博览，裨益尤多。若徐勿斋〔汧〕、马素修〔士奇〕、张西铭〔溥〕三先生及张受先〔采〕、黄仲霖〔澍〕、吴志衍〔继善〕、夏彝仲〔允彝〕、吴坦公〔培昌〕搜轶编于吴越闽浙。张讱叟〔元始〕、吴来之〔昌时〕、朱闻玄〔永祐〕，邮遗集于齐鲁燕赵。他若宛平金伯玉铉、王敬哉崇简、崔道母子忠、王大含谷，桐城方密之以智、孙克咸临，莱阳宋澄岚继澄，侯官陈道掌元纶、陈克理兆相，金沙周介生锺，丹阳荆实君廷实，檇李钱乎于嘉徵、钱彦林栴、钱雍诵泮、黄复仲子锡、陆芳洲上澜、朱子庄茂曝，归安唐子仪起凤，虎林严子岸渡、张幼青垛，茂苑杨维斗廷枢、许孟宏元溥、姚瑞初宗典、姚文初宗昌，玉峰王与游志庆，吴江周安期逢年、吴日生易，嶛水侯雍瞻岐曾、傅令融凝之，娄东王子彦瑞国、吴纯祐国杰、张无近王治，维扬郑超宗元勋，海虞顾麟士梦麟、彭城万年少寿祺，皆系良友素知。琼瑶之赠，遥睇临风。二酉之藏，倾厢倒箧矣。

四方兰谱，若杨子常彝、杨龙友文骢，则分教吾土，乐与晨夕。其他诸友，或夙系同好，或本未谋面。但曾任校雠，暨名集惠寄者，俱登姓氏，不没其实。

此集始于戊寅仲春，成于戊寅仲冬，寒暑未周，而披览亿万，审别精详，远近叹咤，以为神速。良由徐子、陈子博览多通，纵横文雅，首用五官，都由一目。选辑之功，十居其七。予质钝才弱，追随逸步，自嗤塞拙，以二子右萦左拂，奔命不遑，间有选辑，十居其二。若溯厥始事，则周勒卣立勋、李舒章雯、彭燕又宾、何愍人刚、徐圣期凤彩、盛邻汝翼进及家伯氏子建存标、家季辕文徵舆，咸共商酌。适李子久滞京邸，周子壮游梁苑，彭子栖迟邗上，何子寄迹鸳水，徐子盛子则各操月旦，伯氏家季则潜心论述，曾无接谈之暇，未假专日之工。若友人吴绳如嘉胤、唐允季允谐、李存我待问、张子美安茂、朱早服积、蔡季直枞、单质生恂、郁子衡汝持、沈临秋泓、陆子玄庆曾、朱宗远灏、董士开云申、郁选士继垣、张子服宽、张子退密、钱子璧毂、李素心愫、徐惠朗桓鉴、邵霏玉梅芬、徐武静致远、李原浈是楫、华芳乘玉芳，咸资讨论。名臣爵里姓氏，具载献征诸书，然多有挂漏，遍搜群籍，颇废岁时。兹以卷帙浩汗，难于稽考。分条析绪，复于卷首另编总目，使览者开卷了然，特为详便。此则友人谢提月廷桢一人所辑，其功不可泯也。

藏书之府，文集最少，多者百种，少者数家。四方良朋，惠而好我，发缄色动。及至开卷，恒苦重复。予等因遣使送出，往复数四，或求其子姓所藏，或托于官迹所至，搜集千种，缮写数万。至条陈冗泛，尺牍寒暄及文移重叠，又悉加剪截，乃成斯集。虽未敢云圣朝之洪谟，亦足当经世之龟鉴矣。

兹编体裁，期于囊括典实，晓畅事情，故阁部居十之五，督抚居十之四，台谏翰苑诸司居十之一，而鳞次位置，则首先代言，其次奏疏，又其次尺牍，又其次杂文云。华亭宋徵璧漫记。

寅恪案：河东君平生所与直接、间接有关诸名士，几无不列于此书作序鉴定姓氏及凡例中。主编之陈卧子固不待论，即鉴定者如牧斋，则为河东君下半世之伴侣。若马瑶草，河东君弘光时亦必亲觌其面无疑。至牧斋在南都小朝廷礼部尚书任内，河东君与瑶草相遇时,阮圆海当亦预此盛会,但镌刊《皇明经世文编》之际,圆海乃东林党社之政敌,自不能列于鉴定人,殊可惜可笑也。

第 三 期

此期为自崇祯八年首夏,河东君离去南园及南楼,移居松江之横云山起,至是年秋深河东君离去松江,迁赴盛泽归家院止。其间不逾半载,时日虽短,然杨、陈两人仍复往来频繁,唱和重叠。其交谊之挚笃,实未尝有所改易,今可于两人作品中见之。兹不欲多举例证,唯择其关系重要者论述之。至于河东君离去南园及南楼,移居横云山一事,先考证之如下。

今检《陈忠裕全集》一三《平露堂集》崇祯八年秋所赋诗《七夕(五律)二首》后,即接《秋居杂诗(五律)十首》。河东君《戊寅草·秋夜杂诗(五律)四首》后,亦接《七夕(七律)》一首。无论两人诗中辞旨类似者甚多,已可证为同时唱和之作。即就诗题之排列连接言之,更可决定其互有密切关系也。河东君《秋夜杂诗》中颇有讹字,暂未能详校,兹姑依钞本录之。

《秋夜杂诗四首》,其一云:

密密水新视,漻漻虫与恒。星河淡未直,雀鸟气全矜。杂草形人甚,(自注:"杂草甚丽也。")稠梧久已乘。犹余泯漠意,清夕距幽藤。

其二云:

湫壁如人意,澄崖相近看。(自注:"横山在原后。")数纹过清濑,多折造微湍。云实锼深树,清(青?)霜落夜兰。此清(情?)更大渺,百药竟其端。

其三云:

月流西竹涧,惑杂放虚云。桂影空沉瓦,松姿不虐群。鱼飞稻冥冥,鸥去荻纷纷。惟当感时候,相与姿(恣?)灵文。

其四云:

望之规所务,椒榎杂时非。芳众逾知互,星行多可违。皂雕虽日曼,河驷不无依。(自注:"后即七夕。")凄怀良自尔,谁不近微几。

寅恪案:《秋夜杂诗》第二首"湫壁如人意,澄崖相近看"句下注云:"横山在原后。"第三首云:"桂影空沉瓦,松姿不虑群。"又,河东君《与汪然明尺牍》第二十八通略云:

横山幽奇,不减赤城。山中最为丽瞩,除药炉禅榻之外,即松风桂渚。若觏良规,便为情景俱胜。

综合河东君之诗文考之,则知其在崇祯八年首夏自离去南园及南楼后,即移居横云山之麓。是年秋深迁往盛泽归家院,至崇祯十三年夏季后又迁回松江之横云山也。其余可参后论河东君尺牍节。

此时期内即崇祯八年初秋有《采莲图》一重公案。兹录杨、陈两人之诗赋,略论证之,以供好事者之谈助。

《戊寅草·采莲曲》云:

莲塘格格蜻尾绿,香威阴烬龙幡曲。兰皋欹雀金鳞浓,水底鸳鸯三十六。捉花雾盖凤翼牵,蜂须懊恼猩唇连。叶多蕊破麝炷消,日光琢刺开青鸾。麒麟腰带鸭头丝,银蝉佶杂蛾衣吹。郎心清彻比江水,丁香澹澹眉间黄。粉痕月避清蒙蒙,天露寒森进珠网。藕花欲落丝暗从,锦鸡张翅芙蓉同,脉脉红铅拗莲子,鸡波石溅秋罗衣(绮?)。胭脂霏雨俨相加,云中更下双飞雉。

寅恪案:河东君此诗前一题为《送曹鉴躬奉使之楚藩(七律)二

首》,其第二首云:"吴川枫动玉萧森。"此诗之后为《月夜登楼作(七律)》一首,其第五句云"秋原鹤气今方纵",据此可知《采莲曲》乃秋季即崇祯八年秋季与卧子同时所作。河东君此曲之辞旨与卧子《采莲童曲》《立秋后一日题采莲图》及《采莲赋》相类者颇多,盖因题目相同,又同一时间、同一地域,故两人作品其间不致大相违异。兹不烦举例,读者自可得之也。

《陈忠裕全集》五《平露堂集·采莲童曲》云:

荡桨歌渌水,紫菱牵玉臂。芙蓉不解羞,那得相回避。

同书一一《平露堂集·立秋后一日题采莲图》云:

渌水芙蓉塘,青丝木兰楫。谁人解荡舟?湘妃与江妾。夜来秋气澄天河,越溪新添三尺波。倒泻生绡倾不足,碧空宛转双青娥。今朝轻风拂未动,昨宵已似闻清歌。杂港繁花日初吐,红裳蒙蒙隔雾雨。桡边属玉不肯飞,翠翘时落横塘浦。图中美人剧可怜,年年玉貌莲花鲜。花残女伴各散去,有时独立秋风前。何得铅粉一朝尽?空光白露寒婵娟。我家五湖东百里,红霞满江吹不起。素舸云中月堕时,枉渚香风出兰芷。借问莫愁能共载,可便移家入画里。

寅恪案:唐杜彦之《春宫怨》云"年年越溪女,相忆采芙蓉"(见《全唐诗》第十二函《补遗》杜荀鹤)。今卧子诗云"越溪新添三尺波"、"花残女伴各散去"及"何得铅粉一朝尽"等句,与后来牧斋《有美诗》"输面一金钱"(见《东山酬和集(上)》)及"春日春人比若耶,偏将春病卸铅华"等句(见《初学集》二〇下《东山诗集四·〔癸未〕元日杂题(长句)八首》之八),皆以河东君比西施,但卧子诗云"图中美人剧可怜"及"空光白露寒婵娟",则"美人""婵娟"俱为河东君之名字,实将河东君之形貌写入画图,而与牧斋止表见于文字者更为具体。卧子所题之图,未知何人所绘,若是河东君自身所作,固可实现汤玉茗《还魂记》中之理想;若出他人之手,则亦是当时之写照。其价值远在后来顾云美、余秋室诸人所为者之上。今日此图当必久已湮没,惜哉!惜哉!

卧子诗云"渌水芙蓉塘,青丝木兰楫。谁人解荡舟,湘妃与江妾"及"桡边属玉不肯飞""木兰楫"之语,与河东君《梦江南词》第十四首"人在木兰舟"句有关。"湘妃"之语,与卧子《湘娥赋》(见《陈忠裕全集》二)及以"湘真阁"名其作品者有关。"属玉"之语,又与《属玉堂集》名符合。此均显而易见,不待多论也。卧子此诗结语云:"我家五湖东百里,红霞满江吹不起。素舸云中月堕时,枉渚香风出兰芷。借问莫愁能共载,可便移家入画里。""五湖"句固出《乐府诗集》五○《采莲曲》"游戏五湖采莲归"之典,亦兼以谢客卢家自比。但其所赋《八月大风雨中游泖塔(七律)四首》之三云"怅望五湖通一道,生平少伯最嶙峋"(见《陈忠裕全集》一六《平露堂集》),则明以河东君比西施,而自比于范蠡。岂意有志者,事竟不成耶?后来牧斋《冬日泛舟有赠》诗云"万里何当乘小艇,五湖已许办扁舟",程松圆次韵云:"从此烟波好乘兴,万山春雪五湖流"(以上二题俱见《东山酬和集(上)》),则以西施属河东君,陶朱公属牧斋。自是二老赋诗时,应有之比拟,殊不足异。至若河东君依韵和牧斋《中秋日携内出游次冬日泛舟韵二首》之一云"五湖烟水长如此,愿逐鸱夷泛急流"(见《初学集·东山诗集二》),则自承为苎萝村人,而以牧斋方少伯。斯为卧子题《采莲图》时所不及料矣。《陈忠裕全集》一《采莲赋》略云:

余植性单幽,悬怀清丽。芳心偶触,怃然万端。若夫秣陵晓湖,横塘夜岸;见清扬之玉举,受芬烈之风贻。虽渥态闲情,畅歌绰舞;未足方其澹荡,破此孤贞矣。江萧短制,本远风谣。子安放辞,难娱情性。观其托旨,岂非近累?若云玄艳,我无多焉。遂作赋曰：

夫何朱夏之明廓兮，纷峨云之晃清。渺回溪而逸志兮，怀淡风之洁轻。轶娟娟其浅濑兮，滥游波而赴平。横江皋之宛延兮，眷披扶之遥英。植水芝于澧浦兮，固贞容而温理。发渺沔以浮光兮，矫徽文以擅轨。蹇狄芬而越泽兮，杳不知其焉始。其为状也，匹溢华若，旳皪滥姝；莹莹通通，炯炯苏苏。丽不蹈淫，傲不绝愉。文章则旅，修姱若殊。时翻飞以畅美兮，疑色授而回避。接芳心于遥夕兮，愿绸缪以解佩。惕幽芳之难干兮，怀涓涓而宛在。属予情之善蛊兮，愿弄姿而远载。于是命静婉，饰丽娟。理文楫，开画船。挂绮席，扬清川。众香缤纷，罗袖给嬛。荡舟约约，凭桡仙仙。并进回逐，嫛屑蹁跹。欢鱼怒蜂，不可究宣。碍贲丝而胶鳌兮，垂皓腕而濡渍。惊鸳鸯于兰桡兮，歇属玉之娇睡。堕明珰于潇湘兮，既杂荐之以江蓠。试搴茎以斜眄兮，抚修闲而若私。既攀折之非余情兮，恐迟暮之见遗。彼辛苦之内含兮，闷厌愁而惠中。感连娟之碧心兮，情郁塞以善通。寄伤心于莲子兮，从芙蓉之荡风。惊飞衪之牵刺兮，湿罗衣而脱红。断素藕而切云兮，沉淑质之玲珑。扬游丝而被远兮，曾款款于予衷。投秘醑以覆怀兮，矜盛年以联缔。翦鲛绡而韫的兮，包相思以湮滞。鼓夕棹于北津兮，隐轻歌而暗逝。顾彼美之倚留兮，极幽欢于静慧。情荒荒而罢采兮，削秋风以长闭。乱曰：横五湖兮扬沧浪，涉紫波兮情内伤。副田田兮路阻长，思美人兮不可量。去何采兮低光，归何唱兮未央。乐何极兮无方，怨何深兮秋霜。

寅恪案：卧子此赋既以莲比河东君，又更排比铺张，以摹绘采莲女，即河东君。亦花亦人，混合为一。辞旨精妙，读者自知，可不待论。《序》中"江萧短制，本远风谣。子安放辞，难娱情性"，检

王勃《采莲赋序》(见《王子安集》二)云:

> 昔之赋芙蓉者多矣。虽复曹、王、潘、陆之逸曲,孙、鲍、江、萧之妙韵,莫不权陈丽美,粗举采掇。岂所谓究厥丽态,穷其风谣哉?顷乘暇景,历睹众制,伏玩累日,有不满焉。

卧子作此赋,盖本于子安之作,故辞语亦多相似。如"待饮南津,陪欢北渚",即卧子赋语"鼓夕棹于北津"之所从出。又,"结汉女,邀湘娥。北溪蕊尚密,南汀花更多",亦下引卧子《同让木泛舟北溪四绝句》诗题之由来。至"见秋潭之四平"则前引卧子《秋潭曲》所以称白龙潭为"秋潭"之理由也(可并参《乐府诗集》五〇)。《赋》云"纷峨云之晃清""轶娟娟其浅濑兮",暗藏"云娟"二字,即河东君原来旧名。此为《采莲赋》中主人之名,所以著列之于篇首也。此《赋》末段云"鼓夕棹于北津兮",此著列采莲泛舟之地也。检《陈忠裕全集》一九《陈李唱和集·秋雨同让木泛舟北溪,各赋四绝》云:

> 为有新愁渐欲真,强将画舰泛芳津。岂知风雨浑无赖,自入秋来喜趁人。
> 浪引平桥锁暮烟,红亭朱草自何年。秋风一夜残莲子,几度黄昏未忍眠。
> 迷离窈竹碧霏霏,小艇红妆冷玉衣。凉风疏雨何处似,黄陵秋夜照湘妃。
> 明灭秋星起画图,微云暮雨障清眸。何曾自定来朝暮,犹怨君家楚大夫。

寅恪案:第一首第二句"强将画舰泛芳津",可知"北溪"亦可云"北津"。第二首第一句"浪引平桥锁暮烟",可与赋中"鼓夕棹"之语印证。第二首第三句"秋风一夜残莲子"及第三首第二句"小艇红妆冷玉衣",亦与赋中所言之采莲女相启发。第四首第二句"微云暮雨障清眸"中含河东君之名。第三、第四句云"何曾自定来朝暮,犹怨君家楚大夫",则以神女目河东君,宋玉目让木也。据此颇疑《采莲赋》与此《四绝句》有密切关系。又,此《四绝句》题云《秋雨同让木泛舟北溪》实与《立秋后一日题采莲图》诗"夜来秋气澄天河,越溪新添三尺波"之语冥会。盖"秋气"、"添波"与"秋雨"相合,"越溪"与"北溪"同物,然则《采莲图》或即摹写此次北溪之游耶?至《赋》云"惊鸳鸯于兰枑兮,歇属玉之娇睡",其与河东君"鸳鸯楼"卧子"属玉堂"之名有关,又无俟论矣。"娇睡"一语,若出《元氏长庆集》二四《连昌宫词》"春娇满眼睡红绡"句,则可称适当。若出传世本《才调集》五元稹《梦游春诗》"娇娃睡犹怒"句,则"娇娃"乃"獢狂"之讹写(见拙著《元白诗笺证稿》第四章),似微有未妥。但才子词人之文章,绝不应拘执考据版本家之言以绳之也。赋中最可注意之句,如"丽不蹈淫,傲不绝愉。文章则旅,修姱若殊",则可谓善于形容河东君之为人者。"既攀折之非余情兮,恐迟暮之见遗。彼辛苦之内含兮,闵厥愁而惠中。感连娟之碧心兮,情郁塞以善通。寄伤心于莲子兮,从芙蓉之荡风",则可与《才调集》五元微之《古决绝词三首》之二"矧桃李之当春,竞众人而攀折。我自顾悠悠而若云,又安能保君皑皑之如雪。感破镜之分明,睹泪痕之余血。幸他人之既不我先,又安能使他人之终不我夺"参读。据此可知卧子宅心忠厚,与轻薄之元才子有天渊之别。岂意河东君与卧子之关系,亦与双文同一不能善终。悲夫!

《戊寅草》中有《初秋(七律)八首》,《平露堂集》中亦有《初秋(七律)八首》(见《陈忠裕全集》一六)。题同,体同,又同为八首。其为同时所作,互有关系,兹不待论。今《戊寅草》传世甚少,故全录之。至卧子诗集,流播颇广,除第八首,以与河东君之作最有关涉,特录其全文外,余则唯择有关河东君诗之语句,略论之于后。

《戊寅草·初秋八首》，其一云：

云联远秀正秋明，野落晴晖直视轻。水气相从烟未集，枫林虚极色难盈。平郊秔稻朝新沐，大泽凫鹥夜自鸣。莫谓茂陵愁足理，龙堂新月涤江城。

寅恪案：此首结语云"莫谓茂陵愁足理，龙堂新月涤江城"，与卧子第八首结语云"茂陵留滞非人意，可著凌云第几篇"互相印证。并可推知卧子实初赋此题，河东君因继和之。岂所谓"夫唱妇随"者耶？至"新月""江城"之语，则指崇祯八年七月初之时候及松江之地域也。

其二云：

银河泛泛动云凉，荒荻苍茫道阻长。已有星芒横上郡，犹无清角徼渔阳。遥分静色愁难制，向晚涠菰气独伤。自是清晖堪倚恨，故园鹝鹈旧能妨。

寅恪案："已有星芒横上郡，犹无清角徼渔阳"之句，可与卧子诗第五首"泾原画角秋风散，上郡〔𣝔〕头夜色高"相印证。（寅恪案："𣝔头"之典可参前论牧斋《丙戌七夕诗》。又，河东君《湖上草》中《岳武穆词（七律）》云"重湖风雨隔髦头"，"髦头"即"𣝔头"也。）"自是清晖堪倚恨，故园鹝鹈旧能妨"之句，当出《诗经·曹风·候篇》："维鹈在梁，不濡其翼。彼其之子，不称其服。维鹈在梁，不濡其咮。彼其之子，不遂其媾。"《毛诗小序》云："刺近小人也。"河东君此诗结语必有本事，究何所指，殊难确言。检卧子《自撰年谱（上）》"崇祯八年乙亥"条（并可参所附考证）略云：

同郡某贵人素嫉予，适有无名子作传奇以刺之者，疑予与舒章使之,怒益甚。予同门生朱翰林早服与贵人求复故业文园。予立议黜之。恨愈刺骨,遂行金钱嗾南台某上奏。其意专欲黜予与彝仲也。时使者江右王公行部,察予两人行修伤,举方正,报闻。某贵人闻之,咄咄咤叹失气也。

或与河东君诗语有关,亦未可知。至前引钱肇鳌《质直谈耳》记松江郡守欲驱逐河东君出境一节,则事在崇祯六年,距赋此诗之时已有二年之久,相隔较远,似非诗意所在也。俟考。

其三云:

苍然万木白苹烟,摇落鱼龙有岁年。人似许玄登望怯,客如平子学愁偏。空怀神女虚无宅,近有秋风缥渺篇。(自注:"时作《秋思赋》。")日暮飘零何处所,翩翩燕翅独超前。

寅恪案:此首为八首中最重要者,与卧子诗第八首极有关系。盖卧子诗第八首乃主旨所在,河东君亦深知其意,故赋此首同用一韵,殊非偶然也。兹移录卧子《诗》全文,以便参互论证。卧子诗云:

托迹蓬蒿有岁年,平皋小筑晚凉天。不逢公瑾能分宅,且学思光漫引船。莲子微风香月上,葡萄垂露冷秋前。茂陵留滞非人意,可著凌云第几篇。

卧子此诗主旨实自伤不能具金屋以贮阿云。"不逢公瑾能分宅",用《三国志·吴志》九《周瑜传》:"周瑜,字公瑾。〔孙〕坚子策,与瑜同年,独相友善。瑜推道南大宅以舍策。""且学思光漫引船"者,用《南史》三二《张邵传》附融传(参《南齐书》四一《张融传》)所云:

融,字思光。融假东出,〔齐〕武帝问融在何处?答曰:"臣陆处无屋,舟居无水。"后上问其从兄绪。绪曰:"融近东出,未有居止,权牵小船于岸上住。"上大笑。

然则卧子所谓"平皋小筑晚凉天"之"小筑"何所指耶?检卧子此诗题前第二题为《初秋出城南吊迩机之丧,随游陆氏园亭。春初予辈读书处也,感赋二律》。此二律中虽未见有留宿之迹象,但据王沄纂《云间第宅志》云:

南门外。登山主桥。薛孝廉靖宅。阮家巷陆宗丞树德梅南草庐。有读书楼。崇祯间,郡中诸名士尝觞咏高会其中。人称曰南园。

故薛氏宅与南园邻近,卧子因吊迩机之丧,遂留宿徐氏南楼或陆氏南园,极为可能。今观卧子《初秋八首》之第一首云"池台独倚北风轻,水国苍茫浸碧城。菱茨自依秋露冷,梧楸不动夜云明",第二首云"万里清光迥不收,层霄极望此登桥",及第三首云"旷野枫林消白日,沧江草阁卧黄昏",与第八首之"莲子微风香月上,葡萄垂露冷秋前"等句,其景物气象,皆似南园,而非卧子松江城内之旧宅。此旧宅即《云间第宅志》所云:

治西。普照寺西。陈工部所闻,给谏子龙宅。有平露堂。座师黄詹事道周书。

者。然则卧子诗所谓"小筑",岂是徐氏别墅中之小楼即南楼,抑或陆氏南园建筑物中之一小部分耶?至"不逢公瑾能分宅"之语,或是因徐暗公及武静虽肯以其别墅借寓杨、陈。陆文孙又肯以南园借卧子诸人读书著述,不过两处俱是暂时性质,更不可视为固定之金屋久贮阿云也。河东君能知此意,故有"空怀神女虚无宅"之句,其所感恨者深矣。(寅恪案:《杜工部集》一五《热三首》之一云"云雨竟虚无",河东君诗语本此。杜诗原为苦热之作,下文接以"乞为寒水玉,愿作冷秋菰。何似儿童岁,风凉出舞雩"等句,即希望秋凉之意。河东君赋此诗在初秋,正气候炎热之际。下句"近有秋风缥渺篇",亦是希望秋凉之意,与少陵之旨符合。故河东君此一联,虽出旧诗,别具新感,其措辞之精妙,于此可见一斑也。)由此推之,大约卧子松江城内旧宅本非广厦,此时既有祖母高氏,继母唐氏,复有妻张氏,妾蔡氏及女颀等,又据《卧子年谱(下)》附王沄撰《三世苦节传》云:

> 高安人一女,笃爱之,赘诸氏婿,共宅而居。奉议公(寅恪案:"奉议公"指卧子父所闻)以寡兄弟而勿忍也。先生承先志,始终不替。〔张〕孺人承高安人欢,敬爱有加,抚其子女如同生,冠婚如礼,安人为之色喜。〔卧子继母〕唐宜人生四女,次第及笄,孺人为设巾帨,治奁具而归之,嫁礼称盛,宜人忘其疾,诸姑感而涕出,曰:"嫂,我母也。"

然则卧子之家人多屋狭,张孺人复有支配财务之权,势必不能更有余地及余资以安置志在独立门户之河东君。杨、陈因缘之失败,当与此点有关。后来崇祯十三年冬河东君访牧斋于虞山之半野堂。其初则居于舟中,有同于思光引船;继则牧斋急营我闻室迎之入居,亦是公瑾分宅。此点与钱柳因缘之能完成,殊有莫大关系也。河东君诗"人似许玄登望怯,客如平子学愁偏"一联,下句见《文选》二九张平子《四愁》诗,人所习知,不待释证。上句之"许玄",当用《晋书》八〇《王羲之传》附许迈传。迈字叔玄,后改名玄。《许传》虽有游山登楼之记载,但无怯惮之事。故"怯"字乃河东君自谓之辞。其本性不喜登望,可与河东君《与汪然明尺牍》第十三通所云:

> 齐云胜游,兼之逸侣,崎岖之思,形之有日。奈近羸薪忧,褰涉为惮。

相参证。"褰涉为惮"即"登望怯"之意。顾云美《河东君传》

云："性机警，饶胆略。"应不怯登望。其所以怯惮者，或由体羸足小之故，有所不便耶？河东君诗"近有秋风缥渺篇"句下自注云："时作《秋思赋》。"今《戊寅草》中有《秋思赋》一篇。据此，可证知其作赋之年月。惜此《赋》辞语多未解，疑传写讹误所致。以暂无他本可校，姑不录赋文，而附记于此，以俟他日求得善本，再论释之。所可注意者，卧子作《采莲赋》实本于王子安。检《王集》一有《春思赋》《七夕赋》在《采莲赋》之前。或者河东君崇祯八年秋间流览子安作品，因《采莲赋》而睹《春思赋》。于王《赋序》末"几乎以极春之所至，析心之去就云尔"之语，有所感会，遂作《秋思赋》欤？

其四云：

轻成游鹤下吟风，夜半青霜拂作容。偃蹇恣为云物态，嶙峋先降隐沦丛。五原落日交相掩，三辅新秋度不同。矫首只愁多战伐，应知浩荡亦时逢。

寅恪案：此首"五原落日交相掩，三辅新秋度不同"一联，上句疑与卧子诗第四首"欲问故人新奉使，朔云边月近如何"之注"时吴来之使山右初归"有关。下句疑与卧子诗第五首"三秦消息梦魂劳"及"泾原画角秋风散"之句有关。所可注意者，即"轻成游鹤下吟风"之"鹤"及"嶙峋先降隐沦丛"之"隐沦丛"究何所指？岂谓吴来之昌时由山西归松江后，便先访问卧子，因至河东君处耶？俟考。

其五云：

胧胧暝色杂平河（湖？），秋物深迷下草须。不辨暗云驱木落，惟看鲛室浴凫孤。南通水府樯乌盛，北照高原树影枯。同向秋风摇白羽，愁闻战马待单于。

寅恪案："南通水府樯乌盛"，可与卧子诗第四首"楚蜀樯帆向晚行"参读。至河东君此首"同向秋风摇白羽,愁闻战马待单于"之结语,则疑与卧子诗第六首"欲问故人新奉使,朔云边月近如何"句下自注有关。盖指与吴昌时共谈当日边事也。

其六云:

> 幽漫飞鸟视平原,露过浮沉漠漠屯。此日风烟给(?)泗左,无劳弓矢荡乌孙。波翻鱼雁寻新气,水冷葡萄似故园。惆怅乱云还极上,不堪唵暧肆金樽。

寅恪案:此首与卧子诗第五首同咏凤阳明祖陵事。(参《陈忠裕全集》一六《平露堂集·送徐暗公游南雍(七律)》所附考证。卧子此诗当赋于崇祯八年夏间暗公离南园赴南京之时。卧子《初秋》诗第八首所谓"南皮旧侣鸾龙散"即指此也。)河东君诗"此日风烟给(?)泗左,无劳弓矢荡乌孙"一联,与卧子诗第六首"当烦大计推安攘"之语有关。至河东君之意,则谓不能安内何能攘外。其语深中明末朝廷举措之失矣。"水冷葡萄似故园"又可与卧子诗第八首"葡萄垂露冷秋前"参证。此"故园"或即指南园。

其七云:

> 长风疏集未曾韬,矫雉翻然谋上皋。葭荻横秋投废浦,风烟当夜接虚涛。云妍黟景萦时急,红遬烦滋杂与(兴?)高。回首鸾龙今不守,崔巍真欲失戎刀。

寅恪案:"葭荻横秋投废浦"可与卧子诗第四首"江湖葭荻当秋盛"之句参证。河东君此诗结语"回首鸾龙今不守,崔巍真欲失戎刀"当谓凤阳失守事,与卧子诗第一首"南皮旧侣鸾龙散"之句,虽同有"鸾龙"字,而所指不同,盖陈诗用魏文帝《与吴质书》语。卧子《初秋八首》前第七题为《送周勒卣游南雍》,第六首为《送徐暗公游南雍》,崇祯八年春间周、徐二人与卧子、舒章、文孙及河东君等同读书游宴于南园。至是年夏初河东君离去,卧子婴疾,其他诸人亦皆星散。"南皮"之"南",亦兼指南园及南楼而言,与河东君词之《梦江南》、卧子词之《双调望江南》,俱有取于"南"字,即南园、南楼之意。世人未明此点,读杨、陈作品,不能深达其微旨矣。至河东君诗"红逊烦滋杂与高"之句,疑有讹误,俟考。

其八云:

鱼波唼唼水新周,高柳风通雾亦匀。晓雨掠成凉鹤去,晚烟栖密荻花收。苍苍前簸鹰轻甚,湿湿河房星渐赒。我道未舒采药可,清霜飞尽碛天掔。

寅恪案:"湿湿河房屋渐赒"及"清霜飞尽碛天掔"可与卧子诗第六首"天南碛北共秋河"之句参证。"我道未舒采药可"之句,检《晋书》八〇《王羲之传》附许迈传云:

初,采药于桐庐道之桓山。饵术涉三年,时欲断谷。以此山近人,不得专一,四面藩之。好道之徒欲相见者,登楼与语,以此为乐。

可知河东君以许玄自比。此点前论第三首"人似许玄登望怯"句,已言之。但此首有"采药"之语,据《许传》之文,采药下即接以登楼见好道之徒一事。然则第三首"人似许玄登望怯"之意,恐是自谓怯于见客,与许氏同,非关体羸足小。其《与汪然明尺牍》第五通云"弟所汲汲者,止过于避迹一事"(寅恪案:"止"当作"亡",与"无"同),亦是此意,可取互参。复据前引钱肇鳌《质直谈耳》所载河东君居佘山时,蠡人徐某以三十金求见事。佘山邻接横云钱氏之言或即与河东君此诗之意有关,亦未可知也。今释"怯"字之义,与前说有所差异,似今解较胜。兹依《郑笺》《毛诗》,间具别解之例,姑备两说,以待读者之抉择。

抑更有可笑者,河东君于崇祯八年作此诗之际,以许叔玄自比,而以卧子比王逸少。盖卧子此时虽是云间胜流,名闻当世。然其地位止一穷孝廉耳。目之为王右军,已嫌过分矣。至崇祯十三年冬间河东君访牧斋于虞山之半野堂,初赠钱诗有"江左风流物论雄"及"东山葱岭莫辞从"之语,则以牧斋拟谢安石,而自比于东山伎(详见第四章论《半野堂初赠诗》节)。盖牧斋此时以枚卜失意家居,正是候补宰相之资格,与谢太傅居东山时之身份切合也。由此言之,河东君不仅能混合古典今事融洽无间,且拟人必于其伦,胸中忖度,毫厘不爽,上官婉儿玉尺之誉可以当之无愧。不过许叔玄、东山伎之船,亦随王逸少、谢安石之水,高低涨落,前后不同,为可笑也。

复次,宋徵璧《含真堂集》七载有《早秋同大樽舒章赋(七绝)二首》云:

怅望平田半禾黍,曲兰幽径傍城阿。已凭青雀随风过,更有红裙细马驮。

凄清落叶下梧桐,野水苍茫睇未穷。日暮但愁风雨后,行人多半早秋中。

寅恪案:宋氏此二绝句何时所作,未能确知。若依此题后一诗"野驿"下注"壬申会课"而言,则似此二绝句乃崇祯五年壬申或以前所作。但宋氏《诗集》以诗体分类,其排列次序亦难悉据以确定作成时间之先后。或谓王胜时《续卧子年谱(下)》"顺治四年丁亥"条附庄师洛等考证引陆时隆《侯文节传》云:"黄门乃易姓李,改字大樽",又,胜时云"晚年自号大樽,盖寓意于庄生五石之瓠也",陆、王两说虽似微异,但卧子于顺治四年五月十三日自沉,年四十岁。依常例推之,必三十以后始可言晚年。让木此二绝句之题既称大樽,岂作于崇祯十年丁丑以后耶?鄙意不然,前引《含真堂集》五《秋塘曲序》云:"宋子与大樽泛于秋塘。"此曲乃与卧子《秋潭曲》同时所作(见《陈忠裕全集》一〇《陈李唱和集》),实在崇祯六年秋间。此年卧子仅二十六岁,断不可谓之晚年,何以宋氏亦称之为大樽?明是后来尚木编集时所追改。盖卧子以抗清死节,清人著述在乾隆朝尚未表扬卧子以前,自宜有所避忌,往往多以不甚显著之别号即"大樽"称卧子。况宋氏前与卧子关系密切,后乃改仕新朝,更当有所隐讳也。至若《蓼斋集》中不改卧子之称者,殆由舒章卒于卧子抗清被害以前,遗集为石维崑于顺治十四年所刻,故仍依旧称,未遑更易耶?职是之故,宋氏此二绝句亦有作于崇祯八年秋间之可能,疑与卧子及河东君《初秋》诗有关。姑附录于此,以俟详考。又,"城阿"即卧子《癸酉长安除夕诗》所谓"曾随侠少凤城阿"之"城阿",乃指松江城而言,前已详论之矣。

河东君在崇祯八年秋深离松江赴盛泽以前,尚有与卧子酬和之作。兹全录杨、陈两人之诗,并择录卧子此时所赋《秋居杂诗十首》中最关重要者,论之于下。

卧子《七夕》诗(见《陈忠裕全集》一三《平露堂集》)云:

夜来凉雨散,秋至绪风多。渺渺云澄树,峨峨人近河。金钿烟外落,玉佩暗中过。闻说天孙巧,虚无奈尔何。

其二云:

清影何时隐?神光迥澹浮。龙鸾虚仵月,乌鹊静临秋。风落花间露,星明池上楼。汉宫谁更宠?此夕拜牵牛。

河东君《七夕》诗(见《戊寅草》)云:

芙蓉夜涌鳜鱼飔,此夕苔篁来梦知。为有清虚鸳阁晚,无劳幽诡蝶花滋。仙人欲下防深漠,苍影翩然入窦湄。已是明雯星露会,乌啼灯外见来迟。

卧子《八月十五夜》诗(见《陈忠裕全集》一六《平露堂集》)云:

明雯凉动桂悠悠,迢递星河万里秋。素魄有人常不见,碧虚无路迥含愁。九天鸾鹤声何近,五夜楼台影自浮。犹说紫微宫女事,焚香时待月西流。

其二云:

微风摇曳拂金河,斗迥天高出素娥。万井鸳鸯秋露冷,三江蚌蛤夜潮多。云能入梦婵娟子,月解伤人宛转歌。应有桓伊吹玉笛,倚栏人静奈愁何!

寅恪案:卧子《八月十五夜(七律)》第二首"云能入梦婵娟子"句,暗藏河东君之名,第二章已论及之。盖中秋佳节卧子必在松江城内旧宅中与家人团聚,望月有怀横云山麓之河东君,因赋此二诗。当其构思之际,倘使张孺人及蔡氏在其身侧者,亦可谓旁若无人矣。

河东君《八月十五夜》诗(见《戊寅草》)云:

涤风初去见迁芳,招有深冥隐桂芒。翠鸟趾离终不发,绮花人向越然凉。莲鱼窈窈浮虚涧,烟柳沉沉拂淡篁。已近清萍动霏濔,秋藤何傲亦能苍。

寅恪案:河东君此诗之题与卧子诗题同是《八月十五夜》,其为唱酬之作,自无疑义。但河东君此诗之前第一题为《秋深入山》,第二题为《月夜舟中听友人弦索》,第三题为《晓发舟至武塘》,第四题为《七夕》。初视之,似是抵盛泽以后追和卧子之作,而非在松江时所赋。细绎之,八月十五夜至秋深,其间最少已逾一月,河东君必早在离松江以前得见卧子此诗。且自《七夕》至《八月十五夜》,其间已赋三题四首,可证其才思并未枯竭,何以更待历时四五十日之后,始在盛泽镇追和卧子前什耶?此与其平日写作敏捷之情况不符。故鄙意仍以河东君《八月十五夜》一首乃尚未离去松江前所作,当是编写时排列偶误所致耳。

卧子《秋居杂诗十首》作成之时间,当在崇祯八年季秋。因第三首有"况当秋日残""鸿雁影寥廓,梧桐声劲寒",及第八首有"霜寒击柝清"等句,皆是九月景物也。至第二首"万里下城阿"句之"城阿",指松江城言。前论卧子《癸酉长安除夕》诗"曾随侠少凤城阿"句,已详及之,可不复赘。此十首诗俱佳,兹唯择录三首论释之,其余不遑悉数移写也。

第四首云:

愁思随时积,悲凉秋更深。何当临玉镜,无计挽金瓠。(自注:"时予有殇女之戚。")肃肃飞乌鹊,冥冥啼蟋蛄。不堪儿女气,引满莫踌躇。

寅恪案:此首可与下录卧子《乙亥除夕(七古)》(见《陈忠裕全集》一三《平露堂集》)相参证。"何当临玉镜"句,用《世说新语(下)假谲类》"温公丧妇"条并参徐孝穆编辑《玉台新咏》所以命名之故。斯皆世人习知者。至卧子于此句,则指河东君而言也。"无计挽金瓠"句,用"汉魏百三名家集"《陈思王集》一《金瓠哀词》,卧子取以比其长女颀也。陈卧子先生《安雅堂稿》一六《瘗二女铭》云:

陈子长女名颀,生崇祯庚午之二月,殇于乙亥之七月,凡六岁。次女名颖,生辛未之八月,至十月死。二女皆陈子室张出也。

卧子甚珍爱此长女,其著述中涉及女颀者颇多。如卧子

《自撰年谱(上)》"崇祯八年乙亥"条云："秋女颀殇焉。"并《陈忠裕全集》一一《平露堂集·乙亥除夕(七古)》一首,同书一三《平露堂集〈舟行雨中有忆亡女〉〈除夕有怀亡女(五律)二首〉》及同书一九《平露堂集·悼女颀诗(七绝)七首》等,可为例证。卧子赋诗之际,女颀既逝,无计可以回生。河东君虽已离去,则犹冀其复返。情绪若此,所谓"不堪儿女气"者也。

第七首云：

常作云山梦,离群不可招。邀游犬子倦,宾从客儿娇。(自注："舒章招予游横云,予病不往。")楚橘明霜囿,江枫偃画桥。刺船斜月下,何计慰飘飖。

寅恪案：《陈忠裕全集》二九《横云山石壁铭》(可参同集一○《属玉堂集·雨中过李子园亭(七古)》及所附考证并《蓼斋集》首石维崑《序》)略云：

横云山者,松之屏蔽。环壁包池,则李氏之园在焉。既剪丛棘,遂有堂宇。濯洼以俟雨,植枫而缀秋。涉冬之阳,李氏携客信宿。落叶零翠,寒山冻青。风消夕醉,月照宵邀。辨隔浦之归鱼,习空山之啸鬼。横览凄恻,悲凉莫罄。

卧子此文虽不能确定为何年所作,然可据以推知舒章别墅秋冬之际,景物最佳。斯舒章所以招邀名士、名姝于秋日往游之故欤？舒章是举,殆于谢灵运《拟魏太子邺中集诗序》所谓"天下良辰、美景、赏心、乐事四者难并"之旨,有所体会(见《文选》三○)。但卧子是时则转抱林黛玉过梨香院墙下,听唱《牡丹亭》"良辰美景奈何天,赏心乐事谁家院"及"则为你如花美眷,似水流年"之感恨矣(见《石头记》第二十三回)。诗中"邀游犬子倦"句,"犬子",司马相如小名,卧子以之自比。"宾从客儿娇"句,"客儿"谢灵运小名,卧子以之比李舒章。此时河东君即寓居横云山,岂谓河东君乃舒章之娇艳宾从耶?卧子自注云:"舒章招予游横云,予病不往。"不知是托病,抑或真病?若托病者,则其故虽不能确知,但必有河东君复杂之关系在内。若真病者,则崇祯八年首夏,卧子因河东君离去南园及南楼而发病,事后虽痊愈,然亦以有所感触时复卧疾。如《秋居杂诗》第一首"药饵日相谋"者,即是其证。实世所谓"心病",而非"身病"也。

第九首云:

明时惭远志,安稳独幽居。溟渤当秋壮,星河永夜虚。黄金误子政,白璧恃相如。奇服吾宁爱,无劳拟上书。

寅恪案:"黄金误子政,白璧恃相如。"上句用《汉书》三六《楚元王传》附刘向传"向作黄金不成事"。下句用《史记》八一《廉颇蔺相如传》"相如完璧归赵事"。皆世所习知,无待赘释。所可怪者,卧子举此两氏为言颇觉不伦,当必有其故。意者卧子自恨如刘更生之不能成黄金,遂难筑金屋以贮阿云。然终望河东君能似蔺相如之完璧归赵。苟明乎此旨,则卧子诗此联之语,殊不足为怪矣。"无劳拟上书"句,疑指卧子《自撰年谱》"崇祯四年辛未"条所云:

是时意气甚盛,作书数万言极论时政,拟上之。陈征君〔继儒〕怪其切直,深以居下之义相戒而止。

言也。

今所见河东君作品中有赋三篇,其《男洛神赋》及《秋思赋》,前已论述。《男洛神赋》旨趣诙诡,《秋思赋》文多脱误,俱不及《别赋》之意深情挚,词语高雅。取与同时名媛之能赋者,如黄媛介诸作品相参较,亦足见各具胜境,未易轩轾。故全录其文,略考释之,以待研治明季文学史者之论定。《戊寅草·别赋》云：

草弱朱靡，水夕沉鳞。又碧月兮河梁，秋风兮在林。指金闺于素壁，閴翠幔于琴心。于此言别，怀愁不禁。云泛泛兮似浮，泉杳杳而始下。抚襜幄之霏凉，拂银筝其孰写。重以泫（泫?）花之早寒，玉台之绛粉。既解佩而遭延，更留香之氤氲。揽红药之夜明，怅青兰而晨恨。会当远去，瞻望孤云。于是明河欲坠，玉勒半盼。化桃霞兮王孙马，冲柳雪兮游子衣。离远皋之木叶，牵晴雾之游丝。度疏林而去我，隔江水之微波。本平夷而起嶮，更通达而成河。妍迹已往，遗恩在途。掩电母而不御，杂水业（?）而常孤。思美人兮江淑，触鸾发兮愁余。并瑶瑟之潺湲，共凤吹而无娱。念众族之皎皎，独与予兮纷驰。谁径逝而不顾，怀缥缈而奚知。诚自悲忱，不可言喻。至若玄圃词人，洛滨才子。收车轮于博望，荡云物于龙池。嘉核甫陈，骊歌遽奏，折银蕊于陇上，骄箫管于池头。之官京洛，迁斥罗浮。观大旗之莫射，登金谷而不游。叹木瓜之渍粉，聆凄响于清辀。或溯零陵之事，或念南皮之俦。咸辞成而琅琅，视工思而最愁。又若河朔少年，南阳乳虎。感乌马兮庭阶，击苍鹰兮殿上。风戈戈兮渐哀，筑撼撼而欲变。上客敛魂，白衣数起。左骖殪兮更不还，黄尘合兮心所为。忽日昼之晻暧，睹寒景之侵衣。愁莫愁兮众不知，悲何为兮悲壮士。乃有十年陷敌，一剑怀仇。将置身于广柳，或髡钳而伏匿。共衰草兮班荆，咽石濑兮设食。逝泛滥于重渊，旷雯煜于窊室。酒未及濡，餐未及下。歌河上而沾裳，仰驷沫（?）而太息。若吴门之篾，意本临歧。大梁之客，魂方逝北。当起舞而徘徊，更痛深其危戚。至若掩纨扇于炎州，却真珠于玉漏。恩甚兮忽绝，守礼兮多尤。观翡羽之拂壁，慨龙帷之郁留。念胶固而独明，惟销铄之莫任。垂楚组而犹倚,绗凤缓而遣神。盼雄尾于俄顷,迥金螭之别深。日暮广陵,凭阑水调。似殿台之清虚,识宜春之朗曼。乃登舟而呜咽,愁别去其漫漫。又若红粉羽林,辟邪独赐。同武帐之新宠,后灞岸之放归。紫箫兮事远,金缕兮泪滋。更若长积雪兮闭青冢,嫁绝域兮永乌孙。俨云蝉于万里,即烟霓之夕昏。雁山晓兮断辽水,红蕉涩兮辞婵媛。至若灵娥九日兮将梳,苕蓉七夕兮微渡。月映嗒(晰?)而创虹缕,露流渐兮开房河。披天衣之宵叙,忽云旗之怅图。亦有托纤阿于缁(淄)右,期玉镜于邯郸。甫珊瑚之照耀,亲犀络之缠绵。悼亭上之春风,叹上巳于玉面。本独孤之意邈,绕窦女之情娟。至有虾蟆陵下之歌,燕子楼前之雨。白杨萧萧兮莺冢灰,莓苔瑟瑟兮西陵土。怆虬膏之永诀,淡华烛而终古。顾骖騑之莫攀,止玉合之荐处。岂若西园无忌,南国莫愁,始承欢而不替,卒旷然而不违。君歌折柳于郑风,妾咏蘼芜于天外。异樱桃之夜语,非洛水之朝来。自罙罳之雀暗,怜兰麝之鸭衰。据青皋之如昨,看盘马之可哀。招摇蹀躞,花落徘徊。结绶兮在平乐,言别兮登高台。君有旨酒,妾有哀音,为弹一再,徒伤人心。悲夫同在百年之内,共为幽怨之人。事有参商,势有难易。虽知己而必别,纵暂别其必深。冀白首而同归,愿心志之固贞。庶乎延平之剑,有时而合。平原之簪,永永其不失矣。

寅恪案:此赋之作成时间及地域并所别之人三事,兹综合考证之。若所言不误,则于赋中之辞义、赋主之文心,更能通解欣赏也。

此赋既以"别"为题,自是摹拟《文选》一五《哀伤类》江文通《别赋》之作,无待赘论。昭明太子既列文通此赋于哀伤类中,而江《赋》开宗明义即云:"黯然销魂者,唯别而已矣。"河东君以斯旨为题,则其构思下笔时之情感,三百年后犹可想见也。然则作此赋当为何时耶?据赋中"秋风兮在林""抚襜幄之霏凉,拂银筝其孰写"(寅恪案:《王右丞集》一五《秋夜曲二首》之二云"桂魄初生秋露微"及"银筝夜久殷勤弄"。故赋中"银筝"之语,亦与秋有关)。"炫花之早寒"(寅恪案:"炫"疑当作"泫"。《文选》二二谢灵运《从斤竹涧越岭溪行》诗云:"花上露犹泫。")"明河欲坠"等语,皆足征此赋为秋季所作。至于河东君此赋所别之人为谁,则观赋末自"悲夫"至"不失矣"之结语,其人之为卧子,自不待言。盖他人必无资格可以当河东君所言"虽知己而必别"之"知己"也。考河东君与卧子离别,虽不止一度,但最重要者实有二次。第一次在崇祯八年首夏河东君离云南楼,别居横云之时。前论卧子《满庭芳·送别》词等,已详言之。姑不论此次首夏之节物,与赋中秋季所摹写者不合,且"会当远去,瞻望孤云"之语,与南楼、横云尚同在松江,其距离极近者,地望亦不相符。第二次在崇祯八年秋季河东君离去松江,迁往盛泽归家院之时,此次乃真为杨、陈二人生离死别最重要之关键,而此赋所言景物,皆与秋有关。故知此赋乃崇祯八年秋深河东君离去松江,迁往盛泽镇,用以酬别卧子,抒写离怀并诉衷情,希冀重好之文,可以断定无疑者也。又赋云"度疏林而去我,隔江水之微波",更可与卧子此年岁除所赋"桃根渺渺江波隔"之句(见《陈忠裕全集》一一《平露堂集·乙亥除夕(七古)》)相证发也。

复次,卧子于崇祯十一年秋所赋《长相思(七古)》(全文及论释见下引《陈忠裕全集》一一《湘真阁集》)略云:

美人今在秋风里,碧云迢迢隔江水。别时余香在君袖,香若有情尚依旧。但令君心识故人,绮窗何必常相守。

疑取赋中之辞旨而为之者。赋之"既解佩所遭延,更留香之氤氲",即诗之"别时余香在君袖,香若有情尚依旧"。赋之"虽知己而必别,纵暂别其必深",即诗中之"但令君心识故人,绮窗何必常相守"。此赋此诗关系密切,读者取以并读,自能得其意旨所在也。至龚芝麓鼎孳《定山堂集》一四《挽河东君夫人》诗"朱颜原独立,白首果同归"一联(全诗见第五章所引),上句疑取卧子《上巳行》诗"垂柳无人临古渡,娟娟独立寒塘路"(全诗及论释见下引《陈忠裕全集》一一《平露堂集》)。下句疑取河东君《别赋》中"冀白首而同归,愿心志之固贞"二句而为之者。盖卧子《湘真阁集》及河东君《戊寅草》,龚氏当日必曾见及之。斯亦今典古典合用,世之读《定山堂集》者,不可不知也。

又,《陈忠裕全集》二有《拟别赋》一篇。其前为《拟恨赋》,后为《和汉武帝伤悼李夫人赋》及《妒妇赋》。此《拟别赋》为何年所作,今难考知。若作于距崇祯八年秋以前颇久之时间,则河东君必已早见卧子之作。其《别赋》情思辞语之相类似者,乃受卧子作品之影响,自无可疑。若陈、杨二人之赋为同时写成者,则此两篇乃唱和酬答之作品。其关涉类似之处颇多,更无足异。兹以《陈集》流播较广,仅择有关语句节录之于下,以见一斑。卧子《赋》略云:

> 漫漫长道,悠悠我心。扬舲极浦,总辔荒林。与子言别,怆然哀吟。仰视浮云,倏忽难寻。我有旨酒,慷慨酌斟。况秋风兮渡河,又落日兮在野。叶萧萧而群飞,泉淙淙而始泻。指寥廓于翔鸿,怨悲鸣于去马。睹徒御之纷驰,倾芳樽而不下。含别绪兮孔多,欲陈辞而难写。于是揽袪徙倚,执手踟蹰。会当去我,顷刻相逾。听车音而绝响,望襜帏而载徂。恍怀人之极目,愧送子之贱躯。掩金镜而罕御,理瑶琴而常孤。仰明月之迅迈,恨重关之崎岖。寄锦书于雁外,啼玉箸

于烟途。聊侧身而四望,岂离魂之尽诬?言念古昔,谁与为比。至若庐江少妇,文园小姬,恩方胶固,义当乖离,痛宝玦之既赐,出金屋而长辞。岂若上官丽质,邯郸名倡,皎皎窗牖,盈盈道傍。解杂佩兮赠君子,折芳馨兮心内伤。则有烟林花堕,平皋草长;青骢蹀躞,红袖徬徨,远与君别,各天一方。飘摇分袂,杳若参商。嗟夫,别何地而不愁,愁何年而能散?陋群游于麋鹿,壮退征于羽翰。苟两心之不移,虽万里而如贯。又何必共衾裯以展欢,当河梁而长叹哉!

河东君于崇祯八年秋深离松江赴盛泽镇,此行踪迹见于《戊寅草》中者,共有诗三题四首,辞语颇晦涩,非集中佳作。以其为关涉河东君与卧子之重要资料,故悉数移录,并择取卧子诗有关河东君此行者,综合论释之于后。

《晓发舟至武塘》二首云:

木影固从混,水云脱众泠。鱼波已相截,凫景信能冥。漠甚风聊出,滋深雾渐形。还思论异者,(自注:"时别卧子。")何处有湘灵。

闲态眷新鲔,靡靡事废洲。九秋悲射猎,万里怅离忧。大泽岂终尔,荒交真少谋。愧余徒迈发,丹鸟论翔浮。

寅恪案:光绪修《嘉善县志》二《乡镇门》"魏塘镇"条略云:

明宣德四年巡抚胡㮮奏分嘉兴六乡置县于魏塘镇。魏武帝窥江南,驻跸。旧有五凤楼,故一名武塘。

据河东君"还思论异者"句下自注,恐是卧子自松江亲送河东君至嘉善,然后别去。假使所推测者不误,则卧子由松江至嘉善一段水程,实与河东君同舟共载。及距盛泽镇不远之嘉善,不得不舍去河东君一人独游,经历苏州、无锡,然后还家也。盖不仅己身不便与河东君同至盛泽镇之归家院,且此次之送别河东君,当向家人诡称以亡女之故,出游遣闷为借口。应与崇祯八年春间之游憩南园南楼,虽暗与河东君同居,其向家人仍以读书著述为托辞者,正复相同。若取此次卧子送河东君由松江至嘉善,与后来崇祯十四年春间牧斋送河东君由虞山至鸳湖,两者相比映,固可窥见当日名媛应付情人之一般伎俩。然杨、陈之结局与柳、钱迥异,而《别赋》或《拟别赋》及《戊寅草》,遂不能与《有美诗》及《东山酬和集》并传天壤,流播人口矣。

《陈忠裕全集》一三《平露堂集·秋居杂诗十首》之后《立春夜》之前共有三题,为《夜泊浒墅》《将抵无锡》及《舟行雨中有忆亡女》三首。又,同书一六《平露堂集·七律》"乙亥九日"、"九日泊吴阊"及"薄暮舟发武邱,是日以淮警,中丞发师北行"三首,疑皆此次卧子送河东君由松江至嘉善然后还家,舟行所经之题咏。其《舟行雨中有忆亡女》(自注:"家以俗例,是日飨之。")云:

> 犹是吴山路,回思便悄然。归时开玉锁,谁与索花钿。绿蕙繁霜夜,丹枫梦雨天。未衰怜庾信,哀逝赋空传。

寅恪案:陈卧子先生《安雅堂稿》一二《瘗二女铭》云:

> 陈子长女名顾,生崇祯庚午之二月,殇于乙亥之七月,凡六岁。

虽未言顾殇于七月何日,但如前所推测,卧子以秋深送河东君至嘉善,则此诗当作于崇祯八年十月。然则所谓俗例者,或是指逝后百日设祭而言也。

卧子《九日泊吴阊》云:

> 画阁长堤暮水平,寒云初卷阖闾城。楚天秋后花犹润,吴苑

人归月正明。雁度西楼金管歇，霜飞南国玉衣轻。谁怜孤客多惆怅，耿耿千门永夜情。

又，《薄暮舟发武邱，是日以淮警，中丞发师北行（七律）》云：

横塘此路转孤舟，十里松杉接武邱。愁客卷帘随暮雨，美人采菊荐寒流。樯帆气壮关河夜，鼓角声衔江海秋。闻道元戎初出镇，可能寄语问神州。

寅恪案：《薄暮舟发武邱》诗"美人采菊荐寒流"句之"美人"，殆指河东君而言。观《九日泊吴阊》诗"谁怜孤客多惆怅"及此诗"横塘此路转孤舟"等语，则崇祯八年重九卧子独棹孤舟至苏州，遥想新别之河东君，殆亦王摩诘《九月九日忆山东兄弟》诗意也（见《王右丞集》一四）。河东君对诸名士，往往自称为弟，前已详论之。然则卧子以弟目河东君，实非无因矣。一笑。

《戊寅草·月夜舟中听友人弦索》云：

云涂秋物互飘萦，整月华桐娈欲并。石镜辩烟凄愈显，红窗新姊郁还成。通人戏羽嫣然落，褭草澄波相背明。已近鹍弦第三拨，星河多是未峥嵘。（自注："弦声甚激。"）

又，《秋深入山》云：

将翻苍鸟迥然离，戾木丹峰见坠迟。清远欲如光禄隐，深闲大抵仲弓知。（自注："陈寔字仲弓。时惟卧子知余归山。"）遥闻潺濑当虚睨（睍），独有庭筠黟暮姿。松阁华岗皆所务，纷纷柯石已前期。

寅恪案：以上二题疑皆河东君别卧子于嘉善后，至盛泽归家院所作。舟中友人不知何指，恐是归家院中之女伴来迎河东君者。"入山"之"山"即指盛泽镇之归家院言。详见后论河东君《与汪然明尺牍》第二十八通。河东君此次之离松江横云山，迁居盛泽归家院。其故盖由与卧子之关系，格于形势，不能完满成就，松江一地不宜更有留滞。据前引沈虬《河东君传》所载丙子年间张溥至盛泽镇访徐佛。佛于前一日适人，因而得遇河东君之事。夫丙子年为崇祯九年，即河东君迁居盛泽之后一岁。时间相距甚近。徐云翾之适人，当于崇祯八年已预有所决定。河东君本出于云翾家，后来徙居松江，与几社名士往还，声名藉甚。云翾所以欲迎之至归家院，不仅可与盛泽诸名媛互相张大其艳帜，且更拟使之代己主持其门户也。

观仲廷机《盛湖志》一〇《列女名妓门·明徐佛传》略云：

> 徐佛，（原注："原名翻。"）字云翾，小字阿佛。嘉兴人。性敏慧，能琴工诗善画兰。随其母迁居盛泽归家院，遂著声于时。柳是尝师之。每同当湖武原诸公游，然心厌秾华，常与一士有所约，不果。后归贵介周某。周卒，祝发入空门。其时斜桥之北，旧名北书房，绮疏曲栏，歌姬并集。梁道钊、张轻云、宋如姬皆翰墨名世。道钊淹通典籍，墨妙二王。轻云诗词笔札，并擅其长。如姬聪慧，姿色冠于一时。每当花晨月夕，诸姬鼓琴吹箫，吟诗作字以为乐。又皆殉节御侮，不负所主，奇女子也。

可以推知。然则当明之季年，吴江盛泽区区一隅之地，其声伎风流之盛，几可比拟于金陵板桥。夫金陵乃明之陪都，为南方政治之中心，士大夫所集萃，秦淮曲院诸姬，文采艺术超绝一时，纪载流传，如余怀《板桥杂记》之类，即是例证。寅恪昔年尝论唐代科举进士词科与都会声伎之关系，列举孙棨《北里志》及韩偓《香奁集序》等以证实之（见拙著《唐代政治史述论稿·中篇》）。明季党社诸人中多文学名流，其与当时声妓之关系，亦有类似于唐代者。金陵固可比于长安，但盛泽何以亦与西京相拟？其故盖非因政治,而实由经济之关系有以致之。

《盛湖志》三《物产门》略云:

> 吴绫见称往昔,在唐充贡。今郡属惟吴江有之。邑西南境,多业此。名品不一,往往以其所产地为称。其创于后代者,奇巧日增,不可殚纪。凡邑中所产,皆聚于盛泽镇。天下衣被多赖之。富商大贾辇万金来买者,摩肩连袂,如一都会焉。

又云:

> 绸绫罗纱绢不一其名,各有定式,而价之低昂随之。其余巾带手帕,亦皆著名,京省外国,悉来市易。

又云:

> 画绢阔而且长,画家所用。织之者只四五家。

据支仙所述,可知吴江盛泽实为东南最精丝织品制造市易之所,京省外国商贾往来集会之处。且其地复是明季党社文人出产地,即江浙两省交界重要之市镇。吴江盛泽诸名姬,所以可比美于金陵秦淮者,殆由地方丝织品之经济性,亦更因当日党社名流之政治性,两者有以相互助成之欤?以上论述杨、陈两人同在苏州及松江地域之关系既竟,兹再续论崇祯八年秋深后两人关系。此后盖可视为别一时期。前于总论陈、杨两人关系可分三期时,已言及之矣。

卧子于崇祯八年秋深别河东君后,是年除夕赋诗,离思犹萦怀抱。兹录之于下,以见卧子当时心情之一斑,并了结崇祯八年杨、陈二人文字因缘之一段公案也。

《陈忠裕全集》一一《平露堂集·乙亥除夕(七古)》云:

> 忆昔儿童问除夕,百子屏风坐相索。西邻羯鼓正参差,小苑

梅花强攀摘。华年一去不可留,依旧春风过东陌。每作寻常一布衣,坐看衰乱无长策。今年惆怅倍莫当,俯仰萧条心内伤。亲交赋怆陆内史,知己人无虞仲翔。桃根渺渺江波隔,金瓠茫茫原草长。人生忘情苦不早,羲皇以来迹如扫。唯有旗常照千载,不尔文章亦难老。峥嵘盛年能几时?努力荣名以为宝。不见古人吐握忙,今人日月何草草!

寅恪案:此年卧子最不如意之事有二。一为河东君离去松江至盛泽。一为长女颀之殇。故除夕赋诗,举此二事为言。"桃根"用王子敬妾事,见《玉台新咏》一○王献之《情人桃叶歌》,世所习知。"金瓠"用曹子建女事,见"汉魏六朝百三名家集"《陈思王集》一《金瓠哀词》,亦非僻典,故不详引。综观卧子之作品,在此别一时期内,即河东君崇祯八年秋深离松江往盛泽后,其为河东君而作者,尚有甚佳之诗两篇,且于河东君之作品有甚巨之影响,故录其全文,详论述之于下。

《陈忠裕全集》一一《湘真阁稿集·长相思(七古)》云:

美人昔在春风前,娇花欲语含轻烟。欢倚细腰敧绣枕,愁凭素手送哀弦。美人今在秋风里,碧云迢迢隔江水。写尽红霞不肯传,紫鳞亦妒婵娟子。劝君莫向梦中行,海天崎岖最不平。纵使乘风到玉京,琼楼群仙口语轻。别时余香在君袖,香若有情尚依旧。但令君心识故人,绮窗何必长相守!

寅恪案:卧子此篇为河东君而作,自不待言。其以"长相思"为题者,盖取义于李太白《长相思》乐府之名(见《全唐诗》第三函李白二)。太白此篇有"美人如花隔云端"之句,内含河东君之名号(可参第二章所论),用意双关,读者不可以通常拟古之作目之。兹特为拈出,使知卧子精思高才殊非当时文士所能企及也。诗中"美人今在秋风里"之句,足证其为秋间所作。又,此首后第三首为《上巳行》,第四首为《悲济南》。据《悲济南》诗后附考证云:"崇祯十二年大兵克济南。"则《上巳行》为崇祯十二年春间所作,而《长相思》为十一年秋间所作也。此诗后段自"劝君莫向梦中行"至篇末,皆美人所写红霞之文。"红霞"者,即温飞卿《偶题》诗中"欲将红锦段,因梦寄江淹"之"红锦段"(可参第三章论宋徵璧《秋塘曲》"因梦向愁红锦段"句及卧子《吴阊口号》第十首"枉恨明珠入梦迟"句)。而接受河东君所寄"红锦段"之"江淹",非他人,乃卧子也。"紫鳞"者,传递此红霞之人。此人未知何故,不肯作寄书邮。岂有所顾忌,不欲预人家事耶?卧子"乘风到玉京"及"海天"、"琼楼"之语,实本之东坡《水调歌头·丙辰中秋作兼怀子由》词"明月几时有,把酒问青天"一阕。故卧子诗中"但令"以下之意,即东坡词中"但愿"以下之旨。然则苏、陈词诗之构思用语,亦无不相同也。前论几社名士虽薄宋诗却喜宋词,观卧子此诗全从苏词转出,可为一证。细玩"美人"一辞,即指河东君。"劝君"之"君",即指卧子。书中之意,盖劝卧子不必汲汲仕进,假使得臻高位,亦不为诸权要所容。"海天崎岖"殊切合崇祯朝宦途险巇之情势。观明思宗一朝,宰相得罪者之多可知矣。最后四句意谓"人之相知,贵相知心"。卧子既是其知己,则自不必相守而不去也。至"故人"一语,实用《玉台新咏》一《上山采蘼芜》诗中"故人工织素"之界说,乃指女性而言,即河东君书中取以自况者。此可与前引卧子《满庭芳》词"故人"之语相参较也。河东君此书,其用意遣辞,甚为奇妙。若"何必长相守"之旨,则愿其离而不愿其合,虽似反乎常情,而深爱至痛,尤有出人意表者。取较崔莺莺致张生书,止作"始乱终弃"儿女恩怨寻常之语者,更进入一新境界。非河东君之书,不能有此奇意;非卧子之诗,不能传此奇情。由此言之,陈、杨之关系与钱、柳之因缘,一离一合,甚不相同。而卧子《长相思》一篇,更有深于牧斋之《有美诗》者矣。今日吾人虽得见卧子此诗,但不得见河东君此书,斯诚天壤间一大憾事。惜哉!惜哉!

更有可论者,卧子《长相思》之诗,乃间接用东坡《水调歌头·丙辰中秋》之词意。东坡此词实寄怀其弟子由之作。后来牧斋被逮金陵,《次东坡御史台寄妻诗》(见《有学集》一《秋槐诗集·和东坡西台诗韵六首序》)则又以河东君为子由。河东君自称女弟之问题,上文已详,兹不复赘。今据陈、钱两诗,可知河东君对诸名士,固以"弟"自居,而诸名士亦视之与弟相同也。河东君之文采自不愧子由,卧子、牧斋作诗,以情人或妻与弟牵混,虽文人故作狡狯,其实亦大有理由在也。一笑!

复次,王应奎《柳南随笔》一"论牧翁《次东坡御史台寄妻》诗"条(参董潮《东皋杂钞》三)云:

> 夫寄弟诗也,而谬曰寄妻。东坡《集》具在,不可证乎?(寅恪案:此点可参《初学集》一三《试牿诗集(上)茗上吴子德操次东坡狱中寄子由韵感而和之(七律)六首》。是牧斋绝不致误记。其谬以寄弟诗为寄妻诗,乃故作狡狯,可为明证矣。)且伊原配陈夫人此时尚无恙也,而竟以河东君为妻,"并后匹嫡",古人所戒,即此一端,其不惜行检可知矣。

寅恪案:王氏之论固正,然亦过泥。盖于当日情事犹有未达一间者矣。关于牧斋狱中寄河东君诗其余之问题,俟后第五章详论之,暂不涉及。兹唯举出此重以妻为弟之公案,以供参究。庶几曹洞宗风之诗翁禅伯不致拈放皆成死句也。

《陈忠裕全集》一一《上巳行(七古)》云:

> 春堤十里晓云生,春江一曲暮潮平。红兰绿芷遥相对,油壁青骢次第行。洛水桥边闭春殿,碧山翠霭回芳甸。陌上绮

罗人若云,城隅桃李花如霰。少年跃马珊瑚鞭,道逢落花骄不前。已教步障围烟雾,更取东风送管弦。垂柳无人临古渡,娟娟独立寒塘路。公子空贻芍药花,佳人自爱樱桃树。又有青楼大道旁,楼中红粉不成妆。万里黄龙谁出戍?三年紫燕独归梁。晚下珠帘垂玉箸,尽日凝眸芳草处。无限雕鞍逐艳阳,谁识郎从此中去?

寅恪案:"垂柳无人临古渡,娟娟独立寒塘路"即指河东君而言,盖其最初之名为云娟也(可参第二章河东君最初姓氏名字之推测及本章首论宋让木《秋塘曲》节)。颇疑卧子以此诗寄示河东君,其时河东君已改易姓名为"柳隐"矣。(今所见河东君《戊寅草》及《湖上草》皆署"柳隐如是"。《戊寅草》诸作,迄于崇祯十一年晚秋。《湖上草》则为崇祯十二年之作品,更在《戊寅草》之后。据此可证河东君至迟在崇祯十一年秋间已改易姓名为柳隐。又,汪然明汝谦《春星堂集》三《游草》有《柳如是过访(七律)》。依汪氏此草《自序》,知柳访汪之时为崇祯十一年戊寅秋间。亦是此时河东君已改易姓字之一旁证也。)光绪重刊《浙江通志》三三《关梁》一"西陵桥"条云:

《西湖百咏》:"在孤山西,即古之西村唤渡处。"《武林旧事》:"又名西林,又名西泠,又名西村。"

则"古渡"一辞,即指西泠而言(可参《西湖志纂》三《孤山胜迹门》"西泠桥"条)。又,温飞卿《雪夜与友生同宿晓寄近邻(五律)》末二句(见《全唐诗》第九函温庭筠八)云:

寂寞寒塘路,怜君独阻寻。

卧子"寒塘路"之语本此(并可参《西湖志纂》三《孤山胜迹门》"白沙堤"条)。"独阻寻"者,即河东君《湖上草·西泠十首》之一"一树红梨更惆怅,分明遮向画楼中"及同书《西湖八绝句》之五"移得伤心上杨柳,西泠杜宇不曾遮"等句之意。更证以河东君《致汪然明尺牍》第四通"某翁愿作交甫,正恐弟仍是濯缨人耳",及第五通"今弟所汲汲者,亡过于避迹一事,望先生速择一静地为进退,最切,最感!"等语。可见河东君游寓西湖时,急欲逃避谢三宾之访寻干扰。此种情况,卧子必已知之,故《上巳行》诗"垂柳无人临古渡。娟娟独立寒塘路"两句,不仅用古典,实有当时之本事。若非详悉稽求,则河东君与卧子之关系,藕断丝连之微妙处,不能明了矣。

又,河东君《金明池·咏寒柳》之词,即因卧子《上巳行》之语意而作者也。检今存河东君诸词之著录先后,不知《金明池》一阕最先见于何本?就寅恪得见者言之,以钱曾《初学集诗注》一八《有美诗》"疏影新词丽"句注,所引河东君原词为最早。但嘉庆七年王昶所选《国朝词综》,虽时间较后而传播最广。至王氏之所依据究为何本,则未能考知也。前论牧斋《我闻室》诗"今夕梅魂共谁语"句下原注时,谓此词必非赝作,其作成之时间,最后限断在崇祯十三年冬季;最前限断,未敢决定。若河东君作此词,果受卧子《上巳行》之影响者,则最前限断,当在崇祯十二年春季或秋季矣。综合今日所见之材料考之,《金明池》一阕作成之时期,当在崇祯十二年或十三年。此假设乃依牧斋《我闻室落成》及卧子《上巳行》两诗而成立者。然此外尚有二理由。其一理由,就今得见陈卧子所刻之《戊寅草》及汪然明所刻之《湖上草》两种河东君著作推之,《湖上草》乃崇祯十二年河东君之诗。其赋诗之时日至是年季秋止,未载有词。《戊寅草》乃崇祯十一年冬季以前之作品,诗赋而外,共载词凡十一调三十一阕,并无《金明池·咏寒柳》一词。然则《金明池·咏寒柳》之词,绝不能作于崇祯十一年,而当在十二年或十三年也。其二理由,即就《咏寒柳》词中身世迟暮之感,可以推知。盖当日社会女子婚嫁之期,大约逾二十岁,即谓之晚。顾云美《河东君传》云:"定情之夕,在辛巳六月七日。君年二十四矣。"是顾氏之意河东君年二十四始归于牧斋,已嫌过晚。故今日据顾氏之语意,即可证知当时社会一斑之观念也。若《寒柳词》作于崇祯十二三年间者,则河东君之年为二十二三岁。"美人迟暮"之感,正是此时之谓矣。然则河东君《寒柳词》作于崇祯十二三年间之说,虽不中亦不远也。

关于河东君《金明池·咏寒柳》词之原文,今依钱曾《初学集·有美诗》注所引,并以王昶《国朝词综》四七所选及传抄本《柳如是集》相参校,附录于下,以俟治史论文之君子考定焉。其词云:

> 有怅寒潮,("怅"王本及传抄本均作"恨",是。)无情残照,正是萧萧南浦。("是"字可注意。)更吹起,霜条孤影,("影"字可注意。)还记得,旧时飞絮。况晚来,烟浪斜阳,("斜阳"传抄本同,非。王本作"迷离",是。)见行客,特地瘦腰如舞。("如"字可注意。)总一种凄凉,十分憔悴,尚有燕台佳句。　春日酿成秋日雨。念畴昔风流,暗伤如许。("如"字可注意。)纵饶有,绕堤画舸,("舸"传抄本同。王本作"舫",俱可通。但以作"舸"为是,说见下。)冷落尽,水云犹故。("云"字可注意。)忆从前,("忆"传钞本同。是。王本作"念",非。)一点东风,("东"传钞本同,是。王本作"春",非。)几隔着重帘,眉儿愁苦。待约个梅魂,黄昏月淡,与伊深怜低语。("怜"字可注意。)

寅恪案:河东君此词为世所传诵。前于论牧斋《永遇乐》词与《众香词》中河东君词时,已略及之矣。夫牧斋平生不喜作词,亦不善作词。然忽于崇祯十三年秋间连作《永遇乐》词四首者，岂当时已见及河东君此词，遂受其影响，破例为此，以与之竞胜耶？兹更有欲言者，即此词为陈、杨关系及钱、柳因缘转折点，而世之传诵者或未措意及之也。寅恪颇疑"寒柳"之题，即受卧子《上巳行》之影响，前已论及。卧子平生作诗，宗法汉魏六朝及唐人，深鄙赵宋作者，河东君尚未完全脱离卧子以前，其作诗当亦属于几社一派。然卧子之词，则摹拟唐五代之外，亦甚喜宋贤。其长调多学淮海。《满庭芳》送别词即和少游，尤可为例证。河东君作词，自必深受卧子影响。故《金明池》一阕，亦是和淮海《金明池》之作，所以与少游词同一韵也（见万红友树《词律》二〇秦观《金明池》词）。《寒柳词》之"有恨寒潮，无情残照，正是萧萧南浦"及"纵饶有，绕堤画舸"等句，盖取自汤玉茗《紫钗记》第二五出《折柳阳关》之《解三酲》中"也不管鸳鸯隔南浦"，并"落照关西妾有夫。河桥路，见了些无情画舸，有恨香车"等句。河东君妙解音律，善歌此曲，遂用兹曲中成语，固无可疑。更检《紫钗记》第八出《佳期议允》云：

〔薄幸〕〔旦上〕薄妆凝态。试暖弄寒天色，是谁向残灯淡月，仔细端详无奈。凭坠钗飞燕徘徊，恨重帘，碍约何时再。〔浣〕似中酒心情，羞花意绪，谁人会。恹恹睡起，兀自梅梢月在。

同书第五十三出《节镇宣恩》云：

〔催拍〕〔生〕是当年天街上元。绛笼纱灯前一面，两下留连。两下留连。幸好淡月梅花，拾取钗钿。将去纳采牵红，成就良缘。〔合〕今日紫诰皇宣。夫和妇永团圆。

《寒柳词》之"忆从前，一点东风，几隔着重帘，眉儿愁苦。待约个梅魂，黄昏月淡，与伊深怜低语"与玉茗之曲，其词语有关尤为明显。"还记得,旧时飞絮"者,用刘梦得《杨柳枝词九首》之九"春尽絮飞留不得,随风好去落谁家"之意(见《全唐诗》第六函刘禹锡一二),暗指崇祯八年首夏之离去卧子,实为高安人、张孺人所遣出,故卧子和少游《满庭芳》词亦云"念飘零何处,烟水相闻"也。"尚有燕台佳句"之语,用《李义山诗集(下)柳枝五首(并序)》及《燕台四首》之古典。又,陆游《放翁词·钗头凤》上半阕云:

> 红酥手,黄縢酒,满城春色宫墙柳。东风恶,欢情薄。一怀愁绪,几年离索。错,错,错。

或谓《寒柳词》当与务观此词有关。"宫墙柳"之"柳",借指己身之姓,亦即"寒柳"之柳。"东风恶,欢情薄"即《寒柳词》"一点东风"及"眉儿愁苦"之出处。"东风"借指卧子之姓,"几隔着重帘",意谓卧子家中高安人以至张孺人之重重压迫,环境甚恶,致令两人欢情淡薄,所以"眉儿愁苦"也。"几年离索"借指崇祯八年己身离去卧子,至十二年赋《寒柳词》,已历数年之时间也。斯说自亦可通,附记于此,以备一解。"约个梅魂,黄昏月淡"除用汤《曲》外,原出朱淑真《断肠词·生查子》:"月上柳梢头,人约黄昏后"之典。(寅恪案:此词见杨慎《词品》二"朱淑真元夕词"条。至其作者是否为幽栖居士,抑或欧阳永叔、秦少游之问题,于此姑不置论。然就河东君身份言之,自宜认为"断肠词"也。)此固易解,不必多论。但别有可注意者,"东风""梅魂"之语,则从《东坡集》一三《〔元丰〕六年正月二十日复出东门仍用前韵(七律)》"长与东风约今日,暗香先返玉梅魂"两句而来。(寅恪案:东坡此诗用意遣辞,实出韩致光《湖南梅花一冬再发偶题于花援(七律)》,见冯应榴《苏文忠诗合注》二二引何焯语。河东君词固与冬郎诗无涉,但义门所论甚精,故附记于此,以供读苏诗者之一助。又关于用典之问题,可参第一章论钱遵王注牧斋诗条。)与卧子平生鄙薄宋诗者,大异其趣矣。意者河东君自两游嘉定,与程孟阳、唐叔达、李茂初辈往来以后,始知诗学别有意境,并间接得见牧斋论诗之文字,遂渐受钱、程一派之熏染,而脱去几社深恶宋诗之成见耶?今就《东山酬和集》所录河东君诗观之,实足证明鄙说。由是言之,河东君学问嬗蜕,身世变迁之痕迹,即可于《金明池》一阕约略窥见。斯殆为昔人所未注意及之者,故附论之如此。至"约个梅魂"之语,"梅魂"虽本出东坡诗,而约个之"约",则兼用世传朱氏《元夕》词原语。且元夕观灯,与《紫钗记》之玉燕钗有关。可知河东君实以霍小玉自比也。寅恪更疑河东君词中"约个梅魂"句之微旨,复由玉茗堂《还魂记》中"柳梦梅"之名启悟而来。然则河东君之作品袭取昔人语句,皆能灵巧运用,绝无生吞活剥之病。其天才超越,学问渊博,于此益足证明矣。今读《寒柳词》者,但谓与玉谿生诗相干涉,而不知与《紫钗记》关系最密切,特标出之,以告论文治史之君子。

又,"梅魂"之语,既出于苏集《复出东门》诗,东坡此题后第四题为《二月三日点灯会客》诗。其结语云:"冷烟湿雪梅花在,留得新春作上元。"或者河东君读苏集时,连续披览,因感《紫钗记》中"上元观灯,小玉十郎相遇"之事,遂糅合苏《诗》汤《曲》,削去"上元"之语,以符寒柳之节候。惟"梅花之魂"尚留痕迹耳。昔年笺证香山新乐府,详言《七德舞》《二王后》《海漫漫》《捕蝗》诸诗之取材与《贞观政要》中篇章次第之关系。今论河东君此词,犹前旨也。

复次,昔时读河东君此词下阕"春日酿成秋日雨。念畴昔风流,暗伤如许"诸句,深赏其语意之新,情感之挚。但尚未能确指其出处所在。近年见黄周星有"云间宋徵舆、李雯共拈《春闺风雨》诸什"之说(见前引沈雄、江尚质编辑《古今词话·词话类(下)》),及《陈忠裕全集》二〇《菩萨蛮·春雨》词(见前引),始恍然悟河东君之意,乃谓当昔年与几社胜流交好之时,陈、宋、李诸人为己身所作《春闺风雨》之艳词,遂成今日飘零秋柳之预兆。故"暗伤如许"也。必作如是解释,然后语意方有着落,不致空泛。且"念畴昔风流"与上阕末句"尚有燕台佳句"之语,前后思想通贯。"酿成"者,事理所必致之意。实悲剧中主人翁结局之原则。古代希腊亚力斯多德论悲剧,近年海宁王国维论《红楼梦》,皆略同此旨。然自河东君本身言之,一为前不知之古人,一为后不见之来者,竟相符会,可谓奇矣!至若瀛海之远,乡里之近,地域同异,又可不论矣。其余可参前论宋让木《秋塘曲》"雨雨风风能痛哭"句,兹不复赘。

综合上述与河东君最有关系之周道登、李待问、宋徵舆及陈子龙四人言之,河东君之入周念西家,尚为幼小不自由之身,可置不论。李存我则以忠义艺术标名于一代,自是豪杰之士。宋辕文虽后来进仕新朝,人品不足取。然当崇祯中叶,与河东君交好之时,就其年少清才而论,固翩翩浊世之佳公子也。至于陈卧子,则以文雄烈士,结束明季东南吴越党社之局,尤为旷世之奇才。后世论者,往往以此推河东君知人择婿之卓识,而不知实由于河东君之风流文采,乃不世出之奇女子,有以致之也。语云"物以类聚",岂不诚然乎哉?